Manfred Kleine-Hartlage

Systemfrage

Über den Autor
Manfred Kleine-Hartlage, geboren 1966, ist Diplom-Sozialwissenschaftler in der Fachrichtung Politische Wissenschaft und bekannt als rechter Islam- und Globalismuskritiker. Er lebt mit seiner Familie in Berlin. Buchveröffentlichungen: *Das Dschihadsystem. Wie der Islam funktioniert* (Gräfelfing 2010); bei Antaios erschienen sind: *»Neue Weltordnung«. Zukunftsplan oder Verschwörungstheorie?* (kaplaken, Bd. 30, 2011), *Warum ich kein Linker mehr bin* (kaplaken, Bd. 33, 2012), *Die Sprache der BRD. 145 Unwörter und ihre politische Bedeutung* (erweiterte Neuauflage 2018), *Die liberale Gesellschaft und ihr Ende* (3. veränderte Auflage 2019), *Die Besichtigung des Schlachtfelds* (2016), *Ansage* (kaplaken Bd. 62, 2019) und *Konservativenbeschimpfung* (kaplaken Bd. 68, 2020).

Manfred Kleine-Hartlage

Systemfrage

Vom Scheitern der Republik und dem Tag danach

Verlag ℞ Antaios

Impressum

Bibliographische Informationen
der Deutschen Nationalbibliothek,
abrufbar unter http://dnb.ddb.de

Buchgestaltung und Satz: Verlag Antaios
Titelbild: picture alliance / SULUPRESS.DE |
Vladimir Menck

Manfred Kleine-Hartlage: Systemfrage. Vom Scheitern
der Republik und dem Tag danach
240 Seiten, 2. Auflage Schnellroda 2022

© Antaios, Schnellroda 2021
www.antaios.de

ISBN: 978-3-949041-51-8

Gedruckt in Deutschland

Inhalt

Gewiß gebietet die Klugheit, seit langem bestehende Regierungen nicht aus unbedeutenden und flüchtigen Gründen zu ändern, und demgemäß hat noch jede Erfahrung gezeigt, daß die Menschen eher geneigt sind, die Übel zu erdulden, solange sie noch erträglich sind, als sich unter Beseitigung vertrauter Formen ihr Recht zu verschaffen. Wenn jedoch eine lange Kette von Mißbräuchen und Übergriffen, die stets das gleiche Ziel verfolgen, die Absicht erkennen läßt, sie absolutem Despotismus zu unterwerfen, so ist es ihr Recht und ihre Pflicht, sich einer solchen Regierung zu entledigen und neue Bürgen für ihre künftige Sicherheit zu bestellen.

Aus der Unabhängigkeitserklärung
der Vereinigten Staaten von Amerika

Einleitung

Als die Bundesrepublik gegründet wurde, wurde sie von ihren Architekten bewußt auf Stabilität ausgelegt, weil sie nicht das Schicksal der Weimarer Republik erleiden sollte, und mindestens in den ersten vierzig Jahren ihrer Existenz schien die Rechnung aufzugehen: Der neue Staat gab in der Tat wenig Anlaß, an der Solidität seiner Konstruktion zu zweifeln, zumal die politische Klasse erhebliche Erfolge erzielte – denken wir an die Integration der aus den Ostgebieten und aus Osteuropa vertriebenen Deutschen, das Wirtschaftswunder, die D-Mark, den Ausbau des Sozialstaats, den Abbau unnötiger und ungerechtfertigter Klassenprivilegien etwa im Bildungsbereich, die Überwindung des Klassenkampfes durch Soziale Marktwirtschaft und Sozialpartnerschaft. Wollte ich die Liste der Erfolge zu Ende führen, deren die Republik in der Zeit von Adenauer bis Kohl sich rühmen durfte – sie wäre kaum weniger eindrucksvoll als die Liste der heutigen Krisen- und Verfallsphänomene, die dringend nach Erklärung und Abhilfe verlangen.

Ich will sie nicht gerade als die sprichwörtliche gute alte Zeit verklären, diese Jahre bis etwa zur Jahrtausendwende: Gewiß hatte dieser Staat seine Probleme – wie andere auch. Und ja, manche seiner heute zutage tretenden Schwächen waren direkt in seine Fundamente eingegossen und deshalb unsichtbar oder doch zumindest in ihrer Tragweite nicht ohne weiteres erkennbar – dies aber eben nur, solange diese

Fundamente nicht über Gebühr belastet wurden: zum Beispiel das Legitimitätsdefizit, das die Bundesrepublik als Patenkind der Siegermächte von Beginn an im Rucksack trug; die Verlagerung des Kalten Krieges in die Innenpolitik oder der Konflikt der Kriegskinder-Generation mit ihren Eltern, einen Konflikt, den man ohne Übertreibung – auch und gerade im Rückblick – einen *Krieg* der Generationen nennen muß.

Erst heute, da der Druck auf die Fundamente schier unaufhaltsam zunimmt und diese immer brüchiger werden, zeigen sich im Mauerwerk alarmierende Risse. Die von Anfang an vorhandenen Schwächen des Fundaments sind dabei eine Sache – eine andere ist die Destabilisierung des ganzen Gebäudes durch eine Ideologie und Politik der Strukturauflösung, die man höchstens unter größten Künsteleien den Vätern des Grundgesetzes in die Schuhe schieben oder auf die schicksalhafte Anfangskonstellation der Jahre ab 1945 zurückführen könnte.

Die heutige politische Klasse der BRD einschließlich der Unionsparteien verhält sich wie eine WG linksradikaler Architekturstudenten, die ihre Vorlesungen geschwänzt haben und gerade deshalb um so kreativer und unbelastet von kleinlichen Bedenken eine Säule, eine tragende Wand nach der anderen aus einem Gebäude herausreißen, dessen Bauplan sie weder studiert noch verstanden haben. Wäre die Bundesrepublik tatsächlich ein physisches Gebäude, ihr heutiger Zustand nach Jahrzehnten experimenteller Architektur müßte die Bauaufsicht auf den Plan rufen.

Schon seit vielen Jahren fehlt es daher nicht an Kritikern vor allem aus dem konservativen und neurechten Spektrum, die die politische Klasse der BRD händeringend davor warnen, die Grundlagen der deutschen Demokratie, ja des Staates schlechthin zu untergraben. Sie kritisieren insbesondere, daß diese politische Klasse

+ die Einwanderung von Menschen aus fremden Kulturkreisen nicht nur duldet, sondern fördert, die meist ohne Loyalität zu unserem Land, unserer Kultur und dem darauf beruhenden liberalen System und ohne nennenswerte Qualifikation, dafür aber mit deutlicher Loyalität gegenüber ihrer ethnisch-religiösen Gruppe in Millionenmassen einströmen, den Sozialstaat an die Grenzen seiner Leistungsfähigkeit bringen, die innere Sicherheit und den sozialen Zusammenhalt gefährden;
+ die Daseinsvorsorge mißachtet und für den Verfall der dafür erforderlichen Strukturen und Institutionen kein Interesse zeigt, nämlich

  · eines Gesundheitssystems, das auf Kostenoptimierung statt auf Krisenfestigkeit ausgelegt wird,
  · der Polizei und Justiz, die systematisch überfordert werden, indem die Eigenstabilität der Gesellschaft untergraben, die Fähigkeit der Sicherheitsbehörden zu angemessener Reaktion aber beschnitten wird,
  · des Militärs, das offensichtlich außerstande ist, unser Land zu schützen (Die verbliebenen militärischen Fähigkeiten sind ausschließlich auf Auslandseinsätze, präziser: auf die Unterstützung der imperialistischen Ambitionen der Führungsmacht USA ausgerichtet, während sich im Übrigen der Ehrgeiz sogenannter Verteidigungsministerinnen darauf beschränkt, die ideologische Konformität der Truppe zu gewährleisten.);
  · der Energieversorgung, die durch den gleichzeitigen mutwilligen Ausstieg aus Atom und Kohle so tiefgreifend gefährdet wird, daß großflächige Stromausfälle

mit allen desaströsen Folgen nach Ansicht vieler kompetenter Beobachter nur eine Frage der Zeit sind;

- der industriellen Basis, die durch die ebenso mutwillige Zerstörung von Schlüsselindustrien, insbesondere der Automobilindustrie, gefährdet wird;
- des Mittelstandes, dem schon lange immer neue Belastungen zugemutet werden, und der durch die bestenfalls maßlos überzogenen Maßnahmen zur Bekämpfung von Corona einen Schlag erhalten hat, dessen Schwere noch gar nicht absehbar ist, aber durchaus der Inflation von 1923 entsprechen könnte;
- des Währungssystems, über das die BRD die Kontrolle mit der Einführung des Euros ohne Not aus der Hand gegeben hat, weswegen sie nun eine EZB-Politik duldet, die auf das sprichwörtliche Gelddrucken hinausläuft, so daß die Gefahr einer weiteren Hyperinflation tatsächlich droht.

Zu diesen Belastungen auf institutioneller und struktureller Ebene tritt ein ideologisch gewollter und politisch durchgesetzter Kulturzerfall auf gleich mehreren Gebieten, und auch dieser wird von konservativen rechten Beobachtern unablässig kritisiert. Es handelt sich vor allem um

- den Niedergang des Bildungssystems, also der Grundlage der wirtschaftlichen, kulturellen und politischen Zukunftsfähigkeit unseres Volkes;
- die Auflösung solidaritätsstiftender Strukturen (insbesondere Familie, Nation und Religion) und damit der ideellen Grundlagen gesellschaftlichen Zusammenhalts;
- eine zur Staatsdoktrin erhobene autorassistische Deutschfeindlichkeit, die – falls nicht den Zweck, so doch mindestens – die Wirkung hat, dem

deutschen Volk seinen Selbstbehauptungswillen
auszutreiben;

+ die Auflösung der liberalen politischen Kultur und
die Durchsetzung einer Political Correctness, die
es jedem Entscheidungsträger unmöglich macht,
bestimmte Probleme auch nur bei ihrem Namen
zu nennen, geschweige denn zu lösen und deren
Diskursregeln sich durch

+ zirkuläre Selbstbestätigung und systematische Ausgrenzung von Kritikern immer mehr in Richtung
des totalitären Syndroms entwickeln, wie es
klassisch von George Orwell beschrieben wurde,
welchem Prozeß

+ die Oligopolisierung der politischen und publizistischen Macht in den Händen weniger gleich-
gesinnter Akteure und

+ der Aufbau von Kartellen zwischen Akteuren, die
einander eigentlich kontrollieren oder miteinander
konkurrieren sollten, Vorschub leistet.

Die Fragen, von deren Beantwortung unter diesen
Umständen das Wohl und Wehe des Staates und des
Volkes abhängt, lauten:

+ Ist die Dysfunktionalität des Systems BRD in der
mehrfachen Hinsicht, ihre eigenen Verfassungs-
grundlagen, ihre ordnungsstaatlichen Fähigkeiten,
ihre wirtschaftliche und kulturelle Basis zu untergraben, bloß eine vorübergehende Schwäche?

+ Können wir also sagen, das System sei gut, nur die
Politiker und politiknahen Funktionseliten seien
schlecht und müßten ersetzt werden, um einen
Kurswechsel zu ermöglichen, für den die verfas-
sungsmäßige Rechtsordnung gottlob die nötigen
Instrumente zur Verfügung stelle? (Dies war lange

Zeit die unausgesprochene, weil selbstverständliche Grundlage rechter Politik und Strategie – und
zwar ungeachtet aller theoretischen Demokratiekritik.) Oder müssen wir im Gegenteil feststellen,
die Politiker und deren Inkompetenz seien selbst
ein Produkt des Systems und seiner Mechanismen,
und diese Mechanismen hätten sich teufelskreisartig und daher irreversibel selbst zerstört?

✦ Müssen wir also konstatieren, jeder Korrekturver-
such mit systemeigenen Mitteln führe in eine Sack-
gasse, also entweder zur Marginalisierung oder zur
Kooptierung und Korrumpierung einer Opposition, die dies versucht? Führt die Fortsetzung des
bisherigen Kurses der politischen Klasse damit zum
Untergang der freiheitlich-demokratischen Ordnung, zum Bürgerkrieg, zur Errichtung eines totalitären Regimes neuen Typs durch das Establishment,
am Ende zum Ruin des ganzen Landes?

Für die Lage, in der sich Deutschland heute befindet,
gibt es höchstens vage historische Parallelen und überhaupt keine Patentrezepte. Sich an die vermeintlich
ewigen Wahrheiten von gestern zu klammern, kann
ebenso ins Verderben führen wie scheinradikales Re-
voluzzertum ohne Rücksicht auf politische Realitäten.

Ich verhehle nicht und werde ausführlich begründen, daß und warum ich den Staat des Grundgesetzes
für klinisch tot halte und eine Chance auf Wiederbe-
lebung beim besten Willen nicht mehr erkennen kann.
Dies ist keine Prognose, die mir behagt, und keine,
die ich treffe, um mir selbstgefällig auf die Schulter
zu klopfen, wenn sie eintritt. Ich und zahllose andere
rechte Intellektuelle haben im Gegenteil jahrelang versucht, durch unsere Warnungen einen Beitrag dazu zu
leisten, daß sie *nicht* eintritt.

Sollten diese Warnungen wider alle Wahrscheinlichkeit und im Grunde schon fünf Minuten *nach*
zwölf doch noch die politisch Verantwortlichen und
ihre propagandistischen Claqueure erreichen und zu
einer Abkehr von ihrem Katastrophenkurs veranlassen – um so besser!

Ich kann aber niemandem dazu raten, darauf zu spekulieren und sein politisches Handeln auf der Erwartung aufzubauen, die politische Klasse werde sich zu
Einsichten durchringen, denen sie sich jahrzehntelang
und unter weitaus besseren Voraussetzungen hart-
näckig verschlossen hat. Zu glauben, die Verhältnisse
würden durch gutes Zureden schon wieder in ihr frei-
heitlich-demokratisches Lot kommen, hieße in einer
Lotterie zu spielen, in deren Trommel kaum noch Ge-
winnlose liegen.

Die Rechte muß sich vielmehr mit einer Frage auseinandersetzen, der sie jahrzehntelang aus (und mit)
guten Gründen zu entgehen hoffte, nämlich der
Systemfrage. Die Linke, verblendet durch ihr eigenes
utopistisches Politikverständnis, könnte eine »Systemfrage« nicht anders auffassen denn als Frage nach dem
schnellsten Weg zur Zerstörung des vorhandenen Systems und nach der Errichtung des Neuen Jerusalem
auf Erden. Der Rechten kann es naturgemäß weder
um das eine noch um das andere gehen:

Selbst wenn wir das bestehende System zerstören *wollten* (wovor wir uns aus prinzipieller Ermangelung einer konkreten Utopie hüten werden), hätten wir nicht die Macht dazu. Wir haben aber auch
nicht die Macht, es zu erhalten. In allen gesellschaftlichen Teilsystemen liegt die Macht bei unseren Gegnern, und sogar scheinbar unpolitische Bereiche wie
der Sport werden zu Schauplätzen von dessen ideologischer Kriegführung. Wir können nur zusehen,

wie das System – all unseren Warnungen zum Trotz – von seinen eigenen Funktionseliten zerstört wird. Wir selbst können dabei nur eines tun, nämlich versuchen, plausible Szenarien dieses Selbstzerstörungsprozesses geistig zu antizipieren, um nicht von ihnen überrascht zu werden, sondern in jeder Lage antworten zu können.

Meine beiden letzten Bücher richteten sich an jeweils ein begrenztes Zielpublikum: *Ansage* (2019) an die Linken, also an die wenigen unter ihnen, die bereit sein könnten, sich mit Warnungen auseinanderzusetzen; *Konservativenbeschimpfung* (2020) an diejenigen Konservativen, die zwar oppositionell sind, aber von den politisch-medialen Eliten als legitime Mitspieler akzeptiert werden möchten.

Auch für den vorliegenden Band fasse ich ein begrenztes Publikum ins Auge: Es umfaßt im Wesentlichen die Menschen, die sich der oppositionellen Rechten zurechnen. Ich schicke dies voraus, um nicht die Erwartung zu wecken, ich würde mich mit der Politik der Bundes- und Landesregierungen *inhaltlich* noch intensiv auseinandersetzen. Es geht mir vielmehr darum, den Charakter der politischen Machtstruktur zu analysieren, der wir als Bürger dieses Staates unterworfen sind.

Zu diesem Zweck und unter diesem Gesichtspunkt werde ich in einer *tour d'horizon* die Politik der Bundesregierung seit Angela Merkels Amtsantritt 2005 analysieren. Ich setze einen Leser voraus, der von der Euro-, Migrations-, Gender-, Familien-(Zerstörungs-), Energie-, Klima- und Coronapolitik dieser Regierung ebenso wenig hält wie ich selbst und sich daher für deren machtpolitische Funktion, die voraussichtlichen kommenden Entwicklungen und die angemessene strategische Reaktion darauf interessiert.

Endphase

I. Der tiefe Graben

»Merkel hatte dem Lande nichts zu bieten als Armut, Trüb-sinn, Freiheitsbeschränkung und die Versicherung, daß etwas Besseres nicht zu haben sei. Allenfalls noch die Aufforderung zu einer stoischen Haltung. Aber sie war eine zu karge Na-tur, um auch nur dieser Aufforderung eindrucksvolle Worte zu verleihen. Sie warf keine Idee, keinen Appell ins Land. Sie warf nur einen Schatten von Freudlosigkeit darüber.«[1] – »Es gab ständige politische Diskussionen, unfruchtbar und erbittert, überall. (…) Was es nicht mehr gab, waren Lebens-freude, Liebenswürdigkeit, Harmlosigkeit, Wohlwollen, Ver-ständnis, Gutwilligkeit, Großzügigkeit und Humor. Die Luft in Deutschland war rapide stickig geworden.«[2]

So könnte ein künftiger Historiker die Gemütsver-fassung der Deutschen im Jahr 2021 beschreiben. Tat-sächlich aber stammt der zitierte Text (in dem ich »Brüning« durch »Merkel« ersetzt habe) aus Sebastian Haffners *Geschichte eines Deutschen* und bezieht sich auf die Jahre 1930 bis 1932, also die letzte Phase vor der Errichtung der totalitären Diktatur. Die Paralle-len sind, wie wir sehen werden, leider nicht zufälli-ger Natur, und dieser Zustand, den eine Demokra-tie als solche nicht lange, wenn überhaupt, überleben kann, ist auch nicht »von selbst« entstanden, sondern durch politische und publizistische Entscheidungen zahlreicher, aber dennoch namentlich benennbarer Verantwortlicher herbeigeführt worden.

Sofern es deren Ziel gewesen sein sollte, einen un-überbrückbaren Graben durchs Volk zu ziehen, ist ih-nen dies gelungen. Was sich in den vorherigen Kri-sen vorbereitet hatte, ist spätestens mit Corona sicht-bare Wirklichkeit geworden: nämlich, daß es Gegnern der Regierung, ihrer scheinoppositionellen Blockpar-teien und publizistischen Wurmfortsätze vielfach un-möglich geworden ist, noch ein vernünftiges Gespräch mit deren Anhängern zu führen. Nicht einmal Fami-lienbande können den Graben noch überbrücken, die sozialen Medien sind voll von einschlägigen Leidens-berichten der einen und beifallheischenden Vollzugs-meldungen (»Meine Mutter hat mir gerade eröffnet, daß sie die AfD wählen wird. Ich hatte dann mal eine Mutter«)[3] der anderen Seite.

Und auch dies erinnert an die Schilderungen Haff-ners aus der Endphase des gescheiterten Staates von Weimar: Wenn er von »einer neuen zitternden Span-nung« schreibt, »einer plötzlichen Unversöhnlichkeit und hitzigen Haßbereitschaft, die in die politischen Privatdiskussionen drang, überhaupt [von] diesem Stets-und-ständig-an-Politik-denken-müssen«,[4] dann wirkt diese Momentaufnahme aus dem Februar 1933 beklemmend aktuell.

Die alte Bundesrepublik hatte weiß Gott ihre De-batten gekannt: über die Wiederbewaffnung, die Not-standsgesetze, die Ostverträge, die Kernenergie, den NATO-Doppelbeschluß – und ja: Diese Debatten waren heftig und scharf gewesen, aber für die Un-versöhnlichkeit, ja den entmenschenden Haß, den die Anhänger des politischen Establishments heute dessen Gegnern entgegenbringen, gibt es in der Ge-schichte der Bundesrepublik keine Parallele, wohl aber in der ihrer Vorgängerin – allerdings mit umgekehrten Vorzeichen:

Während die demokratischen Weimarer Parteien noch um die Erhaltung der Republik kämpften – auf seine Art selbst der unglückselige Kanzler Brüning –, deren totalitäre Gegner KPD und NSDAP immer mehr an Boden gewannen und ihr dadurch die Grundlage entzogen, resultiert die nicht einmal mehr schleichende Umwandlung der BRD in ein totalitäres Staatswesen direkt aus der Politik der scheinbar staatstragenden Parteien.

Während die Republik von Weimar von ihrer Gründung an ein Staat im Bürgerkrieg und dabei eher dessen Objekt als Partei gewesen war, war die Bundesrepublik noch um die Jahrtausendwende, wie schon in den Jahrzehnten zuvor, ein weitgehend befriedetes Land gewesen. Selbst den bis dahin tiefsten Graben – den zwischen der Neuen Linken, die man gerne »die Achtundsechziger« nannte – und dem Establishment hatte Letzteres durch Integration jener Neuen Linken überbrückt. Wir werden noch sehen, daß diese Integration, scheinbar ein Triumph der Demokratie und Beweis für ihre Fähigkeit, auch ihre Kritiker an sich zu binden, zu den Wurzeln ihres heutigen Untergangs gehört.

II. Das Merkel-Syndrom

Als Angela Merkel Bundeskanzlerin wurde, ahnte wohl kaum jemand, daß die BRD mit ihr eine Regierungschefin bekommen hatte, die die Traditionen und die politische Kultur des von ihr regierten Staates und sogar ihrer eigenen Partei verachtet und das

Grundgesetz für eine Sammlung unverbindlicher (und nicht einmal guter) Ratschläge hält, über die die Regierung sich getrost und augenscheinlich sogar mit einer gewissen Freude am eigenen Mutwillen hinwegsetzen darf.

Sechs große Themen haben die Kanzlerschaft dieser Frau geprägt. Es sind dies die Eurokrise seit 2010, der Fukushima-Unfall nebst anschließender »Energiewende« ab 2011, die Flüchtlingskrise seit 2015, die fortlaufend verschärfte Klimapolitik, der ebenfalls ständig verschärfte Kampf gegen die rechte Opposition und die Corona-Politik seit 2020. Beim Umgang mit all diesen Krisen, Themen und Problemen hat sich eine Handschrift herausgeschält, die ursprünglich vielleicht lediglich die der Kanzlerin persönlich war, durch Übernahme und Einübung aber längst zum Stil der gesamten politischen Klasse geworden ist. Sie enthält zehn typische, miteinander zusammenhängende Elemente, die in unterschiedlichen Kombinationen immer wieder auftauchen. Nicht in jeder Situation finden alle diese Elemente Anwendung; da aber auf keine der genannten Krisenstrategien weniger als sieben der folgenden zehn Merkmale zutreffen,[5] bilden sie in ihrer Gesamtheit ein Syndrom, das ich im Folgenden als das *Merkel-Syndrom* bezeichnen werde, und das im Zeitverlauf die Tendenz zu immer klarerer, vollständigerer und prägnanterer Ausprägung zeigt:

1. »Bewältigt« werden Probleme, die die politische Klasse selbst herbeigeführt, herbeigeredet, erfunden oder aufgebauscht hat.
2. Die geringe tatsächliche Relevanz des jeweiligen Problems steht in einem krassen Mißverhältnis zur Intensität der politischen Reaktionen.

3. Die Position der Regierung widerspricht dem Augenschein und dem gesunden Menschenverstand und setzt die Gültigkeit abstrakter, unplausibler, autoritärer oder infantiler Ideologeme voraus.

4. Von allen denkbaren Reaktionen wird die jeweils nächstliegende gemieden und stattdessen diejenige gewählt, die maximalen Schaden anrichtet.

5. Die Probleme werden so definiert, daß sie Lösungen nahelegen, die mit einem Maximum an Demokratieabbau, Machtzentralisierung und Einschränkung von Bürgerrechten verbunden sind.

6. Dabei verletzt die Regierung Recht und Verfassung mindestens dem Geist, oft auch dem Buchstaben nach.

7. Lüge, Angstmache und Erpressung sind bevorzugte Mittel, die Bürger gefügig zu machen.

8. Die Massenmedien fungieren als gleichgeschaltete Propagandaorgane.

9. Die Spaltung der Gesellschaft in Anhänger und Gegner der politischen Klasse wird billigend in Kauf genommen, ein Graben durchs Volk gezogen und fortlaufend vertieft.

10. Statt aber, was dann konsequent wäre, wenigstens möglichst viele Menschen auf der eigenen (also der Regierungs-)Seite des Grabens zu halten, gehört zum Merkel-Syndrom die Neigung, scheinbar unnötigerweise Menschen in die Opposition zu treiben.

1. Eurokrise

Aus der Sicht maßgeblicher deutscher Politiker wie Wolfgang Schäuble war der Euro von Anfang an nicht dazu da, zu funktionieren, sondern Probleme zu erzeugen, die nur durch immer stärkere Zentralisierung von Macht bei der EU zu lösen sein würden.[6] Daher wurden die Warnungen von Fachleuten ignoriert, die angesichts der ökonomischen und fiskalischen Disparitäten zwischen den europäischen Ländern vor genau den Problemen gewarnt hatten, die dann auch prompt eintraten.

Die Aufnahme Griechenlands in die Währungsunion war ungeachtet der kreativen Buchführung der griechischen Regierung, mit der die tatsächliche Finanzlage des Landes schöngerechnet wurde, von vornherein als Fehler zu erkennen. Als die Finanzprobleme Griechenlands ab 2010 die Schwächen der Konstruktion »Euro« aufdeckten und die Eurokrise auslösten, wäre die nächstliegende und für alle beteiligten Staaten schonendste Reaktion gewesen, die erschlichene Einbindung Griechenlands in den Euro rückgängig zu machen, damit die griechische Krise nicht die Eurozone in Brand setzte.[7]

Stattdessen geschah das Gegenteil: Die Krise wurde nicht nur nicht eingedämmt, sie wurde verallgemeinert, indem andere Defizitstaaten in eine ökonomisch und fiskalpolitisch perspektivlose Politik der immer tieferen Verschuldung geradezu hineingelockt wurden. Das Krisenmanagement der europäischen Regierungen unter maßgeblicher Beteiligung der deutschen glich und gleicht dem Versuch, einen Zimmerbrand dadurch zu löschen, daß man ihm den Sauerstoff entzieht und zu diesem Zweck das ganze Haus anzündet.

Unter anderem errichteten sie den sogenannten Europäischen Stabilitätsmechanismus ESM und leitete die Europäische Zentralbank den massiven Ankauf von Staatsanleihen auch überschuldeter Staaten ein, deren Fähigkeit, ihre Verbindlichkeiten zu bedienen und das Schuldenkarussell am Laufen zu halten, um jeden Preis so lange wie möglich erhalten bleiben soll. Diese Politik kann nach menschlichem Ermessen nur zwei Ergebnisse haben:

Am wahrscheinlichsten ist eine Hyperinflation, letztlich also der Zusammenbruch der Währung, mit allen Folgen, die sich daraus ergeben und die wiederum in der Zeit der Weimarer Republik vorexerziert wurden, insbesondere der Verarmung des Mittelstandes und damit des Rückgrats jedes stabilen Staatswesens.

Sollte die EZB aber – um dieses Szenario abzuwenden – die Flutung des Marktes mit billigem Geld abbrechen, so werden für die bis dahin aufgelaufenen Schulden insbesondere der südlichen EU-Länder die wirtschaftlich leistungsstärkeren Nordstaaten der Eurozone zur Kasse gebeten werden, vor allem Deutschland – denn die haben dafür gebürgt. Der ESM funktioniert in diesem Szenario also wie eine Pipeline, die das Geld des deutschen Steuerzahlers auf Nimmerwiedersehen nach Südeuropa pumpt. Und dabei ist durchaus nicht abzusehen, ob Deutschland am Zahltag überhaupt noch zu den leistungsfähigen Staaten gehören wird. Das sich abzeichnende multiple Systemversagen spricht eher dagegen.

Man muß keineswegs Ökonom sein, um diese Folgen vorherzusagen. Sie liegen so deutlich auf der Hand, daß gutwillige, fähige und vernünftige Regierungen sich nicht darauf eingelassen hätten. Das Prinzip, daß kein Eurostaat für die Schulden eines anderen haften werde, einst *conditio sine qua non* für die

Einführung des Euro, wurde stillschweigend preisgegeben. 2020 (also viel zu spät) rügte das Bundesverfassungsgericht Bundestag und Bundesregierung dafür, nicht gegen die abenteuerliche und rechtswidrige Aufkaufpolitik der EZB im Rahmen des Public Sector Purchase Programme (PSPP) eingeschritten zu sein.[8] Und dabei ist dieses Aufkaufprogramm nur einer von mehreren Kanälen, über die die deutsche Wirtschaftskraft angezapft wird, die praktisch nur in deren restloser Überforderung resultieren kann.

Bereits der ESM-Vertrag ist in seiner geltenden Fassung nur *gerade noch* verfassungskonform. Seine ursprüngliche Version, die unter anderem vorsah, daß der ESM praktisch in beliebiger Höhe Zahlungen von den Mitgliedsstaaten anfordern konnte, und die das Ende der fiskalpolitischen Souveränität der BRD – und im Grunde ihrer Souveränität überhaupt – bedeutet hätte, war im Juni 2012 vom Bundesverfassungsgericht in einer spektakulären und beispiellosen Vorab-Intervention verhindert worden. Ich schrieb damals:

> *»Daß das Verfassungsgericht den Bundespräsidenten auffordert, einem Gesetz die Unterschrift zu verweigern, das bisher weder dem Präsidenten noch dem Gericht vorliegt, ist mehr als nur eine Ohrfeige. Nicht nur die politische Kultur, sondern auch die Rechtsordnung der BRD statuiert, daß die Verfassungsorgane Bundestag, Bundesrat, Bundesregierung, Bundesverfassungsgericht und Bundespräsident die Vermutung der Rechtmäßigkeit ihres Handelns auf ihrer Seite haben und deshalb im Verhältnis zueinander verpflichtet sind, von dieser Vermutung auszugehen. Indem das Gericht in einem offenkundigen Akt von Verzweiflung dem Bundespräsidenten in den Arm fällt, hat es offiziell zu Protokoll gegeben, daß es den übrigen Verfassungsorganen eben den Staatsstreich zutraut, den sie tatsächlich im Begriff stehen zu begehen.*

Sollte der Bundespräsident diesen Wink mißachten und das
Gesetz gegen die dringende Bitte des Bundesverfassungsge-
richts doch noch unmittelbar nach Verabschiedung unter-
zeichnen, sodaß vollendete Tatsachen geschaffen und der
einstweilige Rechtsschutz durch Karlsruhe ausgehebelt wür-
den, so wäre dies die Vollendung des Staatsstreiches:
Da völkerrechtliche Verträge im Außenverhältnis Vorrang
vor den Bestimmungen der nationalen Verfassung genie-
ßen, der ESM-Vertrag zudem unkündbar ist, hätte die po-
litische Klasse eine unheilbar verfassungswidrige Situation
herbeigeführt.«[9]

Am Ende machte das Verfassungsgericht der Bundesregierung und dem Bundestag zur Auflage, die Haf-
tungsverpflichtungen der Bundesrepublik aus dem
ESM-Vertrag auf 190 Milliarden Euro zu begrenzen
und die haushaltsrechtlichen Voraussetzungen dafür
zu schaffen, daß der Staat die gegebenenfalls fälligen
Zahlungen tatsächlich fristgerecht leisten kann, um
sein Stimmrecht im Gouverneursrat des ESM nicht
zu verlieren. Die verfassungsrechtliche Legalität war
damit im letzten Moment wahrscheinlich halbwegs
gewahrt worden, aber schon damals war dies nicht das
Verdienst der verantwortlichen Politiker gewesen.

Was damals zum Vorschein kam, war aber nicht nur
die bis dahin unbekannte Neigung der politischen
Klasse zum offenen Verfassungsbruch, sondern auch
die Bereitschaft, der Verwirklichung ideologisch mo-
tivierter Kopfgeburten Vorrang vor dem Wohl des
Staates und seines Volkes einzuräumen und die man-
gelnde Plausibilität ihrer Position durch Panikmache
zu kompensieren – unvergessen ist bis heute Merkels
apodiktische Behauptung: »Scheitert der Euro, dann
scheitert Europa.«

Gewiß: Im Sinne des Vorhabens, mit Hilfe des Euro Krisen auszulösen, um dann die Entmachtung der Nationalstaaten zugunsten Brüssels als »Lösung« anzubieten und diese Machtzusammenballung in demokratisch nicht mehr kontrollierbaren Strukturen »Europa« zu nennen – für ein »Europa« im Sinne dieser perversen Neudefinition also war der Euro tatsächlich die Voraussetzung. So freilich wurde es vom Publikum nicht aufgefaßt, das über das Scheitern dieser Art »Europa« vermutlich sehr glücklich gewesen wäre.

Das Publikum verstand den Satz vielmehr genau so, wie es ihn auch verstehen sollte und wie Wolfgang Schäuble in dem bereits angesprochenen Interview präzisierte:

Auf die Frage »Der Euro droht auseinanderzubrechen, was steht auf dem Spiel?« antwortete er: »Unser Wohlstand. Die Welt mit ihrer globalisierten Wirtschaft verändert sich rasend schnell. Wer da mithalten will, kann das nicht allein. Das geht nur gemeinsam mit anderen europäischen Ländern und mit einer europäischen Währung. Sonst würden wir stark zurückfallen, und das wäre mit einem erheblichen Verlust an Wohlstand und sozialer Sicherheit verbunden.«

Es geht an dieser Stelle nicht darum, diesen Unsinn zu widerlegen,[10] sondern aufzuzeigen, daß die Regierung auch damals schon zum Mittel der systematischen Panikmache griff. Freilich genoß sie 2012 noch nicht die einhellige Unterstützung aller relevanten Massenmedien und war daher mit dieser Hysterisierung nicht erfolgreich genug, um eine Massenpsychose auszulösen wie acht Jahre später in der Coronakrise, als die verängstigte Bevölkerung sich von der Regierung buchstäblich alles gefallen ließ. Schon 2012 allerdings hatte sie damit immerhin den fragwürdigen

Erfolg, daß das deutsche Volk den schamlosen Griff in seine Kassen letztlich widerstandslos hinnahm.

Allerdings offenbarte sich auch – und zum erstenmal in dieser Deutlichkeit – ein besonders bizarrer Zug des Merkel-Syndroms, nämlich die Neigung, sich möglichst viele Gegner zu schaffen, und in diesem Fall waren es gerade Angehörige gesellschaftlicher Eliten, deren Unterstützung sich die politische Klasse dauerhaft verscherzte. Die AfD, das haben viele fast schon wieder vergessen, galt in ihrer Frühphase inhaltlich vor allem als Anti-Euro-Partei, sozial als Professorenprojekt, und bis zu einem gewissen Grade war sie auch beides, solange der Wirtschaftswissenschaftler Bernd Lucke ihr Vorsitzender war.

Zusätzlich zum fehlerhaften Staatsmanagement hatte sich die politische Klasse also einen machtpolitischen Schnitzer ersten Ranges geleistet – so mußte es zumindest denjenigen Beobachtern erscheinen, die politisches Handeln nach traditionellen Kriterien beurteilten. Da sich beides aber in zunehmender Prägnanz wiederholte, muß man im Rückblick wohl konstatieren, daß in der Eurokrise eine völlig neue, für bundesdeutsche Verhältnisse beispiellose Art von Politik ihre Visitenkarte abgegeben hatte.

2. Fukushima

Der Reaktorunfall im japanischen Fukushima am 11. März 2011 forderte nur ein einziges anerkanntes Todesopfer: einen Ingenieur, der sieben Jahre später an Krebs starb.[11] Die zahlreichen Toten, die in der Tat schon 2011 zu beklagen waren, fielen nicht dem Reaktorunfall zum Opfer, sondern unmittelbar dem auslösenden Tsunami.

Selbst wenn man einschränkend konzedieren mag, daß es eine gewisse Dunkelziffer nicht anerkannter Strahlenopfer gegeben haben könnte, sind die Dimensionen doch offensichtlich weit von den apokalyptischen Szenarien entfernt, die Atomkraftgegner jahrzehntelang als Folge eines Kernschmelzunfalls an die Wand gemalt hatten.

Ungeachtet dessen wurde das Ereignis von der Regierung Merkel so behandelt, als erfordere und rechtfertige es eine völlige und sofortige Neubewertung der gesamten deutschen Energiepolitik, sprich: den schnellstmöglichen Ausstieg aus der Kernenergie.

Diese Reaktion war alles andere als naheliegend: Fukushima hatte, wenn überhaupt irgend etwas, dann die Fähigkeit moderner Industriestaaten demonstriert, selbst schwere Nuklearstörfälle mit bemerkenswerter Effizienz und einer geringen Zahl an Opfern zu bewältigen. Und was die Eintrittswahrscheinlichkeit anging, so ließen sich aus einem *Tsunami* – das Wort ist nicht zufällig japanischen Ursprungs – schwerlich Rückschlüsse ziehen, die auf deutsche Verhältnisse übertragbar wären.

Der bald nach Fukushima verkündete Atomausstieg war und blieb daher ein bizarrer deutscher Sonderweg, der in dieser Radikalität von keinem anderen Land mitgegangen wurde, jedenfalls nicht als Reaktion auf Fukushima. Die Entscheidung zum Atomausstieg fiel nur wenige Monate nach dem gegenteiligen Beschluß der Bundesregierung, die Laufzeit von Atomkraftwerken zu *verlängern*, und war allein deswegen ein energiepolitisches Armutszeugnis. Außerdem kollidierte er direkt mit einem anderen als wichtig erachteten Ziel, nämlich dem Ziel des Klimaschutzes durch Senkung der CO_2-Emissionen. Da dieses Ziel aber weiterhin verfolgt wird und mittlerweile auch die

Abschaltung der deutschen *Kohlekraftwerke* beschlossene Sache ist, hat die Regierung mit dem Atomausstieg einen Weg eingeschlagen, der die Stromversorgung Deutschlands jeden Tag aufs Neue von dem gelingenden Kunststück abhängig macht, aus den hochgradig volatilen Energiequellen Sonne und Wind ein Stromnetz zu speisen, bei dem Einspeisung und Entnahme sich jederzeit die Waage halten müssen. Zahlreiche Experten äußern bereits die Meinung, großflächige Stromausfälle mit allen katastrophalen Folgen seien nur noch eine Frage der Zeit und stünden uns eher in näherer als in fernerer Zukunft bevor. Die milliardenschweren Entschädigungszahlungen an die Kraftwerksbetreiber, an sich ein Skandal, der die dafür verantwortliche Regierung das Amt kosten müßte, schrumpfen gegenüber diesen drohenden Katastrophen fast zur Petitesse.

Bezeichnend ist übrigens, daß die genaue Höhe dieser Zahlungen selbst heute, zehn Jahre nach dem Ausstiegsbeschluß, immer noch nicht feststeht, weil die Regierung beziehungsweise der Gesetzgeber sich eine ganze Reihe haarsträubender Rechtsfehler geleistet hatte. Ursprünglich sollten nämlich die Kraftwerksbetreiber für die Investitionen, die sie teils auf ausdrückliche Zusagen des Staates hin (!) getätigt hatten, überhaupt nicht entschädigt werden – ein krasser und offensichtlicher Verstoß gegen das für einen Rechtsstaat konstitutive Rückwirkungsverbot.[12]

Das Bundesverfassungsgericht stellte die Verfassungswidrigkeit dieser Regelung 2016 fest und erlegte dem Bund auf, bis 2018 eine gesetzliche Entschädigungsregelung zu treffen. Diese erfolgte dann auch, trat aber aufgrund von Verfahrensfehlern (also wegen Schlamperei) nicht in Kraft, und wäre – selbst wenn sie in Kraft getreten wäre – wiederum verfassungswidrig gewesen, unter anderem deshalb, weil die Regierung erneut eine tragende Säule der Rechtsstaatlichkeit mißachtet hatte, diesmal das Bestimmtheitsgebot.

Im Klartext: Die Regelung strotzte vor Gummiparagraphen und wurde vom Gericht wiederum zurückgewiesen, diesmal mit einer Begründung, die die ARD-Rechtsexpertin Kerstin Anabah in einer Stellungnahme für die »Tagesschau« als »Ohrfeige« bezeichnete.[13] Indem die politische Klasse der BRD die beiden Urteile nicht direkt ignorierte, hatte sie sich zwar um einen direkten Verfassungsbruch gerade noch herumgeschlängelt, dies aber in einer Art und Weise, die ihre Verachtung für Recht und Verfassung in geradezu aufreizender Weise unterstrich.

Warum aber überhaupt der Atomausstieg? Daß die Bundeskanzlerin, immerhin eine promovierte Physikerin, zum Thema Kernenergie eine so ungefestigte Meinung gehabt haben soll, daß ein Atomunfall ohne Todesopfer aufgrund einer hierzulande kaum denkbaren Ursache ausgereicht haben soll, diese Position zu erschüttern, ist kaum vorstellbar. Gründe hat sie zweifellos gehabt, aber diese dürften nicht energiepolitischer, sondern machtpolitischer Natur gewesen sein. Zahlreiche Beobachter sind der Auffassung, sie habe angesichts der kurz bevorstehenden Landtagswahlen in Baden-Württemberg einen Wahlsieg der Grünen verhindern wollen. Sofern dies ihr Ziel war, ist es ihr mißlungen, denn die Grünen stellten nach der Wahl erstmals einen Ministerpräsidenten – der Atomausstieg aber wurde fortgesetzt.

Einen auf den ersten Blick erkennbaren machtpolitischen Vorteil heimste die Regierung jedoch sofort ein, nämlich eine freundliche Presse: Jedem halbwegs kritischen Fernsehzuschauer, jedem Zeitungsleser ist klar, was auch wissenschaftliche Untersuchungen immer wieder bestätigen, nämlich, daß eine überwältigende Mehrheit der Journalisten deutscher Massenmedien mit linken Parteien sympathisiert und die Grünen bei ihnen an der Spitze der Beliebtheitsskala rangieren.[14]

Der Atomausstieg ist seit den siebziger Jahren ein – wenn nicht *das* – Lieblingsprojekt dieses Milieus. Für dessen Angehörige ist die Abschaltung der Kernkraftwerke keine energiepolitische Forderung mehr, sondern ein identitätsstiftendes Thema, ihre Verwirklichung der Beweis für ihren Sieg im innenpolitischen Machtkampf.

Und so kam es, daß in den etablierten Massenmedien kritische Fragen praktisch nicht gestellt wurden, Gegner der neuen Regierungslinie kaum zu Wort kamen und im Panikmodus berichtet wurde, so, als seien Zehntausende Tsunamiopfer in Wahrheit dem Atomunfall von Fukushima zum Opfer gefallen. Diese Denkfigur wurde so erfolgreich in die Köpfe gepflanzt, daß Annalena Baerbock, Mitvorsitzende der Grünen, noch zehn Jahre später twittern konnte: »10 Jahre #Fukushima – Zeit innezuhalten und an die vielen Menschen zu denken, die durch das Unglück zu Schaden gekommen sind oder ihr Leben verloren haben.«[15]

Deutlicher noch als in der Eurokrise beantwortete die Regierung ein von ihr selbst herbeigeredetes Problem aus unplausiblen und deshalb durch Panikmache künstlich aufgepumpten Gründen mit einer in krasser Weise unverhältnismäßigen Reaktion, die maximalen Schaden anrichtete,[16] von einer Reihe von Rechtsbrüchen begleitet war und von einem Einheitschor unkritischer Medien gedeckt und unterstützt wurde.

Das Merkel-Syndrom gewann an Kontur.

3. Flüchtlingskrise

Die Flüchtlingskrise 2015 war unter anderem die teils direkte, teils indirekte Folge der US-Angriffskriege gegen Afghanistan und den Irak sowie der systematischen Destabilisierung Syriens und Libyens. All dies war mit Unterstützung der deutschen Regierung geschehen, mit Abstrichen im Fall Irak.[17]

Die Situation, daß sich hunderttausende Menschen insbesondere aus Syrien auf den Weg nach Mitteleuropa machen würden, trat 2015 keineswegs überraschend ein – weder für die Bundesregierung, die im Verein mit anderen westlichen Regierungen ihren Teil dazu beigetragen hatte, die Lawine loszutreten, noch für politische Beobachter. Bereits im Sommer 2012 war es in Deutschland zu einer regelrechten Kampagne gekommen, in deren Zuge Politiker unterschiedlicher Couleur die Aufnahme syrischer Flüchtlinge gefordert hatten. In der Online-Ausgabe des *Hamburger Abendblattes* hieß es etwa:

>*Angesichts der dramatischen Lage in Syrien wird der Ruf nach Aufnahme von Bürgerkriegsflüchtlingen in Deutschland immer lauter. CDU / CSU-Fraktionschef Volker Kauder kündigte am Freitag Gespräche darüber mit Bundesinnenminister Hans-Peter Friedrich (CSU) und den Bundesländern an. Schleswig-Holstein ist nach den Worten von Innenminister Andreas Breitner (SPD) bereit für eine Aufnahme von Flüchtlingen aus Syrien. ›Das ist ein Gebot der Humanität‹, sagte Breitner. Er erwarte von der Bundesregierung eine entsprechende Grundsatzentscheidung. Über die Einzelheiten könnten sich der Bund und die Länder dann verständigen.*
>
>*Außenpolitiker aller Bundestagsfraktionen plädierten für die Öffnung der deutschen Grenzen für Not leidende Syrer. (...)*

Nach Auffassung von Koalitions- und Oppositionspolitikern sollten die deutschen Grenzen für Flüchtlinge geöffnet werden. ›Wir müssen bereit sein, Verfolgte, Verletzte und Bedrohte aus Syrien in Europa aufzunehmen‹, sagte CDU / CSU-Fraktionschef Kauder der Schwäbischen Zeitung.*«*[18]

Ich kommentierte damals:

»Zuerst haben die politischen Eliten praktisch aller westlichen Länder mit vereinten Kräften daran gearbeitet, Syrien ins Chaos zu stürzen, und nun nutzen sie das Chaos, um die Schleusen für Masseneinwanderung noch weiter zu öffnen, im Einklang mit der Politik, die sie seit Jahrzehnten propagieren und praktizieren. Die von den herrschenden westlichen Eliten systematisch herbeigeführte ›humanitäre Katastrophe‹ dient nun als bequemer Vorwand politischen Widerstand, d. h. die Vertretung der Interessen der Einheimischen mit der Keule einer vorgeblichen Moral totzuschlagen: ›Wie können Sie nur so herzlos gegenüber diesen armen Menschen sein, Sie Nazi?‹

(…) In Syrien wird sich sehr schnell herumsprechen, daß jetzt die einmalige Gelegenheit besteht, unbürokratisch nach Europa zu gelangen; die Flüchtlingswelle wird dann zum Tsunami.«[19]

Bis dahin sollte es noch drei Jahre dauern: drei Jahre, die die Bundesregierung Zeit gehabt hätte, sich auf die von ihr selbst mitausgelöste Flüchtlingswelle vorzubereiten, der ihre eigenen Spitzenpolitiker den Weg nach Europa weisen wollten. Ob sie also 2015 tatsächlich unvorbereitet war oder sich nur unvorbereitet stellte, mag der Leser selbst beurteilen.

Selbst wenn sie 2015 vom Beginn der sogenannten Flüchtlingskrise aufrichtig überrascht gewesen sein sollte, hätte jede andere Reaktion nähergelegen als die, die tatsächlich erfolgte, nämlich einfach die Grenzen zu öffnen. Es sprach nämlich gar nichts dagegen, die Grenzen gegen unkontrollierten Zustrom zu sichern und, wenn überhaupt irgendjemanden, dann besonders schutzbedürftige Personen, also insbesondere Frauen, Kinder (und zwar mit Altersprüfung!) und alte Menschen aufzunehmen. Merkels Behauptung, die deutsch-österreichische Grenze, um die es im Wesentlichen ging, sei nicht kontrollierbar, war damals schon lächerlich und wurde von derselben Kanzlerin sechs Jahre später im Zuge der Corona-Maßnahmen endgültig Lügen gestraft, als ihre Regierung diese Grenzen – o Wunder! – sehr wohl zu kontrollieren verstand.

Wohlgemerkt: Auch zur Aufnahme schutzbedürftiger Personen bestand keine Rechtspflicht, aber sie wäre bis in oppositionelle Kreise hinein konsensfähig gewesen. Die Regierung aber unterließ praktisch jeglichen Grenzschutz, und dies mit dem folgerichtigen und von ihren eigenen Sicherheitsbehörden vorhergesagten Ergebnis, daß zu achtzig Prozent junge Männer einströmten: die meisten ohne Perspektive, frustriert, gewaltbereit, aber mit dem Willen, sich zu nehmen, worauf sie irrtümlich einen Anspruch zu haben glauben, unter ihnen viele Kriminelle und islamistische Terroristen, wobei die Grenzen zwischen beiden Kategorien von Verbrechern fließend sind. Es kam, wie es kommen mußte, nämlich zu einer Terror- und Gewaltwelle, von der außer Deutschland noch andere europäische Länder erfaßt wurden. Insbesondere für Frauen ist seitdem der öffentliche Raum vielerorts zu einer gefährlichen Zone geworden. Ich erspare Ihnen und mir eine ausführliche und deprimierende Chronologie der Ereignisse, da ich sie als bekannt voraussetze.

Daß die Regierung Masseneinwanderung überhaupt begünstigte, konnte dabei niemanden überraschen, der die ideologische Hinwendung der politischen Klasse hin zu eben dieser Politik in den Jahren zuvor kritisch beobachtet hatte. Frappierend an der Grenzöffnung im September 2015 war vielmehr ihre Wahllosigkeit:

Auch wenn man von einem bestimmten ideologischen Standpunkt aus an die bereichernde Wirkung massenhafter Einwanderung glauben mag: Daß die Einwanderung ausgerechnet bildungsferner und gewaltaffiner junger Männer eine solche Wirkung haben soll, glauben ernsthaft nicht einmal die Ideologen des Multikulturalismus.

Die Entscheidung, an der Grenze *nicht* zu filtern, wurde in Kenntnis der Tatsache getroffen, daß ihretwegen eine 2015 noch unbekannte, aber sehr hohe Anzahl von Europäern Mördern und Terroristen zum Opfer fallen würde. Die Regierung Merkel nahm den Schaden in Kauf, obwohl sie ihn leicht hätte vermeiden können. Warum?

Weil es sonst an den Grenzen »häßliche Bilder« gegeben hätte, wie die Verantwortlichen zu bedenken gaben? Sie wußten genau und a priori, daß die Bilder, die wir stattdessen zu sehen bekommen würden, mindestens ebenso häßlich sein würden: zum Beispiel 2016 beim Anschlag auf den Weihnachtsmarkt am Berliner Breitscheidplatz.

Nein, die Regierung ließ sich von ihren ideologischen Prädispositionen leiten: Ungehemmte Migrationsfreiheit, das heißt unbegrenzte Bewegungsfreiheit des Faktors »Arbeitskraft« ist die Voraussetzung für einen ungehemmten globalen Kapitalismus und gehört zum Kern des neoliberalen Programms, dem sich die Eliten praktisch der gesamten westlichen Welt zumindest phraseologisch verpflichtet haben.[20]

Gerade Angela Merkel hatte schon bei früheren Gelegenheiten durchblicken lassen, was sie vom Nationalstaat hält – nämlich nichts –, und daß sie deshalb daran arbeitet, ihn durch eine Art Doppelstrategie zu erledigen: von unten durch Massenmigration, die das Staatsvolk durch eine heterogene »Bevölkerung« ohne Kollektividentität ersetzt, von oben durch Übertragung möglichst vieler Kompetenzen vom Nationalstaat (der zumindest prinzipiell und potentiell demokratisch kontrollierbar ist) auf supranationale, möglichst globale Institutionen.

Merkel geht es darum, »sich in Bereichen, die nur global gelöst werden können, auch global zu verpflichten und gemeinsam zu agieren« und zu diesem Zweck »Kompetenzen an multilaterale Organisationen abzugeben, koste es, was es wolle«, weil »ein friedliches Zusammenleben nur mit einer globalen Ordnung ... möglich ist.« Dies sind ihre eigenen Worte, gesprochen auf der Berliner Konferenz »Falling Walls« am 9. November 2009.[21]

Es ging und geht also nicht darum, dem deutschen Volk (das die Regierenden unter dem Einfluß linker Ideologie ohnehin als nicht existent oder, sofern existent, als nicht existenz*berechtigt* betrachten) die Segnungen einer kulturellen Bereicherung zuteilwerden zu lassen, von der niemand so recht weiß, worin sie eigentlich bestehen soll. Auch ging es nicht darum, die vielzitierten »Fachkräfte« ins Land zu holen, von denen es unter den Hereinströmenden nicht allzu viele gab (sofern man nicht so zynisch sein möchte, die beim IS ausgebildeten Terroristen als »Fachkräfte« der besonderen Art gelten zu lassen). Es ging vielmehr darum, einem abstrakten, utopischen ideologischen Prinzip zu frönen – »koste es« (das ungefragte Volk), »was es wolle«.

Diesmal wurde die Verfassung flagrant verletzt, ohne daß das Bundesverfassungsgericht – oder welches Gericht auch immer – die Chance gehabt oder auch nur gesucht hätte, korrigierend einzuschreiten: nicht vorher, wie beim ESM-Vertrag, nicht nachher, wie bei Fukushima. Und nicht nur kein Gericht: Kein einziges Verfassungsorgan des Bundes oder der Länder griff ein, als die Bundesregierung massenhaft Menschen einreisen und ihre Asylanträge stellen ließ, die offensichtlich über sichere Drittländer einreisten und deshalb gemäß Art. 16a Abs. 2 GG von vornherein keinen Anspruch auf Asyl hatten, deren Einreise mithin ebenso illegal war wie die Duldung dieser Einreise durch den Staat und die Ausführung der entsprechenden Befehle aus Berlin durch jeden einzelnen Beamten der Bundespolizei!

Auch der Freistaat Bayern, der nicht nur die Pflicht, sondern als Grenzstaat zu Österreich auch die Möglichkeit gehabt hätte, den Gesetzen der Bundesrepublik mit eigenen Exekutivkräften Geltung zu verschaffen, beschränkte sich auf verbalen Protest und die Androhung einer Klage in Karlsruhe, zu der es aber niemals kam. Dem damaligen Ministerpräsidenten Seehofer genügte es, sich mit etwas Theaterdonner ein Alibi gegenüber seinen verstörten Wählern zu verschaffen. Den eklatanten Verfassungsbruch tatsächlich zu unterbinden hatte er offensichtlich niemals vor.

Es ist aber nicht etwa so, daß Karlsruhe in Ermangelung einer Klage des Freistaats Bayern keine Gelegenheit zum Eingreifen bekommen hätte. *Eine* Verfassungsklage wurde nämlich sehr wohl eingereicht, und zwar von dem prominenten Staatsrechtler Karl Albrecht Schachtschneider. Auch dieser Klage jedoch blieb der Erfolg versagt: Schachtschneiders Antrag, das Gericht möge die Bundesregierung wegen ihres fortgesetzten Verfassungsbruchs suspendieren, zielte auf eine angesichts des Verfassungsnotstands legitime, aber zweifellos extreme Maßnahme ab. Daß das Gericht sich zu einem solchen Schritt nicht durchringen konnte, war an sich wenig überraschend: Die Regierung abzusetzen, gehört nicht zum üblichen Verhaltensrepertoire deutscher Richter.

Durchaus überraschend war aber, daß Karlsruhe die Klage nicht zumindest verhandelte und sich dadurch die Chance entgehen ließ, die Verfassungswidrigkeit des Regierungshandelns wenigstens in der Urteilsbegründung unzweideutig anzuprangern. Ich kommentierte diesen Vorgang damals:

>Schachtschneiders Versuch, die politische Klasse der BRD mit den im Grundgesetz vorgesehenen Mitteln auf den Weg der Rechtsstaatlichkeit zurückzuzwingen, ist vom Bundesverfassungsgericht unter dem Vorsitz von Andreas Voßkuhle vereitelt worden. Das Gericht hat nicht etwa über den Antrag verhandelt, um ihn dann mit juristischen Argumenten zurückzuweisen, es hat ihn – und dies ohne jede Begründung – gar nicht erst zur Entscheidung angenommen. Ein in jeder Hinsicht denkwürdiger Vorgang: Zum einen hat das Gericht damit in offenkundig mißbräuchlicher Weise von einer Ermächtigung Gebrauch gemacht, die der Gesetzgeber ihm eingeräumt hatte, um es vor einer Flut unbegründeter Klagen von Wichtigtuern zu bewahren. Diese Ermächtigung ist also keineswegs als Freibrief gedacht, der es dem Gericht gestatten würde, der Zerstörung der verfassungsmäßigen Rechtsordnung durch die herrschende politische Klasse tatenlos zuzusehen oder dieser gar Vorschub zu leisten. Daß Karlsruhe die Klage eines berühmten deutschen Rechtsgelehrten – bei der es nicht um irgendwelche Bagatellen ging, sondern um Sein oder Nichtsein des Rechtsstaates – ohne Begründung abschmettert, als handele es sich um die

mutwillige Schaumschlägerei eines Prozeßhansels, ist ein Offenbarungseid.

Gewiß: Niemand, der die Dinge realistisch betrachtete und die schleichende Degeneration des Verfassungsgerichts über die Jahre hinweg zur Kenntnis nahm, konnte ernsthaft erwarten, daß das Gericht mehr tun würde, als es auch in der Vergangenheit getan hat. Es wäre mithin illusorisch gewesen, mehr als eines jener berüchtigten Ja-aber-Urteile zu erwarten, mit denen Karlsruhe bisweilen die Regierenden am Ärmel zupft, ohne ihnen wirklich in den Arm zu fallen. Daß das Gericht sich aber nicht einmal dazu noch aufraffen konnte, zeigt, daß es objektiv unmöglich geworden ist, die putschistische Politik der Regierenden auch nur mit einem juristischen Feigenblatt zu bemänteln. (...)

Dem Gericht war entweder unklar oder egal, daß es selbst die letzte Institution dieses Staates gewesen war, die noch einen Rest an Ansehen und Vertrauen genossen hatte, und daß es nunmehr beides verspielt hat; daß es gerade die überzeugtesten Anhänger und Verteidiger des Grundgesetzes demoralisiert hat, indem es sich als integraler Teil – und eben nicht als Korrektiv – des herrschenden Machtkartells entpuppt hat; daß es erheblich dazu beigetragen hat, den letzten Vorbehalt zu beseitigen, der der Ausübung des Widerstandrechts noch im Wege steht – nämlich, daß sie nur zulässig ist, ›wenn andere Abhilfe nicht möglich ist‹ (Art. 20 Abs. 4 GG); und daß es damit dem Rechtsfrieden dieses Staates einen Schlag zugefügt hat, von dem er sich wahrscheinlich nie wieder erholen wird.«[22]

Diejenigen Leser, die meine damaligen Warnungen selbst jetzt noch für übertrieben halten, bitte ich Folgendes zu bedenken: Mit der Grenzöffnung hatte die Bundesregierung den Asylkompromiß von 1993 und die darin enthaltene Drittstaatenregelung entwertet. Diese Regelung war eingeführt worden, nachdem der

Fall des Eisernen Vorhangs Anfang der neunziger Jahre zu einer Asylkrise geführt hatte, die schon damals das Land zu überfordern drohte.

In dieser Situation hatten die staatstragenden Parteien beschlossen, den Mißbrauch des Asylrechts zu Zwecken der einfachen Migration deutlich zu erschweren – also eine Politik verfolgt, die sich in dramatischer Weise von derjenigen Angela Merkels 22 Jahre später unterschied. Speziell die Zustimmung der SPD wäre allerdings schon damals wohl unterblieben, wenn der andauernde Zustrom von Asylanten nicht der rechtsoppositionellen Partei Die Republikaner zu etlichen Erfolgen bei Landtagswahlen verholfen hätte. Indem sie den etablierten Parteien Beine gemacht und sie zur Änderung des Asyl-Artikels gezwungen hatten, hatten die Republikaner sich zwar totgesiegt und verschwanden wieder in der politischen Versenkung. Die Demokratie aber schien gezeigt zu haben, daß sie genauso funktionierte, wie die Lehrbücher der Politologen postulieren.

Diese Lehre galt längstens bis 2015, als die Regierung Merkel sich über das Grundgesetz (gerade in diesen geänderten Passagen) willkürlich hinwegsetzte und damit klarstellte, daß demokratische Spielregeln und die auf ihrer Basis zustandegekommenen Gesetze bis hin zum Grundgesetz nur unter Vorbehalt gelten: nämlich genau *so* lange, wie ihre Anwendung und Befolgung die politische Klasse nicht an der Verfolgung ihr zentralen Projekte hindert.

Zur Demokratie gehört aber essentiell die Möglichkeit, legal und mit Aussicht auf Erfolg Einfluß auf den politischen Kurs der Regierung zu nehmen, sie gegebenenfalls mit dem Stimmzettel zu einer Kurskorrektur zu zwingen oder abzulösen. Mit demokratischen Prinzipien ist es daher offensichtlich unvereinbar, wenn der Staat diese Möglichkeit entwertet, indem er die solchermaßen zustandegekommenen Gesetze einfach ignoriert.

Mehr noch: Ein Staat, dessen Regierung weiß, daß sie sich aussuchen kann, ob sie sich an Recht und Verfassung halten will oder nicht, weil sie schon einmal mit einem offenen Verfassungsbruch davongekommen ist, hört genau diesem Moment auf, eine freiheitliche Demokratie zu sein. Ein Staat ist nämlich nicht erst dann eine Diktatur, wenn er Zensur, Folter, willkürliche Durchsuchungen und Verhaftungen, Wahlfälschung, Massenüberwachung und Terror gegen Minderheiten tatsächlich praktiziert (von welchen Methoden die BRD und die inoffiziellen Handlanger dieses Staates übrigens einige schon anwenden – wir kommen noch darauf zu sprechen), sondern bereits dann, wenn die Regierung weiß, daß sie dies straflos tun beziehungsweise veranlassen *kann!* Eine freiheitliche Demokratie ist ein Staat, dessen Bürger ihre Rechte durchsetzen können, nicht einer, dessen Regierung sie sozusagen nur zufällig und nur dann respektiert, wenn sie gerade keinen konkreten Anlaß hat, sie zu mißachten.

Zurück zur Situation 2015: Die Begleitmusik zur Grenzöffnung spielten die Massenmedien, die Merkels »Willkommenskultur« zum Gipfel der Humanität aufbliesen, durch bewußt irreführende Berichterstattung den überwältigend hohen Anteil an jungen Männern unter den sogenannten Flüchtlingen kaschierten (die alsbald in der gefühligen Sprache der BRD zu »Schutzsuchenden« mutierten). Dieselben Medien verklärten verblendete junge Mädchen, die die sogenannten Flüchtlinge an den Bahnhöfen mit Teddybären empfingen, zu Heldinnen, dank derer die Deutschen sich als eine Art kollektiver Mutter Teresa fühlen durften. (Auf dem Titelblatt der *Spiegel*-Ausgabe

39 / 2015 prangte allen Ernstes »Mutter Angela« – Angela Merkel im Mutter-Theresa-Look.) Was die Kritik angeht, so wurde sie mit genau der rhetorischen Figur der moralischen Erpressung niedergebügelt, die ich drei Jahre zuvor vorausgesagt hatte: Wie können Sie nur so herzlos gegenüber diesen armen Menschen sein, Sie Nazi?

Man kann sich kaum vorstellen, daß die Regierung ohne die Unterstützung dieses Einheitschors aus privaten und öffentlich-rechtlichen Medien mit ihrem Kurs durchgekommen wäre. Allerdings bezahlte sie, gemessen an herkömmlichen Maßstäben, einen hohen Preis dafür:

Gerade die nordkoreanisch anmutende Jubelberichterstattung der Medien, verbunden mit deren offenkundigem Willen, ihr Publikum zu manipulieren, umzuerziehen, irrezuführen und schlicht zu belügen, war für etliche bis dahin eher linksliberale Künstler und Intellektuelle – etwa die Philosophin Caroline Sommerfeld oder den Maler und Psychotherapeuten Raymond Unger[23] – ein Schock, aber auch ein Weckruf, der sie veranlaßte, ihr gesamtes politisches Weltbild zu überdenken. Erneut hatte die politische Klasse nicht nur Massen gegen sich aufgebracht – die dann der AfD zum endgültigen politischen Durchbruch verhelfen sollten –, sondern auch Eliten.

Wieder stoßen wir auf die merkwürdige Kombination aus politischem Mißmanagement und mutwilliger Stärkung der Opposition, die uns schon im Zusammenhang mit der Eurokrise aufgefallen ist, diesmal freilich kombiniert mit einer Spaltung der Gesellschaft, die es, allen Meinungsverschiedenheiten zum Trotz, in dieser Schroffheit bis dahin nicht gegeben hatte. Befeuert wurde diese Spaltung wiederum nach Kräften von den Massenmedien durch ihre dämonisierende Hetze gegen Oppositionelle (»Dunkles Deutschland«[24]), während es umgekehrt zwar eine Minderheit war, die sich in dem Bild des »hellen Deutschland« wiedererkennen wollte – aber eine Minderheit, deren Vertreter gerade in den Medien praktisch ein Monopol hatten, und die ihre Zweifel offensichtlich nicht ungern dadurch zum Schweigen brachte, daß sie sich an ihren eigenen Feindbildern vom »dunklen Deutschland« berauschte.

4. Klimapolitik

Die angeblich drohende, angeblich vom Menschen verursachte Klimakatastrophe wird zwar von den Medien effektvoll ausgemalt und hat es in den letzten Jahren auf Platz 1 der politischen Prioritätenliste geschafft, dies aber auf einer Faktengrundlage, die – freundlich formuliert – auch ganz andere Interpretationen zuläßt. Wissenschaftlern ist dies auch bekannt, der angebliche »Konsens« »der« »Wissenschaft« über die Wahrheit dieser Hypothese existiert nicht: Daß angeblich 97 Prozent der zuständigen Wissenschaftler dieser These zustimmten, ist eine durch grobe Manipulationen herbeigeführte Falschmeldung.[25]

Es ist in höchstem Maße unplausibel, um nicht zu sagen absurd zu glauben, daß die Welt untergehen soll, wenn der Anteil eines in Natur vorkommenden Gases an der Zusammensetzung der Atmosphäre von zwei Zehntausendsteln auf vier Zehntausendstel steigt. In der Erdgeschichte sind schon ganz andere Schwankungen sowohl des CO_2-Gehalts als auch der mittleren Lufttemperatur vorgekommen, und dies durchaus auch in historischen Epochen. Die Wärmeperioden etwa des Hochmittelalters oder der Antike waren Blütezeiten der Zivilisation.

Noch absurder für jeden Menschen, der sich schon einmal mit komplexen Systemen beschäftigt hat, ist die Vorstellung, man könne bei einem System wie der Ökologie willkürlich eine einzelne Zielvariable (die mittlere Lufttemperatur) herausgreifen und diese durch eine einzige Einflußvariable (nämlich den CO_2-Gehalt der Luft) manipulieren.

Gewiß, ein *lineares* System, etwa einen Getränkeautomaten, kann man auf diese Weise gezielt beeinflussen: Man wirft oben einen Euro hinein, damit unten die Coladose herauskommt. Wer aber auf diese Weise ein komplexes, über Rückkopplungsschleifen vernetztes, *nichtlineares* System beeinflussen will, kann dasselbe ebenso gut mit Hilfe schamanistischer Wettertänze versuchen. Die Bereitschaft von Wissenschaftlern, gegen üppige Drittmitteldotationen offensichtlichen Unsinn zu verbreiten und dabei jedes Schamgefühl fahrenzulassen, ist leider nicht nur bei diesem Thema zu beobachten. Sie gehört zu den Verfallserscheinungen der westlichen Demokratie.

In der Klima-Theologie haben sich zwei scheinbar gegensätzliche, tatsächlich aber subtil verwandte Wahnsysteme miteinander verbrüdert: einerseits der Größenwahn von Technokraten, die buchstäblich jedes System – von der Gesellschaft bis zum Klima – für beherrschbar halten, vorausgesetzt, man wendet hinreichende Machtressourcen dafür auf; anderseits das säkularisierte Postchristentum, das einer Perversion der Erbsündenlehre anhängt, den Menschen schlechthin für den großen Schädiger hält, der an allem schuld ist, was auf dem Planeten Erde (scheinbar oder tatsächlich) schiefläuft; und der deshalb seinem sündhaften Lebensweg zu entsagen und Buße zu tun hat. Daß es Dinge gibt, die sich dem planenden Einfluß des Menschen entziehen, ist beiden Denkweisen fremd; daß dies auch gut so ist, erst recht.

Leider wird auf der Basis dieser Annahmen handfeste Politik gemacht. Es beginnt mit dem Kampf gegen das Automobil, von dem ein erheblicher Teil unserer Volkswirtschaft abhängt, setzt sich fort mit den ökologischen Folgeschäden des flächendeckenden Einsatzes von Windrädern und E-Autos und beschädigt sozusagen kollateral die politische Kultur: Wer nämlich für sich in Anspruch nimmt, nicht weniger als den Weltuntergang zu verhindern, verschafft nicht nur seinen Anliegen dadurch naturgemäß die *Pole Position* auf der Rangliste der politischen Relevanz, sondern stempelt jeden Andersdenkenden zum Feind der Menschheit, dem man »kein Forum bieten« dürfe, und den man, wenn überhaupt, nur so lange dulden kann, wie seine Kritik nichts ausrichtet. Die manichäische Schwarzweißmalerei der Klimajünger, die sich in einen apokalyptischen Endkampf des schlechthin »Guten« mit dem schlechthin »Bösen« verstrickt wähnen, gehört zu jenem Giftcocktail, der die politische Kultur, auf der eine liberale Demokratie beruht, in bemerkenswert kurzer Zeit zerstört hat.

Halten wir uns Folgendes vor Augen: Deutschland ist für nur rund zwei Prozent des globalen CO_2-Ausstoßes verantwortlich. China verursacht jedes Jahr einen Emissions-*Zuwachs*, der den gesamten deutschen Emissionen gleichkommt. Selbst die komplette CO_2-Neutralität unseres Landes würde also am globalen Problem (wenn es tatsächlich eines sein sollte) nichts ändern, jedenfalls nicht, solange nicht die halbe Welt den deutschen Weg mitgeht. Dies aber tut sie in der Klimapolitik ebenso wenig wie beim Atomausstieg. Alle Opfer, die unserem Volk zur angeblichen Rettung des Klimas abverlangt werden, wären also selbst dann

sinnlos, wenn die Problembeschreibung der Klima-
sekte zuträfe. Es handelt sich um eine gesinnungsethische Maximalpolitik, die nicht nur die Kosten und
Schäden, sondern auch das absehbare Ausbleiben jedes Erfolges ignoriert.

Solche Erwägungen haben freilich das Bundesverfassungsgericht nicht davon abgehalten, den Gesetzgeber
auf die drastische Senkung des CO_2-Ausstoßes zu verpflichten: »Der nationalen Klimaschutzverpflichtung
steht nicht entgegen, daß der globale Charakter von
Klima und Erderwärmung eine Lösung der Probleme
des Klimawandels durch einen Staat allein ausschließt.
(…) Der Staat kann sich seiner Verantwortung nicht
durch den Hinweis auf die Treibhausgasemissionen
in anderen Staaten entziehen.«[26]

Der gesinnungsethische Heroismus wurde also von
diesem Gericht mit Verfassungsrang ausgestattet, und
dasselbe gilt für das gesamte Narrativ: für die These
vom »menschengemachten Klimawandel«, der zu Katastrophen führen werde und ausschließlich durch
Senkung des Kohlendioxidausstoßes zu verhindern
sei – alles Behauptungen, die bis heute nicht über den
Status von Hypothesen hinausgelangt sind, vom Bundesverfassungsgericht aber unter Mißachtung jeder
richterlichen Zurückhaltung kompetenzüberschrei-
tend als in der Verfassung nicht vorgesehenes Staats-
prinzip in Stein gemeißelt wurden und im Grunde
jeden zum Verfassungsfeind stempeln, der sie überhaupt noch anzuzweifeln wagt. Zum Beispiel den
ehemaligen Hamburger SPD-Umweltsenator Fritz
Vahrenholt, dessen Kritik die Website Tichys Einblick
wie folgt zusammenfaßt:

»War Verfassungsrichterin Gabriele Britz, die maßgeblich am
Urteil des Bundesverfassungsgerichts zum Klimaschutzgesetz

beteiligt war, befangen? (...) Vahrenholt hält nicht nur die Auswahl der Gutachter für einseitig. Zugleich hat der Ehemann der Richterin, der Frankfurter Grünen-Politiker Bastian Bergerhoff, schon im Dezember 2020 auf seiner persönlichen Webseite Aussagen zum Klimaschutz veröffentlicht, die fünf Monate später fast wortgleich im Beschluß des Bundesverfassungsgerichts auftauchen. Dabei handelt es sich aber nicht um Randaspekte, sondern um den Kernbereich des Urteils, nämlich die Berechnung des noch zur Verfügung stehenden CO_2-Budgets, aus dem das Gericht dringenden Handlungsbedarf ableitet.

Vahrenholt zählt eine ganze Reihe von Fakten auf, die ungewöhnlich sind für so ein weitreichendes Urteil. So wurde über die Klage, wonach das Klimaschutzgesetz nicht ausreicht, innerhalb nur eines Jahres entschieden. Obwohl die Klage erhebliche Auswirkungen auf Wirtschaftskraft, Arbeitsplätze und soziale Sicherungssysteme hat, wurden nur Umweltverbände und -Institutionen um Stellungnahmen gebeten. Gabriele Britz als zuständige Berichterstatterin des Verfassungsgerichts habe weder Industrieverbände und Gewerkschaften noch andere gesellschaftliche Gruppen angehört, bemängelt Vahrenholt. ›Offensichtlich hielt es Richterin Britz, also die Frau des Grünen Bastian Bergerhoff, nicht für nötig, Kritiker dieser extrem unwahrscheinlichen und unrealistischen Szenarien von Umweltbundesamt, Potsdam-Institut für Klimafolgenforschung oder dem Sachverständigenrat für Umweltfragen anzuhören‹, so Vahrenholt. ›Wenn aber so einseitig Quellen ausgewählt werden, darf man durchaus die Frage stellen, ob eine Befangenheit der Richterin vorlag. Und woher kannte Bastian Bergerhoff fünf Monate vor der Veröffentlichung die zentralen Kernsätze des Beschlusses des Bundesverfassungsgerichts? Oder ist es etwa umgekehrt: daß Bastian Bergerhoff der Ideengeber der zentralen Leitsätze war?‹«

Was hier zu besichtigen ist, ist das Wirken eines Gerichtes, das seine Aufgabe offensichtlich als die eines Vollstreckungsorgans jener politischen Klasse mißversteht, der die beteiligten Richter ihre Ämter verdanken. Theoretisch werden diese Ämter zwar pluralistisch besetzt, das heißt, alle etablierten Parteien haben die Chance, ihnen genehme Kandidaten zu entsenden. Früher wurde auf diese Weise auch tatsächlich eine halbwegs pluralistische Besetzung gewährleistet.

Wie wenig davon heute noch die Rede sein kann, erschließt sich aus der Tatsache, daß der genannte Beschluß unter Vorsitz des Gerichtspräsidenten Stephan Harbarth gefaßt wurde, der diesen Posten auf dem CDU-Ticket bekam. Erwähnenswert in diesem Zusammenhang dürfte sein, daß er vor seiner Berufung ans Bundesverfassungsgericht nie als Richter, sondern lediglich als Anwalt gearbeitet hatte. Was ihn für sein Amt qualifiziert hatte, waren wohl seine Karriere als folgsamer Parteigänger von Angela Merkel und nicht zuletzt sein Engagement für den UN-Migrationspakt gewesen. Einem solchen Kandidaten konnten selbstredend auch die Grünen getrost ihre Stimme geben. Kurz gesagt: Wenn alle Parteien mehr oder weniger dasselbe vertreten, schrumpft das Bundesverfassungsgericht bei Meinungsverschiedenheiten zwischen der politischen Klasse und oppositionellen Kräften zwangsläufig zum Abnickverein, der der Politik der Regierung, wenn überhaupt, dann höchstens zu dem Zweck widerspricht, sie zu verschärfen, wie in besagtem Beschluß geschehen.

Zurück zum Klimaschutz: Statt angemessene Konsequenzen aus der Tatsache zu ziehen, daß die BRD nun einmal nicht die Macht hat, im Alleingang das Weltklima zu »retten«, versucht man uns genau dieses Problem als Begründung dafür zu verkaufen, warum

Klimaschutz auf supranationaler Ebene geregelt werden müsse: wenn möglich global, wenn nötig regional, also auf EU-Ebene. Wie von selbst erzwingen die technokratischen Allmachtsphantasien, die als Prämissen in die Politik einfließen, eine Ermächtigung eben jener technokratischen Machteliten, die diese Prämissen zur Grundlage ihres Handelns machen.

Denn eines sollte klar sein: der Nationalstaat ist die oberste politische Ebene, die demokratischer Kontrolle gerade noch zugänglich ist (was nicht heißt, daß sie zwangsläufig auch in ausreichendem Maße stattfindet). Die Verlagerung von Kompetenzen auf die supranationale Ebene ist daher zwangsläufig mit Demokratieabbau verbunden.

Fassen wir also zusammen: Wir haben es wieder einmal mit einem Problem zu tun, das herbeigeredet wurde. Es wird ohne Rücksicht auf Verluste mit einem riesigen Aufwand, aber ohne Aussicht auf Erfolg in Angriff genommen. Problemdefinition wie Lösungsstrategie beruhen (zumindest, sofern zum Nennwert genommen) auf irrationalen und selbst nachträglich kaum rationalisierbaren ideologischen beziehungsweise quasireligiösen Grundlagen. Naheliegende Strategien, etwa der Nichtausstieg aus der Kernenergie, werden beiseitegeschoben, die Kollateralschäden maximiert.

Die Demokratie wird sowohl kulturell (durch Zerstörung ihrer diskursiven Voraussetzungen) als auch institutionell (durch Supranationalisierung) untergraben. All dies funktioniert, weil die Bürger durch die fortgesetzte Drohung mit dem Weltuntergang in Angst und Schrecken versetzt, Kritiker verunglimpft, lächerlich gemacht und ausgegrenzt werden. Die Spaltung der Gesellschaft dabei nicht nur billigend in Kauf genommen, sondern aktiv vertieft.

5. Opposition

Daß es gegen den Kurs der politischen Klasse Widerstände gibt, sollte in einer Demokratie normal sein. Normal sollte auch sein, daß diese Klasse sich mit den Argumenten ihrer Gegner auseinandersetzt, und sei es nur aus wohlverstandenem Eigeninteresse: Das normale Ziel einer normalen politischen Klasse sollte doch darin bestehen, das ihr anvertraute Land vernünftig zu regieren und durch Leistung die Wähler zu überzeugen. So gesehen, steckt in Kritik an der politischen Klasse für Letztere durchaus eine Chance, und dies auch dann, wenn diese Kritik sich bereits in oppositionellen Parteien institutionalisiert hat:

Die »Republikaner« haben in den neunziger Jahren die etablierten Parteien nicht nur gezwungen, sondern den selbstkritischeren unter ihren Politikern auch *ermöglicht*, der weitverbreiteten Kritik an einem überdehnten und exzessiv ausgenutzten Asylrecht Rechnung zu tragen und eine vernünftige Beschränkung vorzunehmen – und zwar, bevor es zu der multiplen Staatskrise kommen konnte, in die die BRD bei vergleichbarer Problemlage von Angela Merkel gesteuert wurde. Die Existenz einer rechten Opposition verschaffte konstruktiven Pragmatikern wie dem damaligen SPD-Vorsitzenden Engholm den nötigen Spielraum, sich über den Einspruch zwangsfixierter Ideologen in den eigenen Reihen hinwegzusetzen. Die Republikaner – *nomen est omen*, möchte man sagen – haben sich dadurch in der Tat um die Republik verdient gemacht. Dieses Verdienst wäre übrigens auch dann keinen Deut geringer, wenn sie tatsächlich die rechtsextreme Partei gewesen wären, zu der die linke Propaganda sie machte. (Sie waren es nicht, weil zum politischen Extremismus in jeder vernünftigen Definition des Wortes zwingend auch der Aspekt der Verfassungsfeindlichkeit gehört, der dieser Partei fehlte und fehlt.)

Meinungsfreiheit, Vereinigungsfreiheit, Versammlungsfreiheit und das Recht auf legale Opposition und Parteibildung sind ja nicht *deshalb* zentrale Komponenten des freiheitlich-demokratischen Systems, weil die Väter des Grundgesetzes einem weltfremden platonischen Menschenrechtsidealismus gefrönt hätten, der nur für Schönwetterphasen taugte. Sie waren – unter dem Eindruck der Katastrophen der Jahre 1914 bis 1945 – alles andere als naive Traumtänzer.

Im Grundgesetz verankert sind diese Rechte vielmehr deshalb, weil ein Staat, der sie respektiert, die Chance hat, Fehlentwicklungen von sich aus und aufgrund von Argumenten zu korrigieren und nicht erst durch Aufstände dazu gezwungen werden muß. Ein Staat hingegen, der seine Kritiker drangsaliert, statt sich mit ihrer Kritik auseinanderzusetzen, wird mit geradezu physikalischer Zwangsläufigkeit an genau den Mißständen zugrundegehen, die er ignoriert und die zu kritisieren er verbietet.

Der erst drei Jahrzehnte zurückliegende Untergang der DDR ist unter anderem genau auf diesen Mechanismus zurückzuführen: Deren Staatsführung unterband jede grundsätzliche, das heißt von einem systemtranszendierenden Standpunkt aus vorgetragene Kritik. Der »Sozialismus« war tabu, und jede Kritik, die überhaupt Aussicht auf Gehör haben wollte, mußte von dieser Prämisse ausgehen. Soweit die Dysfunktionalität des Systems also auf dessen sozialistischen Charakter zurückzuführen war, konnte sie nicht thematisiert, konnten mithin auch entsprechende Reformen nicht eingeleitet werden.

Man muß sich bewußt machen, daß derjenige, der von einem systemtranszendierenden Standpunkt aus argumentiert, aus der Sicht des jeweiligen Systems automatisch das ist, was man in der Sprache der BRD einen »Extremisten« nennt. Der Schutz, den das Grundgesetz auch (und man möchte fast sagen: *gerade*) extremistischen Positionen zuerkennt, ist also kein Luxus, den der Staat sich leistet, weil's gut fürs Image ist, sondern eine Notwendigkeit, die ihm hilft, seine blinden Flecken zu erkennen, um nicht, wie die DDR, an ihnen zu scheitern.

Daß es zum Beispiel einen Sozialstaat in Deutschland gibt, ist nicht zuletzt das Verdienst eines Revolutionärs, also eines Extremisten, nämlich Karl Marx, dessen Name hier *pars pro toto* für zahllose sozialistische Kritiker der gesellschaftlichen Verhältnisse stehen soll.

Natürlich hätte Marx selbst diese Art von Verdienst und Erfolg mit Grausen abgelehnt. Denjenigen Erfolg, den er tatsächlich anstrebte, nämlich die sozialistische Revolution, hätte er paradoxerweise wohl eher erzielt, wenn man seine Schriften verboten hätte – was aber nicht einmal unter Bismarcks Sozialistengesetzen der Fall war. Stattdessen nahmen, beginnend mit Bismarck, alle deutschen (zwischenzeitlich: westdeutschen) Regierungen, auch die entschieden nichtsozialistischen, Marx' Kritik implizit oder explizit, direkt oder indirekt auf und versuchten, ihr in ihren legitimen Aspekten Rechnung zu tragen.

Die bornierte Selbstgerechtigkeit, mit der Marx' Erben die DDR regierten, ließ für so viel Weisheit keinen Raum. Weil dies so war, scheiterte nicht nur die SED selbst – auch die innere Opposition war als gestaltende Kraft im Grunde mit dem Sieg über das Regime schon am Ende ihres Lateins. Die Alternative zum Regime der DDR war nicht die Opposition im eigenen Staat, sondern der westdeutsche Teilstaat und dessen politische Klasse, die den ehemaligen Bürgerrechtlern noch eine gewisse dekorative Funktion zubilligte, sie ansonsten aber schnell und gerne vergaß.

Daß diese Opposition auf dem politischen Feld so gründlich scheiterte, war wiederum einer der zweifelhaften Erfolge der SED. Eine Opposition, die in den Untergrund, mindestens aber ins Abseits gedrängt wird, kann so etwas wie »Regierungsfähigkeit« praktisch nicht erlangen. Schon dieser Umstand allein müßte eine vernünftige politische Führungsschicht veranlassen, den Spielraum der Opposition nicht zu sehr einzuengen – wer weiß, müßte sie sich sagen, wozu sie noch gut sein wird, wenn wir selbst nicht mehr weiterwissen?

Unglücklicherweise, aber eben auch erwartbar, sind genau die inkompetenten, die grundlos selbstgerechten, die bornierten und dogmatischen Regierungen – also diejenigen, die es am nötigsten hätten, sich kritisieren zu lassen – zugleich diejenigen, die von dieser Art staatsmännischer Weisheit am weitesten entfernt sind. Man erkennt schlechte Regierungen geradezu daran, daß sie statt über Lösungen für Probleme lieber über die Bekämpfung derjenigen nachdenken, die diese Probleme beim Namen nennen.

Wenn man der politischen Klasse Glauben schenken will, dann gehören zu Hauptproblemen unseres Landes »Rassismus«, »Rechtsextremismus« und »Haßrede«, deren die BRD mit unablässigen Gesetzesverschärfungen und staatlich orchestrierter Propaganda Herr zu werden versucht.

Zunächst gilt es festzustellen, daß alle drei Ausdrücke semantische Lügen sind, insofern sie aus dem Mund etablierter Politiker eine völlig andere

Bedeutung haben, als der Normalbürger, für dessen Ohren sie bestimmt sind, unterstellt: »Rassismus« bedeutete früher und bedeutet für den Normalbürger bis heute, einen Menschen seiner Hautfarbe wegen für einen Menschen minderen Werts und minderen Rechts zu halten. Für die heutige politische Klasse dagegen ist ein »Rassist« jemand, der ihre Politik der Masseneinwanderung ablehnt. »Rechtsextremist« war früher jemand, der illiberale und autoritäre Staatskonzepte vertritt und die freiheitlich-demokratische Ordnung ablehnt, und dies unter Berufung auf eine *nicht linke* Ideologie (sonst wäre er ein Linksextremist). Heute ist es jemand, der den demokratischen Staat, seine verfassungsmäßige Rechtsordnung und die Interessen des deutschen Volkes *verteidigt* – der also genau das tut, was Regierungsmitglieder bis zur Bundeskanzlerin nach jeder Wahl zu tun schwören, aber nicht tun. (Wobei sie selbst hinzufügen würden, sie könnten dies auch nicht, weil es das deutsche Volk gar nicht gebe.). Und »Haß« wird heute das genannt, was man früher »Kritik« nannte – freilich nur, sofern die Kritik ganz bestimmten Minderheiten gilt.

Das Problem des »Rechtsextremismus«, des »Rassismus« und der »Haßrede«, wie die etablierten Politiker es verstehen, ist also insofern von ihnen selbst durch uferlose Begriffsausdehnung und teils unter Verkehrung der ursprünglichen Wortbedeutung in ihr Gegenteil buchstäblich herbeigeredet worden.

Die Opposition als solche wiederum, wie immer man sie etikettieren mag, ist von dieser Klasse nicht *herbeigeredet*, sondern *herbeigeführt* worden: Erstens durch eine Politik, die gerade für die Mittel- und Unterschicht in mehrfacher Hinsicht existenzbedrohend ist und auch so empfunden wird. Dazu gehören die Vernachlässigung, Einschränkung und

Verschlechterung öffentlicher Dienstleistungen und Institutionen vom kommunalen Schwimmbad bis zum öffentlichen Schulwesen, vom Krankenhaus bis zur Polizei, von der Bundeswehr bis zur Währung mitsamt den dazugehörigen Beeinträchtigungen der Lebensqualität.

Zweitens, parallel dazu, durch laufende Finanzierung ideologischer Lieblingsprojekte – Einwanderung, Eurorettung, Klimaschutz, Atomausstieg, Schulreformen zur Senkung der Leistungsanforderungen, *Gender Studies* etc. –, die nicht nur viel Geld kosten, das anderswo fehlt, sondern vielfach genau die Probleme verschärfen, die die Bürger beklagen. Drittens dadurch, daß die etablierten Politiker diese Kritik entweder gar nicht erst zur Kenntnis nehmen oder mit der Verunglimpfung und Drangsalierung der Kritiker beantworten.

Der Eindruck, von einer inkompetenten Kaste verblendeter Ideologen regiert zu werden, die nicht einmal den guten Willen haben, den legitimen Wünschen der von ihnen regierten Bürger Rechnung zu tragen – dieser Eindruck *mußte* aufkommen. Und nicht irgendwelche rechten Intellektuellen haben ihn erweckt (deren Reichweite ist nicht groß – und ich weiß, wovon ich rede!), sondern die politische Klasse selbst, denn es handelt sich um einen vollkommen zutreffenden Eindruck.

Selbst als der Protest massenhaft auf die Straße getragen wurde (zum Beispiel durch die Pegida-Bewegung), und in Gestalt der AfD sogar die Parlamente erreichte, sah die Politik darin keinen Anlaß, ihren Kurs auch nur geringfügig zu ändern. Sie tat also nicht das, was die politikwissenschaftlichen Lehrbücher für diesen Fall vorhersagen und was schon mehrfach funktioniert hatte, zuletzt, wie erwähnt, beim

Asylkompromiß von 1993. Im Gegenteil: Inhaltlich verschärfte die etablierte Politik jede der kritisierten Politikstrategien noch und trieb sie auf die Spitze, während sie die Kritiker nach Kräften mundtot machte.

So hatte der Gesetzgeber zum Beispiel in einem jahrzehntelangen Prozeß ständiger Verschärfungen den § 130 StGB (Volksverhetzung) bis an eine Grenze gedehnt, an der er schon auf ein willfähriges Verfassungsgericht angewiesen war, weil er (wieder einmal und im Zeitverlauf zunehmend) das Bestimmtheitsgebot mit Füßen getreten hatte. Und schon rein quantitativ war die Aufblähung des Textes eindrucksvoll und per se ein Hinweis darauf, daß der Meinungsfreiheit immer engere Grenzen gezogen wurden.[27] Mit dem Netzwerkdurchsetzungsgesetz vom 1. Oktober 2017 (zuletzt geändert am 28. Juni 2021) ging die politische Klasse dann aber neue und selbst für ihre Verhältnisse ungewöhnlich perfide Wege.

In diesem Gesetz verpflichtet der Staat nämlich die Betreiber sozialer Netzwerke wie Twitter, Facebook, Instagram usw. dazu, Beiträge mit rechtswidrigen Inhalten zu löschen bzw. die entsprechenden Nutzer-Accounts zu sperren. Was nicht zu beanstanden wäre, geschähe es aufgrund einer gerichtlichen Anordnung.

Das Gesetz überträgt aber den sozialen Medien selbst, also Privatunternehmen, eine Feststellung, die zu treffen bis dahin allein dem Staat vorbehalten war, nämlich, ob ein bestimmter Inhalt »rechtswidrig« ist oder nicht. Dabei wurde den betroffenen Unternehmen nicht einmal die Pflicht auferlegt, diese Entscheidung einem Juristen zu überlassen. Dies wäre auch kaum möglich gewesen, da das Gesetz den Firmen des Weiteren aufträgt, jeden gemeldeten behaupteten Rechtsverstoß »unverzüglich« zu prüfen und das Meldeverfahren so einfach wie möglich zu gestalten – mit dem folgerichtigen und zweifellos erwünschten Ergebnis, daß die sozialen Netzwerke mit einschlägigen Meldungen geradezu überflutet werden, weil offenbar eine ganze Armee von Denunzianten bereitsteht, die von früh bis spät nichts anderes zu tun hat, als anderer Leute Twitter- und Facebook-Beiträge zu durchforsten. Für die Prüfung dieser Meldungen teure Juristen zu beschäftigen wäre nicht nur unfinanzierbar, sondern vermutlich mangels Bewerbern für eine derart erniedrigende Tätigkeit auch unmöglich gewesen. Damit die sozialen Medien es aber trotzdem nicht an Verfolgungseifer mangeln lassen, wurde ihnen *selbst* für den Fall, daß ihnen die Rechtswidrigkeit eines rechtswidrigen Beitrags entgeht und sie ihn daher nicht sperren, ein millionenschweres Bußgeld angedroht – während der umgekehrte Fall, nämlich die Löschung eines legalen Beitrags und die Sperrung des dazugehörigen Kontos, ohne staatliche Sanktion bleibt.

Daß es unter diesen Vorgaben zu einer Welle von Sperrungen kam, versteht sich von selbst; daß diese Sperrungen praktisch nur Kritiker der Regierungspolitik und insbesondere ihrer Einwanderungspolitik und der Zensurpolitik selbst trafen, ebenfalls; und daß unter den beanstandeten und gelöschten Beiträgen viele in Wirklichkeit legal waren, erst recht. Zufällig stelle ich genau in dem Moment, da ich diesen Absatz schreibe (17. Juli 2021, 20.21 Uhr), fest, daß mein Twitter-Konto @korrektheiten soeben gesperrt worden ist, und zwar wegen des folgenden Tweets: »Wochenblick: #Allgemein #Migrationskrise Problem Massenmigration: Neue Asyl-Welle rollt wieder an: Die Migrantenströme nehmen wieder deutlich zu. Sowohl im Mittelmeer – bereits heuer gab es mehr als 21 000 Ankünfte in Italien, im Vergleichszeitraum des Vorjahres waren es nur knapp 8000.«[28]

Es handelt sich um einen Verweis auf einen Artikel in der Online-Zeitung wochenblick.at[29] mit Übernahme des Teasers. Schon auf den ersten Blick ist für jedermann erkennbar, daß hier völlig legal eine Information von öffentlichem Interesse wiedergegeben wird, und dasselbe gilt für den verlinkten Artikel. Bei diesem Vorgehen von Twitter handelt es sich um ein durchaus repräsentatives Beispiel für die Art, wie das NetzDG praktisch angewendet wird. Niemand wird in einem solchen Gesetz etwas anderes als den Versuch des Staates sehen können, das ihm auferlegte Zensurverbot trickreich zu umgehen, um Kritikern der politischen Klasse den Zugang zur Öffentlichkeit noch mehr zu verbauen, als dies durch die Machtverhältnisse in den Massenmedien ohnehin der Fall ist.

Der Hamburger Medienanwalt Dr. Joachim Steinhöfel, der bei einer Anhörung im Bundestag am 13. Mai 2019 Gelegenheit zur Stellungnahme hatte, ließ es denn an Deutlichkeit nicht fehlen und sei hier exemplarisch für zahlreiche andere hochkarätige Juristen zitiert:

> »Das NetzDG stellt einen Frontalangriff auf die Meinungsfreiheit dar, wie ihn die Republik seit der ›Spiegel-Affäre‹ oder Adenauers vor dem Verfassungsgericht gescheitertem Versuch, ein ›Staatsfernsehen‹ einzurichten, nicht mehr erlebt hat. Es steht auch für eine Kapitulation des Rechtsstaates vor der Aufgabe, geltendes Recht durchzusetzen.
> Am 19. Juni 2017 war ich schon einmal in diesem Raum. Als Zuschauer bei der Anhörung über den Gesetzentwurf der Fraktionen von CDU / CSU und SPD zum NetzDG. Sieben von zehn der damals hier anwesenden Sachverständigen erklärten den Gesetzesentwurf für: ›verfassungswidrig, europarechtswidrig‹, hielten ›schwerwiegende Grundrechtseingriffe (für) denkbar‹, ›Das Gesetz wird in Karlsruhe

scheitern. Das Bundesverfassungsgericht wird seine Recht-
sprechung zur Meinungsfreiheit nicht vom Netzwerkdurch-
setzungsgesetz faktisch einebnen lassen‹, hieß es, ›Facebook
wird gedrängt, Richter über die Meinungsfreiheit zu sein,
ohne daß dies rechtsstaatlich begleitet wird. Das Gesetz be-
droht die Meinungs- und Pressefreiheit‹, man habe ›aus-
drückliche verfassungsrechtliche Bedenken‹, es sei ›nicht ver-
fassungsgemäß‹.
Ich hatte es damals nicht für möglich gehalten, daß sich die
Regierungsparteien über diese gewichtigen Bedenken hinweg-
setzen würden.«[30]

Leider hat man sich unter der Herrschaft Angela Merkels und ihrer Claqueure daran gewöhnen müssen,
daß in diesem Staat ständig Dinge geschehen, die man
bei Amtsantritt dieser Person noch für unmöglich gehalten hätte, und die im Staat des Grundgesetzes, solange man die BRD noch so nennen konnte, in der Tat
unmöglich gewesen wären. Steinhöfel fuhr fort:

»Alle im Bundestag vertretenen Oppositionsparteien lehnen
das Gesetz in wesentlichen Teilen als verfassungswidrig ab.
Daß es hier angesichts so weitreichender Übereinstimmung
und angesichts der greifbaren Gefahren für ein so elemen-
tares Grundrecht wie die Meinungsfreiheit nicht einmal für
den Minimalkonsens [über eine] abstrakte Normenkontroll-
klage reichen soll, ist den betroffenen Bürgern nur schwer zu
vermitteln.«

Nun, diese Passivität der sogenannten Oppositionsparteien ist leicht erklärbar und entspricht der näm-
lichen Passivität des bayerischen Ministerpräsidenten
in der Flüchtlingskrise: Zu bellen, aber nicht zu beißen,
ist genau das Verhalten, das man von Politikern zu erwarten hat, die eine bestimmte Politik in Wirklichkeit

gutheißen, dazu aber nicht öffentlich stehen wollen und ihre vorgebliche Opposition daher durch folgenlosen Theaterdonner kundtun. Man nennt dies: Heuchelei.

Ich bin so ausführlich auf das NetzDG eingegangen, weil es in der Schamlosigkeit, in der es das Grundgesetz nicht nur bricht und umgeht, sondern geradezu verhöhnt, einen handfesten Beweis darstellt, daß die Politiker der etablierten Parteien nicht mehr auf dem Boden der verfassungsmäßigen Ordnung dieses Staates stehen.

Dabei sind die ausdrücklichen, offenen und kodifizierten staatlichen Eingriffe in die Meinungsfreiheit, zu denen auch die Anprangerung durch den Verfassungsschutz, also eine Regierungsbehörde, gehört, lediglich die Spitze des Eisbergs: Denn wenn die Medien mit Lügen gegen Oppositionelle hetzen und ihre Existenz vernichten, wenn Gewerkschaften ihre Mitglieder dazu aufrufen, politisch mißliebige Kollegen beim Arbeitgeber zu denunzieren, wenn politische Veranstaltungen nicht stattfinden können, weil die Inhaber der Räumlichkeiten von Kriminellen bedroht werden, wenn die Autos oppositioneller Politiker angezündet, Bankkonten aus politischen Gründen gekündigt, politisch mißliebige Schauspieler nicht mehr engagiert, kritische Schriftsteller nicht mehr verlegt oder aus den Regalen der Buchhandlungen entfernt, wenn populäre Musiker aus dem Fernsehen und Journalisten aus den Massenmedien entfernt, nichtlinke Studenten zum Verschweigen ihrer wirklichen Meinung gezwungen werden und Sozial- und Geisteswissenschaftler, die direkt oder indirekt im staatlichen Sold stehen, in der Tradition der »parteilichen« DDR-Kampfwissenschaften ganze Bibliotheken mit wissenschaftlich verbrämter, verleumderischer Hetze gegen Oppositionelle vollschreiben (um nur einige der skandalösen Zustände zu nennen, die die Meinungsfreiheit in unserem Land zur Fiktion machen), dann kann die politische Klasse zwar den Pilatus geben, ihre Hände in Unschuld waschen und sich darauf zurückziehen, nicht sie, sondern die Medien, die Linksradikalen, die Banken, die Wissenschaft spielten ihr sozusagen nur rein zufällig in die Hände.

Trotzdem ist die kollusive, kartellartige Verstrickung unterschiedlichster Akteure zur Bekämpfung eines gemeinsamen »Feindes« unübersehbar, und dies nicht erst dadurch, daß der Staat etliche dieser Akteure offen oder mit Feigenblatt, in jedem Falle aber üppig subventioniert. Was den meisten Politikern dabei entweder entgeht oder zupaß kommt, ist dies: Die diversen Formen, Kritiker zu unterdrücken, zu delegitimieren, zu verunglimpfen, lächerlich zu machen, auszugrenzen, zu ruinieren, öffentlich zu verdächtigen und ganz allgemein einen Zustand herbeizuführen, der mit einer diskursiven liberalen Öffentlichkeit nicht einmal entfernt Ähnlichkeit hat, ist genau einer der Faktoren, die die Kritik erst in der jetzigen Schärfe provoziert haben. Diese Politik noch zu intensivieren, kann die Anzahl und Erbitterung der Kritiker nur erhöhen, also genau das Problem verschärfen, das sie angeblich bekämpfen soll.

Da hierzu auch noch die Medien eingespannt werden (und sich einspannen lassen), verliert ein zunehmender, wenn auch nach wie vor minoritärer Teil des Volkes jegliches Vertrauen in diese Medien und die von ihnen verbreiteten Narrative, während der andere Teil sich an ihnen festklammert und ihrer Hetze gegen die Minderheit auf den Leim geht. Die Möglichkeit eines Diskurses, dessen Kontrahenten wenigstens noch dieselbe Sprache sprechen, wird zunehmend verbaut, der Graben zwischen beiden Lagern bis zur Kommunikationsunfähigkeit vertieft, die politische Kultur zerstört.

Mehr noch: Das Establishment signalisiert der Opposition, daß es ihr nichts nützen wird, sich an die Spielregeln zu halten, weil diese Spielregeln in dem Moment geändert werden, in dem die Opposition auf ihrer Basis Erfolg zu haben droht. So drängt die Politik eigenhändig Oppositionelle weg von den in der Verfassung vorgesehenen Mitteln der Auseinandersetzung, so züchtet sie genau den Extremismus, den sie ursprünglich bloß zu demagogischen Zwecken erfunden hatte. Sie hat sich selbst in einen Teufelskreis verstrickt, in dem sie sich in ihrer Verblendung gezwungen wähnt, Feuer mit Benzin zu löschen.

6. Corona

Ende April 2020, also einen Monat nach Beginn des ersten Lockdowns, schrieb ich:

>*Der Verlauf der Coronakrise und vor allem der Umgang mit ihr ist ein Lehrstück. Selten haben die Regierenden und die ihnen zuarbeitenden Medien ihre Inkompetenz, Verantwortungslosigkeit, Kurzsichtigkeit und in vieler Hinsicht auch Bösartigkeit so entblößt wie in dieser Krise. Erinnern wir uns zunächst an deren Vorgeschichte und Verlauf: Das Gesundheitswesen wurde jahrzehntelang auf Kostenoptimierung für den Normalbetrieb getrimmt, die nicht profitträchtige Ernstfallvorsorge kleingespart – wie es übrigens auch in anderen Bereichen des Katastrophenschutzes und der äußeren und inneren Sicherheit geschah.*

Auf die bereits seit Jahren vorliegenden dringenden Exper-
tenwarnungen, darunter eine chinesische Studie vom März
2019 (!), die eine unmittelbar drohende Corona-Pandemie
ankündigte, wurde nicht reagiert. Während unter anderem
Usbekistan bereits im Dezember (!) eigene Staatsbürger aus
Wuhan zurückbeorderte und Taiwan massive Seuchen-
schutzpläne anlaufen ließ, wurden Warner in Deutschland
noch im Februar (!) als rechtsradikale Panikmacher abge-
stempelt, den Bürgern empfohlen, getrost Karneval zu feiern
und Flugzeugen aus China bis weit in den März hinein (!)
anstandslos Landeerlaubnis erteilt!
Nachdem die Regierenden auf diese Weise jede Chance ver-
tan hatten, die Seuche mit halbwegs sozial- und wirtschafts-
verträglichen Mitteln in den Griff zu bekommen, schwenkten
sie von heute auf morgen um einhundertachtzig Grad – selbst-
verständlich ohne einzugestehen, daß dies die Bankrotterklä-
rung für ihre gesamte bisherige Politik implizierte.«[31]

Nun mag der, der sich zu so viel Wohlwollen noch
durchringen kann, der Regierung zugestehen, sie sei
von der Krise überrascht worden und habe, nachdem
sie den Ernst der Lage erkannt habe, erst einmal Vorsorge für den schlimmsten Fall treffen müssen, nämlich
den, daß ein hochgradig ansteckendes Virus mit hoher
Mortalität in Deutschland grassiere. Eilends erstellte
mathematische Hochrechnungen, wonach das Virus
eine siebenstellige Anzahl von Todesopfern allein in
Deutschland fordern könne, wenn man nicht energisch
eingreife, schienen strenge Seuchenschutzmaßnahmen
als Provisorium zu rechtfertigen – zumindest bis zum
Vorliegen detaillierterer Informationen.

Angesichts der Schwere der Maßnahmen, die für
viele Menschen existenzbedrohend waren, oft grau-
same menschliche Härten mit sich brachten und tief
in die private Lebensgestaltung hineinreichten, wäre

im Staat des Grundgesetzes nichts selbstverständlicher gewesen, als daß die Regierung sich schleunigst einen Überblick über die tatsächliche Bedrohung verschafft, das heißt über die Anzahl der tatsächlich vom Virus befallenen Personen, den Anteil der tatsächlich an COVID-19 Erkrankten unter den Infizierten, die Letalität, also die Todesrate unter den Infizierten beziehungsweise Erkrankten, und das spezifische Alters-, Krankheits- und Sozialprofil der jeweils Betroffenen.

Es wäre nicht erforderlich gewesen, die ganze Bevölkerung zu testen, um einen Überblick über den Stand der Ausbreitung von SARS-CoV-2 und COVID-19 zu gewinnen. Repräsentative Stichproben hätten dazu vollkommen genügt (und genügen Politikern auch regelmäßig, wenn es um Demoskopie, also um ihre eigene Macht geht), wurden aber nicht in Auftrag gegeben. Dort, wo aber tatsächlich getestet wurde, wurden überwiegend PCR-Tests angewendet, die oft zu »fein« eingestellt waren und daher bekanntermaßen eine erhebliche Falschpositivrate aufweisen.

Darüber hinaus nahmen die Entscheidungsträger die absolute Anzahl der auf dieser Basis festgestellten »Neuinfektionen« und den »Inzidenzwert«, also die Anzahl der dieser Neuinfektionen pro Hunderttausend Einwohner zum Maß aller Dinge – zwei Zahlen, die ohne Bezug zur Anzahl an tatsächlich erfolgten Tests vollkommen wertlos sind und auch als wertlos erkennbar waren.

Ferner – und als Krönung der dreisten Desinformation – wurde als »COVID-19-Opfer« jede Person gerechnet, die »an oder mit« Corona gestorben war, und zwar unabhängig von der tatsächlichen Todesursache. Wer nach einem Autounfall auf der Intensivstation oder mit einem Krebsleiden auf Palliativstation verstarb, galt als Corona-Toter, wenn er nur das

Virus in sich trug.[32] Auf diese Weise, die jeder statistischen Würdigung spottet, kam man auf gigantische Sterbezahlen von über vierundneunzigtausend Menschen (Stand Oktober 2021) in Deutschland. Dort, wo auf Initiative einzelner Ärzte hin Stichproben möglich waren und Obduktionen stattfanden, ergaben sich weitaus geringere Zahlen. Vermutlich liegt der Anteil der wirklich *an* Corona Gestorbenen an der Gesamtzahl der *an oder mit* dem Virus verstorbenen Personen unter zehn Prozent, die Gesamtzahl der Toten mithin deutlich unter dem Niveau vieler Grippewellen. Genau werden wir es vermutlich nie erfahren, weil die Politik, deren Aufgabe es war, sich und uns die nötigen Daten zu verschaffen, dies versäumte, lieber mit offenkundig fiktiven Zahlen operierte und sich hinter ihrer selbstverschuldeten Unwissenheit verschanzte, als sei das Fehlen flächendeckender Erhebungen oder wenigstens repräsentativer Stichproben nicht ein erstrangiger Skandal – ja als sei es ein Versäumnis der *Kritiker,* ihre Kritik nicht mit solchen Erhebungen untermauern zu können.

Wenn gar nichts mehr half, wurde das infantile Totschlagargument bemüht, jeder Tote sei schließlich einer zu viel – ein Argument, mit dem man auch die Einführung einer Helmpflicht für Fußgänger rechtfertigen könnte. Von einer vernünftigen Abwägung zwischen Freiheit und Sicherheit konnte und kann keine Rede mehr sein. Spätestens seit Corona ist das Prinzip »Im Zweifel gegen die Freiheit« oberste Staatsmaxime.

Statt wenigstens bei den Gegenmaßnahmen ein Minimum an Augenmaß und gesundem Menschenverstand zu bewahren, griff die politische Klasse zu den radikalsten Mitteln: Schließung von Schulen, Gaststätten, Hotels, Friseursalons etc., Maskenpflicht, Beschränkung von Zusammenkünften, um nur einige aus einem Wust von Bestimmungen zu nennen, die auf das Volk herabprasselten, ohne daß eine vernünftige Abwägung oder eine vertretbare Ziel-Mittel-Relation zu erkennen gewesen wäre.

Naheliegend wäre gewesen:

+ den tatsächlich gefährdeten Gruppen der alten und krankheitsbelasteten Menschen jede Möglichkeit zu geben, sich vor Ansteckung zu schützen (nicht aber ihre meist gesunden jüngeren Landsleute monatelang einzusperren, eine ganze Kindergeneration zu verstören und erhebliche Teile der Wirtschaft zu ruinieren);
+ die durch Corona nicht besonders gefährdeten Gruppen sich ruhig anstecken zu lassen, um eine schnelle »Herdenimmunität« zu erreichen;
+ für den Fall einer plötzlichen Belastungsspitze auf den Intensivstationen die Bettenkapazität präventiv auszubauen (tatsächlich geschah das Gegenteil);
+ angesichts der Schwierigkeit, kurzfristig sichere Impfstoffe zu beschaffen, die Anstrengungen auf die wirksame medikamentöse Behandlung der bereits Erkrankten zu konzentrieren.

Das alles ist keine nachträgliche Besserwisserei, sondern drängte sich von Anfang an auf und wurde auch gefordert. Nichts von alldem geschah. Auf den ersten Akt (Überschrift: Lockdown 2020) folgte der zweite Akt des Schmierenstücks, Überschrift: Impfung 2021. Nachdem seit Ende 2020 Impfstoffe verfügbar waren, wurden die Daumenschrauben in einer Weise angezogen, die – je länger, desto mehr – auf einen Impfzwang hinausläuft. Dies geschieht, obwohl diese Impfstoffe bei weitem nicht mit der Sorgfalt und Akribie geprüft wurden, die bei der Zulassung neuer Arzneimittel normalerweise und aus guten Gründen selbstverständlich ist, und nur aufgrund von *Notzulassungen* überhaupt an Patienten verabreicht werden dürfen. Und genau so, wie sich die Regierung im Vorjahr geflissentlich geweigert hatte, sich einen Überblick über den Stand der Epidemie zu verschaffen, mit ihrem Unwissen aber Maßnahmen rechtfertigte, von denen einige einer südamerikanischen Militärjunta angemessen gewesen wären, so legte sie 2021 offenbar keinen Wert darauf, über die Häufigkeit und Schwere von Nebenwirkungen dieser Impfstoffe belastbare Informationen zu erhalten.

Während die sozialen Medien von einschlägigen Berichten nur so überquellen und jeder Anlaß zu dem Verdacht besteht, daß eine Impfung für den Betroffenen zumindest nicht weniger gefährlich ist als eine COVID-19-Erkrankung, geht die Politik mehr und mehr dazu über, Menschen, die sich und ihre Kinder nicht impfen lassen wollen, als asoziale Aussätzige zu brandmarken. Das Volk wiederum, das man künstlich in Panik versetzt hat, nimmt diese Politikstrategie im Großen und Ganzen hin, die für Millionen von Bürgern erhebliche Einschränkungen, Belastungen, Kosten und Gefahren mit sich brachten und bringen: eine ganze Latte staatlicher Repressionsmaßnahmen mit Hilfe von Gesetzen mit uferlosen Eingriffsermächtigungen auf der Basis unbestimmter Rechtsbegriffe – sofern es überhaupt Gesetze sind und nicht informell getroffene Beschlüsse dazu nicht befugter Gremien. (Manchen geschichtsbewußten Menschen erinnern Merkels berüchtigte Videokonferenzen mit den Ministerpräsidenten der Länder, in denen ohne Rechtsgrundlage und Eingriffsbefugnis Entscheidungen getroffen werden, an die Intrigen der Hofkamarilla um den greisen Reichspräsidenten von Hindenburg und dessen »in der Verfassung nicht vorgesehenen Sohn«: verfassungsrechtlich illegitim, faktisch verbindlich, in den Konsequenzen katastrophal.)

Daß auch das Bundesverfassungsgericht sich einfach weigert, Hunderte von Anträgen auf einstweiligen Rechtsschutz auch nur zu *bearbeiten*, so daß die Anwälte der Betroffenen für diese Bearbeitung in Karlsruhe demonstrieren (!) mußten,[33] zeigt, wie tief dieser Staat bereits gesunken und wie sehr er von innen verrottet ist.

Möglich aber war all dies nur durch die systematische Suspendierung des freien politischen Diskurses: Die Politik spiegelte der Öffentlichkeit eine »Alternativlosigkeit« vor, von der in Wahrheit nicht die Rede sein konnte, fingierte einen Konsens der Funktionseliten, indem sie alle Kritiker, auch renommierte Wissenschaftler, Mediziner, Epidemiologen, Virologen entweder ignorierte oder – sofern die Tatsache der Kritik nicht zu leugnen war – als eine Randgruppe von »Verschwörungstheoretikern«, Verrückten und Rechtsradikalen abstempeln ließ. Betroffene mußten zusehen, wie ihnen ihre Twitter-, Facebook- und You-Tube-Accounts gesperrt wurden, noch dazu mit der Begründung, sie würden »irreführende Informationen verbreiten«.[34] Das heißt, dieselbe Politik (die hier Einfluß genommen haben muß), die systematisch den Kopf in den Sand steckt, um nicht mit zutreffenden, aber mißliebigen Informationen behelligt zu werden, erhebt den Anspruch, allein wissen und verbindlich dekretieren zu können und zu dürfen, was Wahrheit ist! Dabei sperrt sie sich nicht nur selbst gegen Gegenargumente, und stammten sie aus noch so berufenem Munde, sondern tut auch alles, um die Öffentlichkeit von solchen Informationen abzuschneiden und den

Eindruck zu erwecken, so etwas wie qualifizierten Widerspruch gebe es überhaupt nicht.

Nach den niederschmetternden Erfahrungen der vorangegangenen Krisen konnte es niemanden überraschen, daß die Massenmedien wieder mit von der Partie waren und sind. Der Hofschranzenjournalismus erreicht Ausmaße, die man sich noch vor wenigen Jahren in westlichen Ländern nicht hätte vorstellen können. Hatte es nach der Propagandawelle der sogenannten Flüchtlingskrise 2015 noch hier und da so etwas wie Ansätze zur Selbstkritik in den Medien gegeben, so mußte spätestens in der Coronakrise wirklich jeder halbwegs kritische Mensch die Hoffnung fahrenlassen, die etablierten Medien würden jemals wieder auf den Pfad der journalistischen Tugend zurückfinden.

Und erneut führt dies zu einer noch tieferen Spaltung der Gesellschaft. Wer nämlich an das offizielle Narrativ glaubt und folgerichtig in seiner Panik jeden Sinn für Freiheit verloren hat, kann sozusagen gar nicht anders, als in jedem »Impfverweigerer« eine Art Schädling zu sehen, der aus egoistischen Gründen »seine Mitmenschen gefährdet«. Die Position ist nicht ganz schlüssig, denn wenn der Geimpfte geschützt ist, wie soll der Ungeimpfte ihn gefährden? Wenn er aber *nicht* geschützt ist: Warum hat er sich überhaupt impfen lassen?

Wie dem auch sei: Der politischen Klasse ist es wieder einmal gelungen, Bürger gegen Bürger aufzuhetzen und ihre Anhänger dazu zu bringen, sich ihre eigenen Bürgerrechte abschwatzen zu lassen – damit nur der verhaßte Andersdenkende sie nicht hat!

Zum voll entwickelten Merkel-Syndrom gehört aber noch ein letztes Merkmal, nämlich, daß die Politik sich mutwillig Gegner schafft, wo vorher keine waren. Man weiß, daß unter den »Querdenkern«, also den Gegnern der Lockdown- und Impfpolitik, zahlreiche bisherige Anhänger linker Parteien sind,[35] und das hat auch seine Logik: Wer sich bewußt gesund und ökologisch ernährt, sich nun aber von einem Einheitschor aus Regierungen, Pharmakonzernen und politisierenden Milliardären ultimativ aufgefordert sieht, sich genmanipulierende Impfstoffe spritzen zu lassen, kann kaum anders, als oppositionell zu werden. Der Wandel des bekannten Kochs Attila Hildmann vom Star der (eher grün orientierten) Veganerszene zu einer der militantesten Stimmen der Opposition mag extrem sein – der Schwenk als solcher ist vermutlich nicht untypisch. Daß all diese bisher grünwählenden Veganer sich auch noch von einer bis in die Wortwahl hinein gleichklingenden Presse als »Verschwörungstheoretiker«, »Coronaleugner« oder gar »Nazis« verleumdet sehen, verschaffte auch ihnen die Erkenntnis, die jeder kritische Mensch irgendwann gewinnt: nämlich warum die deutschen Massenmedien den Beinamen »Lügenpresse« führen.

Hinzu kommt eine ganze Generation junger Eltern: Aufgrund der Coronapolitik und der damit zusammenhängenden (sachlich sinnlosen) Schulschließungen hatten sie ein Jahr lang irgendwie versuchen müssen, die Verwahrlosung ihrer Kinder zu verhindern und unter den Bedingungen des Eingesperrtseins so etwas wie Familienleben und einen strukturierten Tagesablauf aufrechtzuerhalten. Jetzt sehen sie sich obendrein der Drohung ausgesetzt, diese Kinder mit Impfstoffen traktieren zu müssen, deren kurzfristige Gefährlichkeit schon offensichtlich genug ist, während zugleich zahlreiche kompetente Stimmen vor den möglicherweise noch schwindelerregenderen *langfristigen* Gefahren warnen. Selbst die bis dahin kreuzbrav auf Regierungskurs segelnde »Ständige Impfkommission« (STIKO) raffte sich vorübergehend dazu auf, wenigstens gegen die Zwangsimpfung von Kindern zu protestieren – und das will wirklich etwas heißen. Freilich hat auch dieser Protest nicht etwa dazu geführt, daß die Verantwortlichen dieses Vorhaben fallen ließen, sondern lediglich dazu, daß sie den Druck auf die STIKO erhöhten, bis diese einknickte.

Mit ihren Maßnahmen hat die herrschende Politik der Opposition viele Menschen zugeführt, aber niemanden aus dieser Opposition zurückgewonnen. Sie hat ihre eigene Anhängerschaft verhetzt und fanatisiert, nimmt damit aber auch in Kauf, daß aus dieser Anhängerschaft praktisch jeder verschwindet, der noch so etwas wie kritisches Denkvermögen und demokratischen Bürgersinn hat.

Zurück bleiben zwei Sorten von Untertanen: die passiven, die sich alles bieten, alles gefallen und alles erzählen lassen; und die aktiven: Denunzianten, Zensoren, Brandstifter – Fleisch vom Fleisch der politischen Klasse, mit der sie verwoben sind.

7. Der psychopathische Stil

Die Individualpsychologie kennt einen Begriff, der wie geschaffen zur Beschreibung des herrschenden Kartells wäre, wenn dieses eine Einzelperson und nicht ein Kollektivakteur wäre: die »psychopathische Persönlichkeitsstörung«. Mentalität und Praktiken des herrschenden Kartells weisen, wie zu zeigen sein wird, deutliche Parallelen zu Mentalität und Praktiken von Psychopathen auf. Das bedeutet nicht, daß ich konkreten einzelnen Politikern per Ferndiagnose unterstelle, Psychopathen zu sein, wozu mir als Nicht-Psychologe die Kompetenz fehlt. Ich vermute zwar, daß die allgemeine Faustregel, Psychopathen seien in gesellschaftlichen Führungspositionen überrepräsentiert, auch für die Politik gilt, und daß dies einer der Faktoren ist, die zum psychopathisch anmutenden Gesamtverhalten des Kartells beitragen.

Mir geht es aber nicht darum, dieses Verhalten aus der Psychologie des Psychopathen zu *erklären*, sondern es anhand dieses Musters aus der Individualpsychologie zu *deuten*. Ich halte dieses Vorgehen vor allem deshalb für wichtig und aufschlußreich, weil es nochmals unsere Antennen für die *Seltsamkeit* der Verhaltensmuster schärfen kann, die unter Angela Merkel eingerissen sind. Gewiß: Ein Moment von Wunschdenken haftete seit jeher der Hoffnung von Normalbürgern an, Politik möge im Wesentlichen so gemacht werden, wie sie selbst ihr Privatleben führen (sollten), also mit Anstand, Ehrlichkeit, Wahrhaftigkeit, Gesetzestreue und Gemeinsinn. Das Wissen, daß dies nicht immer so ist, hat sich in den Sprichworten niedergeschlagen, Politik sei ein schmutziges Geschäft oder verderbe den Charakter, und gehört als skeptischer Kontrapunkt zu besagter Hoffnung ebenfalls zur tradierten Volksweisheit.

Ich möchte aber dafür sensibilisieren, daß zwischen dem sozusagen normalen Schmutz der Politik und den Praktiken des Merkel-Syndroms ein Abgrund klafft. So entspricht der Unterschied zwischen den unappetitlichen Parteispendenaffären der achtziger Jahre und dem bösartigen, destruktiven Putschismus des Merkel-Syndroms mindestens dem zwischen den Methoden von etwas hemdsärmeligen Geschäftsleuten und denen von Mafiabossen. Und ich bin mir nicht einmal sicher, daß dieser Vergleich die Tiefe des Gegensatzes hinreichend illustriert.

Hierbei möchte ich zunächst das denkbare Mißverständnis ausräumen, ein Psychopath sei ein »Ver-
rückter« im landläufigen Sinne, also ein Mensch
mit unzureichender Realitätswahrnehmung; das ist
er normalerweise keineswegs. Kennzeichnend für
Psychopathen ist vielmehr, daß sie zu bestimmten
Gefühlen und *Einstellungen* unfähig sind[36]: zu Scham,
Reue, Angst, Empathie, Verantwortung und Impuls-
aufschub.

Psychopathen empfinden keine Loyalität gegenüber
elementaren gesellschaftlichen Normen und Regeln,
wohl aber eine gewisse Freude daran, sich über sie
hinwegzusetzen, und dies oft mit einem erheblichen
Maß an Mutwillen. Psychopathen schämen sich nicht,
wenn sie beim Lügen erwischt werden, sie lügen entweder einfach weiter oder wechseln das Thema. Und
was für die Lüge gilt, gilt selbstredend auch für andere
Formen normabweichenden Sozialverhaltens, insbesondere für jede Art von Schädigung, die nur dadurch
möglich ist, daß der Täter das Vertrauen des Opfers
mißbraucht. Psychopathen erweisen sich oft als hoch-
begabt, wenn es darum geht, andere hinters Licht zu
führen und trotzdem ihr Vertrauen immer wieder
aufs Neue zu gewinnen. Deshalb sind Hochstapler
und Blender nicht selten Psychopathen.

Der kanadische Kriminalpsychologe Robert D.
Hare[37] zitiert den Fall eines Kommunalpolitikers in
einer amerikanischen Kleinstadt, der seinen gesamten tadellosen Lebenslauf einschließlich akademischer
Abschlüsse frei erfunden hatte. In Wahrheit hatte er
keinerlei nennenswerte Bildungsbiographie aufzuwei-
sen, hatte drei Familien gegründet und verlassen und
war mehrfach vorbestraft. Als ein Reporter dies auf-
deckte, zeigte der Betroffene nicht nur keinerlei Scham,
er sagte voraus, daß die gesamte Gemeinde sich hinter

ihn stellen und Ehrenerklärungen für ihn abgeben würde. Und genauso kam es auch! Der Hochstapler stellte sogar Überlegungen darüber an, daß sein Name durch seine Hochstapelei überregional bekannt geworden sei und er darauf eine politische Karriere aufbauen könne.

Psychopathen sind buchstäblich gewissenlos, das heißt, sie sind unfähig zur Reue, wenn sie anderen Menschen Leid angetan haben, was auch damit zusammenhängt, daß sie keinerlei Empathie empfinden können. Sie empfinden keinerlei Verantwortung für das Wohl ihnen anvertrauter Menschen, insbesondere für ihre Familie. Sie interpretieren die Welt ausschließlich in Bezug auf ihre Bedürfnisse und teilen sie nach einem Schwarz-Weiß-Schema ein: »Wer nicht für mich ist, ist gegen mich.« Interessen oder Argumente anderer Menschen zu berücksichtigen, gar einen Konsens oder Kompromiß mit ihnen zu suchen, ist dem Psychopathen wesensfremd. Sein Umgang mit Mitmenschen zielt auf ein Maximum an Macht, Kontrolle und Selbstdurchsetzung ab. Deswegen gehören zu seinen Methoden bevorzugt Täuschung, Lüge, Manipulation und Gewalt. Das Argument gehört meist nicht dazu.

Psychopathen sind aber auch angstfrei, agieren völlig kaltblütig, wenn man sie in die Enge treibt, gehen schwindelerregende Risiken ein, wenn ihre Ziele es zu erfordern scheinen, und tun dies bemerkenswerterweise sogar dann, wenn sie das gleiche Ziel mit etwas mehr Geduld auch risikofrei erreichen könnten. Hare zitiert zum Beispiel den Fall eines Psychopathen, der auf dem Weg zu einer Party Lust auf Bier bekam, feststellte, daß er seine Geldbörse zu Hause vergessen hatte, und sich, statt die wenigen hundert Meter nach Hause zurückzugehen, mit einem großen

Holzknüppel bewaffnete, um die nächste Tankstelle zu berauben und den Tankwart schwer zu verletzen.[38]

Es liegt in der Natur der Sache, daß der größte Teil des Datenmaterials über Psychopathen aus der Untersuchung von Kriminellen stammt, dennoch ist bekannt, daß die meisten Psychopathen *nicht* strafrechtlich in Erscheinung treten, ja daß sie in gesellschaftlichen Führungspositionen überrepräsentiert sind. Das ist auch wenig verwunderlich: Ein Psychopath, der es schafft, knapp unter der Schwelle zum Gesetzesbruch oder mit einem solchen unentdeckt zu bleiben oder straflos davonzukommen, hat angesichts seiner oft bemerkenswerten Fähigkeiten, verbunden mit absoluter Bedenken- und Skrupellosigkeit, durchaus das Zeug, Karriere zu machen. Wenn er es sehr weit bringt, kommt er unter Umständen sogar in eine Position, in der er das Recht nach Gutdünken und für seine Zwecke ändern oder es vor den Augen der Weltöffentlichkeit brechen kann, ohne bestraft zu werden.

Werfen wir unter diesem Gesichtspunkt erneut einen Blick auf das Merkel-Syndrom, so finden wir in ihm die Wesenszüge des Psychopathen in geradezu beängstigender Vollständigkeit vereint: Über die Neigung zu und Freude am Rechtsbruch, den dabei erkennbaren Mutwillen, die manichäische Schwarzweißmalerei, die systematische Täuschung und Manipulation und die Unfähigkeit, gegenläufige Interessen als legitim wahrzunehmen, habe ich das Nötige schon gesagt. Dasselbe gilt für die Neigung zu spontanen Schwenks aus unzureichendem Grund. Der Mann, der die Tankstelle überfällt, um sich eine Dose Bier zu besorgen, ist einer Kanzlerin nicht unähnlich, die den Ausstieg aus der Atomenergie beschließt, um den Grünen kurzfristig eine Landtagswahl zu verhageln.

Einige andere Punkte verdienen eine gewisse Ergänzung und Vertiefung: Erinnern wir uns zunächst an die angeblichen »Hetzjagden von Chemnitz«.[39] Am 26. August 2018 wird ein deutsch-kubanischer Familienvater von zwei (im Jargon der BRD so genannten) »Schutzsuchenden« grundlos erstochen. Im Zuge einer spontanen Protestdemonstration am Nachmittag desselben Tages entsteht ein kurzes Video, das in den Medien als Beweis für eine angebliche »Hetzjagd auf Ausländer« gewertet wird, obwohl der Inhalt eine solche Interpretation kaum zuläßt. Die stellvertretende Regierungssprecherin Ulrike Demmer bekräftigt dennoch am selben Tag diese Version.

Am 7. September aber erklärt der Präsident des Bundesamtes für Verfassungsschutz Hans-Georg Maaßen, seiner Behörde lägen »keine belastbaren Informationen darüber vor, daß solche Hetzjagden stattgefunden haben«. Und: »Nach meiner vorsichtigen Bewertung sprechen gute Gründe dafür, daß es sich um eine gezielte Falschinformation handelt, um möglicherweise die Öffentlichkeit von dem Mord in Chemnitz abzulenken.«[40]

In der Tat dürfte das Re-Framing, also die Ablenkung vom Thema »Migrantengewalt« zum Thema »Rechtsextremismus« das Motiv der beteiligten Stellen einschließlich der Antifa-Gruppe gewesen sein, die das Video ins Netz gestellt hatte. Die Regierung war also bei einer dreisten Lüge ertappt worden. Jeder normale Mensch würde sich in einer solchen Lage auf Irrtum und Versehen herauszureden versuchen, und selbst von Politikern sind wir zwar anrüchige Praktiken gewöhnt, zum Beispiel der Öffentlichkeit den schwächsten der beteiligten Mitarbeiter als Sündenbock zu präsentieren, nicht aber das, was dann geschah:

Nach einigen Wochen Koalitionsgerangel wurde Maaßen nämlich auf Betreiben der SPD seines Postens enthoben und in den einstweiligen Ruhestand versetzt. Die Regierung hielt es nicht nur für unnötig, den Eindruck zu zerstreuen, sie habe absichtlich gelogen, sie *unterstrich* diesen Eindruck noch, indem sie einen Mann, der offensichtlich die Wahrheit gesagt hatte, genau deshalb feuerte, *weil* er sie gesagt hatte. Und ging dann ungerührt zur Tagesordnung über. Das Moment der *Schamlosigkeit*, das uns im Zusammenhang mit dem Merkel-Syndrom schon mehrfach begegnet ist – hier ist es mit Händen zu greifen. Michael Paulwitz kommentierte damals in der *Jungen Freiheit*:

> »Der Fall Maaßen – er ist ein Meilenstein auf dem Weg der Bundesrepublik Deutschland vom Rechtsstaat in den Willkür- und Gesinnungsstaat. Von dem tagelangen Koalitionsgezerre um den Kopf des Verfassungsschutz-Chefs geht eine fatale Botschaft an Beamtenschaft und Institutionen aus: Wer der Kanzlerin widerspricht, fliegt; und wenn es das Überleben der Regierungschefin erfordert, ist kein Opfer zu groß, <u>weder Fakten noch Regeln und Rechtswege können sie dann aufhalten.</u>«[41]

Dieser letzte Satz, den ich deshalb unterstrichen habe, entspricht genau der Einstellung, die auch von einem Psychopathen zu erwarten ist.

Der naheliegende Gedanke, die Kanzlerin *allein* für diese Regierungspraktiken verantwortlich zu machen, greift freilich zu kurz: Es war ja nicht Merkel, sondern die SPD, die gegen Maaßen Stimmung machte – wiederum bar jedes Empfindens dafür, wie peinlich und abstoßend dieses Vorgehen auf jeden anständigen Bürger wirken mußte. Ich betone daher: Ich spreche

nicht von der eventuellen psychopathischen Persönlichkeitsstörung von Einzelpersonen, sondern vom
Verhalten einer ganzen Kaste, deren Krisenwahrneh-
mung und -management wie von selbst auf die Denk-
und Verhaltensweisen eines Psychopathen hinausläuft.

Das Vorgehen ist noch in anderer Hinsicht bemerkenswert. Wir erinnern uns: Am Anfang der Ereignis-
kette stand ein Mord, für dessen Opfer anscheinend
niemand aus dem Kartell mehr als ein paar Kroko-
dilstränen erübrigen konnte – auch die überregionalen
Medien berichteten erst darüber, als mit den angeblichen »Hetzjagden« ein ideologisch passender Interpre-
tationsrahmen zur Verfügung stand. Es ist ein wieder-
kehrendes Muster nach jedem Mord und jedem Ter-
roranschlag, der von Ausländern an Deutschen verübt
wird, besonders schäbig praktiziert nach dem Weih-
nachtsmarktanschlag 2016: Wenn es um die »Kollateralschäden« ihrer eigenen Politik geht, werden deutsche Politiker bemerkenswert wortkarg und schmal-
lippig. Ihre Hauptbeschäftigung besteht in solchen
Fällen darin, der Opposition vorzuwerfen, sie »instru-
mentalisiere« die Ereignisse; wiederum ohne zu bedenken, daß solche »Instrumentalisierbarkeit« ebenso wie
die Ereignisse selbst eine direkte Konsequenz ihrer eigenen Fehler und dies für jedermann offensichtlich ist.
Das Kartell erklärt uns also sozusagen offiziell, wenn
auch indirekt, daß es jeder Kritik entrückt sei. Sind
aber Todesopfer zu beklagen, deren vermeintliche oder
tatsächliche Urheber dem Kartell in die politisch-ideologische Agenda passen, dann wird kein Aufwand ge-
scheut, die Betroffenheit ins rechte Licht zu rücken.[42]

Nun ist es kein neues Phänomen, daß die »Betroffenheit« von Politikern sich nach der Opportunität
richtet und eher verdrängt wird, wenn sie politisch
unpassend sein könnte. Aber auch – und gerade – bei

Anlässen, zu denen sie Anteilnahme zeigen wollen und dürfen (weil keine politischen Gesichtspunkte entgegenstehen), schleichen sich regelmäßig Mißtöne und psychologische Widerhaken in die Inszenierungen: Es ist, wie ich relativierend einräumen muß, ein subjektiver Eindruck, aber läßt man das Bildmaterial etwa zur Gedenkfeier für die Opfer der »NSU-Morde«[43] und vor allem der »Corona-Pandemie«[44] auf sich wirken, so sehen sie eher nach Horrorfilm und Schwarzer Messe aus als nach der Gedenkveranstaltung eines zivilisierten Staates. Was als Pathos gedacht ist, verkommt zum Gruseleffekt. Es ist dieser Hang zu Übertreibung und Verkitschung, zu Effekthascherei und Geschmacklosigkeit, der den Eindruck aufkommen läßt, die Veranstalter hätten nicht nur kein eigenes Trauerempfinden, sondern müßten sogar mühsam (und mit mäßigem Erfolg) rekonstruieren, was ein *normaler* Mensch wohl fühlen würde. Ganz wie — ein Psychopath.[45]

Auch zur notorischen Verantwortungslosigkeit des Psychopathen bietet die deutsche Politik nicht etwa einen Kontrast, sondern eine Veranschaulichung. Politikern (und anderen politiknahen Akteuren in Deutschland) ist der Gedanke bekanntlich fremd, sie seien für das Wohlergehen des deutschen Volkes verantwortlich und höchstens in zweiter Linie für das aller anderen Menschen auf der Welt. Sie lehnen ihn sogar explizit ab, obwohl die Verantwortung für das eigene Volk rechtlich kodifiziert ist und von Regierungsmitgliedern im Amtseid bekräftigt wird. Rechtspflichten sind aber für diese Leute, wie wir gesehen haben, eher unverbindliche Empfehlungen, während die Übernahme von Verantwortung für alle angeblich Mühseligen und Beladenen dieser Welt eine »moralische« Pflicht sei.

Lassen wir die Absurdität einer »Moral«, die gegen das Recht ausgespielt wird, einmal beiseite: Wer sich für »alle« verantwortlich erklärt, »übernimmt« damit eine Verantwortung, der er unmöglich gewachsen sein kann! Weil dies so ist, kann er sich aussuchen, zu wessen Gunsten er diese Verantwortung tatsächlich wahrnehmen will und für wen nicht, das heißt er entbindet sich von vornherein von allen aus der Verantwortung erwachsenden Pflichten, die ihm gerade nicht passen. Anders gesagt: Wer für »alle« verantwortlich ist, ist in Wahrheit für niemanden verantwortlich. Genau dies ist der Zustand, den Psychopathen bevorzugen.

8. Der neue *modus operandi* der BRD und seine innere Logik

DAS KARTELL

Die sechs Fallbeispiele, die ich um ihrer herausragenden Bedeutung willen ausgesucht habe, sind keine Ausnahmen, sondern repräsentativ für die Art von Politik, die ich als das »Merkel-Syndrom« bezeichne, ohne aber irgend jemandem die Hoffnung machen zu können, mit dem Abgang der jetzigen Bundeskanzlerin werde sich an diesem Politikstil irgend etwas ändern.

Die Wurzeln dieses Syndroms reichen bis weit vor ihre Regierungszeit zurück, waren aber zur Zeit Kohls oder Schröders bei weitem nicht so klar als Abkehr von der politischen Kultur und sogar dem politischen System der Bundesrepublik erkennbar, wie es unter Merkel der Fall sein sollte.

Kaum eines der Projekte, mit denen wir in den letzten fünfundzwanzig Jahren traktiert wurden, war die Antwort auf irgendein drängendes Problem, befriedigte weitverbreitete Wünsche, wendete Gefahren ab oder verbesserte unser Leben: Praktisch niemandem geht es besser – aber vielen schlechter – dadurch, daß der Euro eingeführt und »gerettet«, Migranten in Millionenstärke ins Land gelassen, Zensurgesetze, Atomausstieg, Windräder, Lockdown und De-facto-Impfzwang befohlen wurden, von Gender Mainstreaming, Auslandseinsätzen der Bundeswehr und surrealistischen Datenschutzvorgaben selbst für Kleinstunternehmen ganz zu schweigen. Gelindert wurden allenfalls linke Phantomschmerzen, etwa wegen des angeblichen »Rassismus« in einem der am wenigsten rassistischen Länder der Welt oder »Frauendiskriminierung«, weil das Volk sich erdreistet, seine Sprache genauso wenig zu gendern, wie es dies in den Jahrtausenden zuvor getan hat.

Die Politiker der BRD verheddern sich in Problemen, die sie herbeigeführt oder herbeigeredet, aufgebauscht oder erfunden haben, um ideologisch motivierte Agenden voranzutreiben, die kein Problem lösen, aber etliche verschärfen. Insbesondere Multikulturalismus und die Entmachtung des Nationalstaates sind in dieser Form nur möglich, weil wir von Politikern regiert werden, die glauben (oder uns glauben machen wollen), man diene dem eigenen Volk am besten, wenn man »der Menschheit« oder wenigstens »Europa« diene.

Auf die konkrete Politik heruntergebrochen bedeutet dieses nur scheinbar hehre Prinzip, daß die politische Klasse der BRD die Interessen des eigenen Volkes und sogar des von ihr geführten Staates grundsätzlich hinter der Verwirklichung globalistischer Utopien und hinter den Interessen von Machtkonglomeraten hintanstellt, die für sich beanspruchen, »die Menschheit« oder wenigstens »Europa« zu repräsentieren, insbesondere also UNO- und EU-Institutionen. Dabei ist es ein Gemeinplatz, daß gerade solche supranationalen Institutionen Spiel- und Tummelplatz von Lobbys und Interessengruppen sind, auch solcher, die das Licht der Öffentlichkeit scheuen und vor allem solcher, die Grund dazu haben.

Man kann die ideologischen Rationalisierungen, auf die die politische Klasse der BRD sich bei ihrem Handeln beruft, getrost und ohne Erkenntnisverlust als Nebelkerzen beiseite schieben: Unter dem Strich steht das Faktum, daß diese politische Klasse sich befugt wähnt und sogar rühmt, sich über die Wünsche, Bedürfnisse und Interessen ihrer Bürger, die vitalen Interessen des eigenen Volkes und des eigenen Staates und über dessen verfassungsmäßige Rechtsordnung nach Gusto hinwegzusetzen.

In einer funktionierenden Demokratie, das heißt einem System, das auf der Konkurrenz innerhalb des politischen Systems und auf dessen Kontrolle durch andere gesellschaftliche Teilsysteme (Recht, Medien, Wissenschaft, bis zu einem gewissen Grad auch durch einen rechtstreuen Beamtenapparat) basiert, wäre es nicht möglich, mit einer solchen Politik Erfolg zu haben. Daran, daß es faktisch möglich *ist*, erkennt man, daß der *modus operandi* dieses Staates nur noch theoretisch auf Konkurrenz und Kontrolle, faktisch aber auf Kartell- und Kollusionsstrukturen beruht.

Bei den politischen Parteien ist dies offensichtlich. Spätestens seit dem Linksschwenk der CDU unter dem Vorsitz von Angela Merkel bei durchsichtiger Alibi-Opposition der CSU ist zwischen den etablierten Parteien kein relevanter Unterschied mehr erkennbar. Es spielt faktisch keine Rolle, ob der Staat von der CDU oder den Grünen regiert wird.

Dabei gibt es durchaus Themen, die die etablierten Politiker für äußerst bedeutsam halten, unter anderem die Oberthemen der oben behandelten sechs Krisen: Währung, Energie, Migration, Klima, Meinungsfreiheit und Seuchenbekämpfung. Nur ziehen sie aus dieser Relevanz nicht etwa *die* Konsequenz, die für gute Demokraten selbstverständlich sein sollte, nämlich daß gerade über diese Themen intensiv und im *Zentrum* des politischen Systems gestritten werden sollte, und zwar ergebnisoffen.

Ganz im Gegenteil: Gerade *weil* diese Themen so wichtig sind, sollen sie der politischen Debatte *entzogen* werden, und dies nicht mehr nur wie früher, indem die politische Klasse sie »aus den Wahlkämpfen heraushält« (und damit durch kartellartiges Handeln der demokratischen Entscheidungsfindung entzieht), sondern indem sie abweichende Meinungen aus jedem gesellschaftlichen Kommunikationskanal verbannt, auf den sie überhaupt Zugriff hat.

Sie maßt sich an, *par ordre du mufti* »Wahrheit« zu dekretieren und erklärt jeden Kritiker für dumm, lügnerisch, bösartig, verrückt oder extremistisch – was im Umkehrschluß bedeutet, daß diese Klasse sich selbst als Verkörperung aller Wahrheit, Weisheit, Güte, Vernunft, Mäßigung und demokratischen Gesinnung betrachtet: eine Einschätzung, die außerhalb ihrer Echokammer kaum jemand teilen dürfte, die aber dennoch die unausgesprochene Prämisse des von ihr beanspruchten politischen Monopols darstellt.

Indem sie diese Themen aber auf einen so hohen Sockel gestellt hat, daß jedes andere Thema deswegen als Petitesse erscheinen muß, hat sie zugleich, wenn auch nicht ganz freiwillig, den einzigen relevanten politischen Gegensatz innerhalb des Parteiensystems definiert, die einzige Front gezogen, an der überhaupt noch relevante Opposition stattfindet: Dieser Gegensatz ist der zwischen der AfD und dem Kartell der anderen Parteien.

Letztere versuchen alles, um die AfD aus dem politischen Spiel herauszuhalten und ihr die demokratische Legitimität abzusprechen. In einer Situation jedoch, in der gerade diese Partei die einzige Oppositionspartei ist, die als solche überhaupt zählt, bedeutet dies nicht mehr und nicht weniger, als daß die politische Klasse die Legitimität des politischen Dissenses und politischer Opposition schlechthin negiert.

Das Merkel-Syndrom ist die notwendige Folge eines kartellartig strukturierten Scheinpluralismus, der in vieler Hinsicht an das Blockparteiensystem der DDR erinnert; es ist zugleich die Voraussetzung seiner teufelskreisartig fortlaufenden Verfestigung. Flankierend und unentbehrlich für dieses System sind regierungsfromme Massenmedien, eine korrupte Wissenschaft, eine willfährige Justiz, insbesondere ein Bundesverfassungsgericht, das seine Aufgabe verfehlt, und ein Beamtenapparat, dessen Schlüsselpositionen nach und nach mit rückgratlosen Handlangern der Regierung besetzt werden. Nur unter dieser Voraussetzung, das heißt der Existenz eines funktionssystemübergreifenden, ideologisch weitgehend homogenen Machtkartells (das ich deshalb von jetzt an durchgehend als »das Kartell« bezeichnen werde), ist dieser Politikstil möglich, dessen innere Logik wir nun herausarbeiten können.

Zwischenfrage: Ist es eigentlich zulässig, eine solche Machtstruktur ein »Kartell« zu nennen? Ja, das ist in der Tat zulässig und sogar besonders treffend. Wenn nämlich die Beteiligten an einem Wettbewerbssystem diesen Wettbewerb suspendieren (zum Beispiel indem sie bestimmte Themen »aus dem Wahlkampf heraushalten«), also auf Konkurrenzvorteile im Verhältnis zueinander verzichten, weil es für sie vorteilhaft ist, bestimmte Angebote gar nicht erst zu machen, dann nennt man eine solche Konstellation in der Wirtschaft ein *Kartell*. Und es gibt nicht die geringste Rechtfertigung dafür, sie in der Politik irgendwie anders zu nennen. Ihrer Logik nach läßt sich diese Bezeichnung auch auf Konstellationen ausdehnen, deren Beteiligte nicht mit gleichartigen Leistungen konkurrieren, sondern sich wechselseitig durch einander ergänzende Leistungen kontrollieren und in die Schranken weisen. Dies ist zum Beispiel der Fall, wenn die Medien und die Justiz der Willkür der Politik Grenzen setzen, wie das Grundgesetz als Selbstverständlichkeit voraussetzt. In dem Maße, indem teilsystemübergreifendes kollusives Handeln stattfindet, wird diese Voraussetzung zur Fiktion und verfestigt sich ein Kartell.

Erinnern wir uns nun an die einzelnen Merkmale des Merkel-Syndroms und betrachten wir sie in ihrer machtsichernden Funktion:

SELBSTGESCHAFFENE PROBLEME

1. *»Bewältigt« werden Probleme, die die politische Klasse selbst herbeigeführt, herbeigeredet, erfunden oder aufgebauscht hat.*
Die »Probleme« haben alle mit den fixen ideologischen Ideen des Kartells zu tun. Sie treten auf

+ als Folgeprobleme einer unrealistischen, weil auf fiktiven Annahmen beruhenden Politik zur Verwirklichung utopischer Projekte,
+ oder als deren Mittel, insofern sich der Staat mit Hilfe dieser Probleme die zu dieser Verwirklichung nötige Akzeptanz verschafft, gegebenenfalls auch

für den Einsatz verfassungswidriger oder totalitärer Instrumente,

✦ oder als Opposition gegen diese Politik.

UNVERHÄLTNISMÄSSIGE REAKTIONEN

2. *Die geringe tatsächliche Relevanz des jeweiligen Problems steht in einem krassen Mißverhältnis zur Intensität der politischen Reaktionen.*

Wenn es darum geht, utopische Gesellschaftskonzeptionen zu verwirklichen, sind »Probleme« dazu da, ganz bestimmte »Lösungen« nahezulegen – und diese vermeintlichen Lösungen sind dann der Maßstab, von dem abhängt, ob ein Problem aufgebauscht oder heruntergespielt wird.

MANGEL AN PLAUSIBILITÄT

3. *Die Position der Regierung widerspricht dem Augenschein und dem gesunden Menschenverstand und setzt die Gültigkeit abstrakter, unplausibler, autoritärer oder infantiler Ideologeme voraus.*

Die teils abstrusen Verlautbarungen des Kartells spiegeln zweifellos auch dessen eigene ideologische Konfusion wider. Diese ist die unausweichliche Folge einer Ideologiekonstruktion, deren Prämissen axiomatisch gesetzt sind und deren Widerlegung durch die Wirklichkeit daher nicht zu ihrer Revision führt, sondern zur Konstruktion von Hilfshypothesen, die meist auf Sündenbocktheorien hinauslaufen: Einwanderung, um nur dieses Beispiel zu nennen, »bereichert uns alle«, und wenn der Augenschein dagegenspricht, sind »die Rechten« daran schuld, weil sie »die Gesellschaft spalten« und »die Integration behindern«.

Es zeugt aber nicht nur von seiner eigenen Konfusion, sondern ist durchaus eine Machttechnik, wenn das Kartell sein Publikum über Jahre hinweg darauf

trainiert, seinen eigenen Wahrnehmungen zu mißtrauen: wenn der Bürger sich also ohne tödlichen
Coronafall in der eigenen Umgebung inmitten der
schlimmsten Pandemie seit Menschengedenken wähnen soll; wenn »Schutzsuchende« wie Leute aussehen, vor denen man selber besser Schutz suchen sollte;
wenn man täglich am eigenen Portemonnaie merkt,
wie die Preise steigen, die Inflation aber unter ein Prozent liegen soll; wenn ein oder zwei Kohlendioxid-
moleküle (unter zehntausend Stickstoff- und Sauer-
stoffmolekülen) angeblich die Welt untergehen lassen;
wenn ein Anschlag, bei dem der Täter »Allahu akbar!«
ruft, nichts mit dem Islam zu tun hat …

Der Bürger läßt sich irreführen und dazu verleiten,
seine eigenen Wahrnehmungen, seinen eigenen Verstand für defekt zu halten, weil und solange er dem
Kartell und den von ihm präsentierten »Autoritäten«,
vermeintlich seriösen Journalisten und vor allem Wissenschaftlern, vertraut. Für diese Technik gibt es einen Fachbegriff: Man nennt sie »Gaslighting«. Der
einschlägige Wikipedia-Artikel liest sich wie auf die
Praktiken des Kartells gemünzt:

»Als Gaslighting … wird in der Psychologie eine Form von
psychischer Gewalt beziehungsweise Mißbrauch bezeichnet,
mit der Opfer gezielt desorientiert, manipuliert und zutiefst
verunsichert werden und ihr Realitäts- und Selbstbewußtsein
allmählich deformiert bzw. zerstört wird. (…)
Die Wahrnehmung der Realität wird beim Opfer in Frage
gestellt. Dies geschieht nicht permanent, aber wiederholt und
über einen langen Zeitraum durch eine oder mehrere Personen. Das kann durch Verleugnung von real existierenden
Dingen, Verhaltensweisen oder Ereignissen geschehen, sel-
tener auch durch eine bewußte Inszenierung derselben. Dabei ist eine Grundvoraussetzung, daß sich Täter und Opfer

in einem Vertrauensverhältnis befinden, also daß das Opfer
dem Täter und seinen manipulierenden Aussagen vertraut.
Mit der Zeit beginnen die Opfer, an ihrem Gedächtnis, ihrer
Wahrnehmung und an ihrem Verstand zu zweifeln. Die ma-
nipulativen Aussagen lassen sich nicht durch eine Drittper-
son überprüfen, weil das Opfer dem Täter vertraut.
Besonders perfide ist es, wenn Täter auch Menschen aus dem
sozialen Umfeld des Opfers manipulieren und dazu bringen,
daß sie den Standpunkt oder die Aussagen des Täters be-
stätigen oder ebenfalls die Wahrnehmungen des Opfers an-
zweifeln und so unbewußt in der »Inszenierung« des Täters
mitwirken. Hierdurch kann oft innerhalb kurzer Zeit das
Selbstvertrauen des Opfers weitgehend zerstört und eine sozi-
ale Isolierung erreicht werden.
Nicht allen Tätern sind die Mechanismen der Methode und
deren Bezeichnung als Gaslighting bewußt, insbesondere bei
Menschen mit dissozialer, narzisstischer oder psychopathi-
scher Persönlichkeitsstörung. Abgesehen von solchen Erkran-
kungen wird in den meisten Fällen von einer gezielten An-
wendung ausgegangen. Motiv der Täter ist Machtausübung
über das Opfer.«[46]

Durch seine eigene Verunsicherung wird dem Opfer,
in unserem Fall also dem gutgläubigen Publikum, der
Mut genommen, offensichtlichem Unsinn zu wider-
sprechen, und es wird in eine geistige Abhängigkeit
vom Manipulateur gelotst: Wer seinen eigenen Wahrnehmungen nicht mehr trauen zu dürfen glaubt, klam-
mert sich um so ängstlicher an den, dem er zutreffende
Realitätseinschätzungen zutraut. Wenn solche Mani-
pulateure mit dem bekannten offiziösen Habitus und
Timbre – und als Wissenschaftler mit dem besonderen Prestige »der Wissenschaft« (deren vielfache Abhängigkeiten von Politik und Wirtschaft den meisten
Bürgern nicht bewußt sind) – beginnen, die Welt zu

erklären, kann der Normalbürger nicht anders: Sofern er nicht zufällig zu denen gehört, die bereits an irgendeinem Thema die Manipulation durchschaut haben und deshalb grundsätzlich mißtrauisch geworden sind, gerät er gegenüber diesen vermeintlichen Geistesgiganten in die Position eines Kindes, das an die Hand genommen werden möchte.

Da der Manipulateur diejenige Instanz ist, die dem Opfer die Illusion eines Halts vermittelt, wird seine Infragestellung durch Dritte vom Opfer als Bedrohung empfunden. Wer den Manipulateur zutreffend der Manipulation bezichtigt, wird daher von niemandem sonst so starke angst- und haßerfüllte Reaktionen ernten wie gerade von dessen Opfern. In der Coronakrise konnte und kann dieser Mechanismus an zahllosen deprimierenden Beispielen beobachtet werden. Umgekehrt werden die Teile des Publikums, die dem Kartell ohnehin mißtrauen, durch solche manipulativen Praktiken nur noch mehr abgestoßen.

Die Praktiken des Kartells vertiefen den Graben im Publikum also nicht nur direkt durch Propaganda und Zensur, sondern auch indirekt, indem sie die psychologischen Voraussetzungen einer demokratischen Debattenkultur untergraben: ein Beispiel dafür, wie die einzelnen Komponenten des Merkel-Syndroms einander verstärken.

Um einem denkbaren Mißverständnis vorzubeugen: Ich traue durchaus nicht allen oder auch nur den meisten Politikern oder Journalisten die Art von Intelligenz zu, die zur gezielten Anwendung solcher Techniken erforderlich ist. Erfahrungsgemäß ist in jeder denkbaren menschlichen Gemeinschaft die Zahl der Mitläufer um ein Vielfaches höher als die Zahl derjenigen, die die Richtung vorgeben. Ungeachtet dessen reproduzieren die Mitläufer innerhalb des Kartells die Vorgaben derer, die die Agenda bestimmen (wobei letztere nicht einmal die nominell mächtigsten Akteure sein müssen). Deshalb kann das Kartell als Ganzes ungeachtet dieser Binnendifferenzierung als Kollektivakteur auftreten.

MAXIMALER SCHADEN

4. *Von allen denkbaren Reaktionen wird die jeweils nächstliegende gemieden und stattdessen diejenige gewählt, die maximalen Schaden anrichtet.*

Dies ist zum einen die logische Konsequenz aus der beschriebenen Funktionalisierung des Problems, also daraus, daß das vermeintlich zu lösende Problem in Wahrheit Mittel zu dem Zweck ist, die Akzeptanz der Lösung zu fördern. Das ist aber nicht alles:

+ Wenn zur »Rettung« des Euro die Geldmenge uferlos aufgebläht und damit die Gefahr in Kauf genommen wird, daß eben dieser Euro in einer Hyperinflation verdampft und die gesamte europäische oder gar Weltwirtschaft zusammenbricht,
+ wenn die Regierung ihr Ziel allgemeiner Migrationsfreiheit durch eine schockartige Flutung des Landes mit Eindringlingen verfolgt und die bis dahin gültige und erfolgreiche Linie allmählichen Einsickernlassens verwirft, gegen die die verzweifelte Opposition machtlos gewesen war,
+ wenn sie die Energieversorgung durch Kombination der Themen »Atomausstieg« und »Klima« (Ausstieg aus der Kohle) ohne Not zum Vabanquespiel macht, das jederzeit katastrophal schiefgehen kann,
+ wenn sie Corona in einer Weise bekämpft, die den Mittelstand, wenn nicht gar die ganze Wirtschaft ruiniert und obendrein der Regierung eine massive zusätzliche Opposition einhandelt,

dann zeugt all dies von mutwilliger Destruktivität und von der Bereitschaft des Kartells, enorme unnötige Risiken nicht nur der Gesellschaft aufzuhalsen, sondern auch sich selbst. Tatsächlich gefährdet das Kartell seine eigene Herrschaft, denn alle Ansatzpunkte für wirksame Opposition sind von ihm selbst geschaffen worden.

Gewiß *kann* eine solche »Strategie der Spannung« Erfolg haben, *kann* der billigend in Kauf genommene Zusammenbruch der Gesellschaft dem vielzitierten »Ruf nach dem starken Mann« (der heutzutage auch eine Frau sein kann) und der Billigung totalitärer Herrschaftsmethoden Vorschub leisten, worauf das Kartell oder dessen intelligentere Köpfe anscheinend spekulieren. Woher sie allerdings die Zuversicht nehmen, besagter starker Mann werde auch unter den Bedingungen eines Systemkollapses einer von ihnen sein, ist mir ein Rätsel. Sie spielen Vabanque.

RECHTFERTIGUNG DES KALTEN STAATSSTREICHS

5. *Die Probleme werden so definiert, daß sie Lösungen nahelegen, die mit einem Maximum an Demokratieabbau, Machtzentralisierung und Einschränkung von Bürgerrechten verbunden sind.*

6. *Dabei verletzt die Regierung Recht und Verfassung mindestens dem Geist, oft auch dem Buchstaben nach.*

In der Zusammenschau aller sechs Krisensituationen kann kaum noch ein Zweifel daran bestehen, daß der Umbau des Staates zu einem totalitären System, eingebettet in ein ebenso totalitäres Globalsystem den gemeinsamen Fluchtpunkt des Merkel-Syndroms und damit das eigentliche Ziel das Kartells darstellt. Daß an diesem Vorgang hinreichend viele Narren und Opportunisten beteiligt sind, die das Spiel schon deshalb nicht durchschauen, weil sie es nicht durchschauen *können* oder *wollen*, ändert nichts am Befund und an der Zielstrebigkeit derjenigen Akteure, die wissen, was sie tun. Wer das im Einzelnen ist (und wer im Gegensatz dazu die Narren und die Opportunisten sind), wird man ohne Insiderkenntnisse kaum beurteilen können, aber plausible Vermutungen kann zweifellos jeder anstellen, der das politische Personal beobachtet.

Sollten Sie, lieber Leser, zu denjenigen gehören, die jetzt das Denunziationswort »Verschwörungstheorie« auspacken: Das interessiert mich nicht! Zur Verwendung dieses Wortes als Totschlagwort und Herrschaftsmittel werde ich noch das Nötige sagen, hier nur so viel: Ein herrschendes Kartell, dessen Handeln für Außenstehende von den böswilligen Machenschaften einer Gangsterbande nicht zu unterscheiden ist; das sich der Kritik nicht stellt und stattdessen die Kritiker mundtot macht, kann den Beweis, daß es *keine* Verbrecherbande ist, gegebenenfalls nur noch auf eine einzige Weise führen, nämlich dadurch, daß es geschlossen seine Ämter und Mandate zur Verfügung stellt. Auf keinen Fall aber ist es in der Position, »Verschwörungstheoretiker« anzuprangern.

LÜGE, ANGSTMACHE UND ERPRESSUNG

7.   *Lüge, Angstmache und Erpressung sind bevorzugte Mittel, die Bürger gefügig zu machen.*

Das Kartell kann sich nicht ehrlichmachen, kann nicht sagen, welche Ziele und Interessen es verfolgt, und muß daher verhindern, daß es zu so etwas wie einer argumentativen Auseinandersetzung kommt. Das eine Mittel dazu sind Zensur, Ausgrenzung und Diffamierung von Kritikern, das andere die künstliche Erzeugung von Massenpsychosen, verbunden mit der Fingierung einer Art »Kriegszustand« (Kampf gegen Rechts, Kampf gegen den Klimawandel, Kampf gegen

Corona etc.). Bemerkenswerterweise scheint die Psychose umso leichter entfesselbar zu sein, je unsichtbarer der Gegner ist (Neonazis, Atomstrahlung, Klimawandel, Corona).

Auf diese Weise wird ein Zwang zur »Solidarität« erzeugt, der jeden Kritiker von vornherein als unsozial dastehen läßt, denn es versteht sich von selbst, daß diese Solidarität darin besteht, widerspruchslos den Weisungen der Regierung zu folgen und etwas anderes als deren Propaganda gar nicht erst zur Kenntnis zu nehmen, geschweige denn zu verbreiten. Diese Art von moralischer Erpressung beruht auf dem Appell an eine gerade in Deutschland verbreitete Sehnsucht nach Gemeinschaft und nach kollektiven Großtaten, die sich um so mehr Bahn bricht und sich um so leichter von Machthabern ausbeuten läßt, als sie jahrzehntelang unterdrückt und höchstens im Fußballstadion ausgelebt wurde.

Durch die Tabuisierung läßt sie sich aber nicht nur ausbeuten, sondern auch manipulieren und die Richtung weisen. »Wir-schaffen-das«-Großtaten sollen – selbstverständlich – nicht dem Wohle und den Interessen des deutschen Volkes dienen, insbesondere nicht seinem Interesse an seiner eigenen fortgesetzten Existenz, an Souveränität im eigenen Land, an Kontrolle über die Regierung und an dem Leben in einer freiheitlichen Ordnung, sondern ziemlich genau dem Gegenteil von alldem.

Das Merkel-Syndrom beruht also auf der perversen Parodie einer Volksgemeinschaft, die zum Zwecke der Zerstörung dieses Volkes und unter Ausnutzung systematisch gezüchteter Neurosen künstlich erzeugt wurde. Sie hat deshalb keinen einzigen der Vorzüge, die eine solidarische Gesellschaft sonst durchaus haben kann, aber alle Nachteile – insbesondere, daß sie

unter entsprechenden Voraussetzungen eine Auto-
bahn ist, auf der die Gesellschaft im Höchsttempo in
den Totalitarismus rast.

GLEICHSCHALTUNG DER MEDIEN

8. *Die Massenmedien fungieren als gleichgeschaltete
Propagandaorgane.*

Die Gleichschaltung der Massenmedien– es wäre
sinnlos, einen schwächeren Ausdruck zu gebrauchen! –
bei allen hier genannten und von den Medien selbst
als zentral behandelten Themen hat mehrere Ursachen und Voraussetzungen, die alle etwas mit Systemversagen zu tun haben.

Auf den ersten Blick ist es ja erstaunlich, daß ein
scheinbar so pluralistisches Mediensystem wie das der
BRD so uniforme Ergebnisse abliefert. Hierbei spielen mehrere Faktoren eine Rolle: Der offensichtlichste
ist die politische Ausrichtung der Journalisten, die in
überwältigender Mehrheit linke Parteien bevorzugen.
Die übrigen sind, soweit sie sich nicht für parteipolitisch neutral erklären, meist Anhänger der Unionsparteien und der FDP, also wiederum von Kartellparteien.
Es gibt zwar Journalisten mit einer ausgeprägt kritischen Haltung dem Kartell gegenüber – Eva Herman
oder Matthias Matussek zum Beispiel –, die aber gerade deshalb von den etablierten Massenmedien gewissermaßen exkommuniziert worden sind. Innerhalb der
etablierten Medien gibt es so gut wie keine kritischen
Stimmen; wer solche vernehmen möchte, ist auf die
(vom Kartell nach Kräften drangsalierten) oppositionellen Print- und Internetmedien, die Schweizer Presse
und den österreichischen Privatsender Servus TV angewiesen, der in der deutschsprachigen Fernsehland-
schaft so etwas wie das kleine gallische Dorf ist.

Daß die meisten Journalisten politisch links stehen, ist freilich weder ein neues Phänomen (höchstens extremer ausgeprägt als früher), noch hat es in der Vergangenheit verhindert, daß manche etablierten Massenmedien – etwa der Bayerische Rundfunk oder die *FAZ* – ein deutlich konservatives Profil zeigen konnten. Gewiß spielt heute die Tatsache eine Rolle, daß die ideologische Ausrichtung der meisten nominellen Konservativen nichts mehr mit dem zu tun hat, was noch vor dreißig Jahren als »konservativ« galt.

Entscheidend dürfte aber ein anderer Faktor sein, denn Journalisten sind letztlich weisungsgebundene Angestellte. Wenn man wissen möchte, warum ein Medium eine bestimmte politische Ausrichtung hat, muß man auf diejenigen sehen, die die Weisungen erteilen.

In Deutschland gibt es bekanntlich einen starken, weil von den Bürgern mit rund acht Milliarden Euro jährlich zwangsfinanzierten öffentlich-rechtlichen Rundfunk. Daß ein solcher überhaupt zulässig ist, ist nicht selbstverständlich, denn immerhin macht hier eine öffentliche Institution privaten Unternehmen mit Hilfe öffentlicher Gelder Konkurrenz. Das Bundesverfassungsgericht hat die Zulässigkeit des öffentlich-rechtlichen Rundfunks in ständiger Rechtsprechung unter anderem damit begründet, daß er zur Wahrung einer objektiven, ausgewogenen und pluralistischen Berichterstattung erforderlich sei. Ein rein kommerzieller Rundfunk, so der Tenor der Rechtsprechung, laufe Gefahr, einseitig die Interessen der Kapitaleigner und ihrer Werbekunden zu berücksichtigen.

Im Medienstaatsvertrag heißt es demzufolge: »Die öffentlich-rechtlichen Rundfunkanstalten haben bei der Erfüllung ihres Auftrags die Grundsätze der Objektivität und Unparteilichkeit der Berichterstattung, die Meinungsvielfalt sowie die Ausgewogenheit ihrer Angebote zu berücksichtigen.«[47] Gesichert werden sollte die Einhaltung dieser Vorgaben durch eine pluralistische Besetzung der Aufsichtsgremien, wobei die politischen Parteien eine strategisch zentrale Rolle spielen, zumal etliche andere Organisationen, die ihre Vertreter in die Rundfunkräte entsenden dürfen (Gewerkschaften, Arbeitgeberverbände, Kirchen etc.), deutliche parteipolitische Präferenzen zeigen. Der ganze Aufwand, der getrieben wird, um »Pluralismus« zu gewährleisten, läuft aber zwangsläufig ins Leere, wenn die Parteien einen Block bilden, innerhalb dessen in den entscheidenden Punkten keine nennenswerten Unterschiede mehr artikuliert werden, und die einzig relevante parteipolitische Opposition sozusagen nur am Katzentisch vertreten ist.

An dieser Stelle zeigt sich die Verwundbarkeit eines Systems, das mit der Konkurrenz zwischen Parteien steht und fällt: Ein solches System muß implodieren, wenn die wenigen Dutzend Politiker, auf die es höchstens ankommt, ein Kartell bilden. Der Parteienblock, der den öffentlich-rechtlichen Rundfunk lenkt, ist derselbe, der das Bundesverfassungsgericht besetzt (wobei hier Bundestag und Bundesrat entscheiden, die Politiker des Kartells also unter Ausschluß aller anderen Kräfte praktisch allein das Sagen haben).

Wenn zwischen den Parteien kein Dissens besteht, ist er auch nicht zwischen den von ihnen entsandten Rundfunkräten und den von diesen kontrollierten Journalisten zu erwarten. Daß der öffentlich-rechtliche Rundfunk praktisch ein Verlautbarungsorgan des Kartells geworden ist, braucht uns unter den gegebenen Umständen nicht zu wundern, aber wie sieht es mit den privaten Medien aus, mit der Presse und den privaten Fernsehsendern? Dort haben die Parteien doch nichts zu sagen, oder?

Doch. Die SPD zum Beispiel ist direkt oder indirekt an einer beeindruckenden Reihe privater Medien beteiligt, insofern muß man die Partei- und damit Staatsferne der »privaten« Medien relativieren. Richtig ist aber trotzdem, daß sich die größte Macht in den Händen großer, meist international operierender Medienkonzerne befindet, etwa beim Bertelsmann-Konzern, dessen Fernseh-Flaggschiff RTL ist.

Nun können wir davon ausgehen, daß praktisch alle großen globalen Wirtschaftskonzerne beziehungsweise deren Letzteigentümer auf eine globalistische Politik festgelegt sind, also die Linie des Kartells unterstützen. Der einzige westliche Multimilliardär, der aus dieser Phalanx ausgeschert ist, ist Donald Trump, und dies dürfte der Grund sein, warum auch die privaten Medien so hemmungslos gegen ihn hetzen dürfen: Aus der Sicht seiner Klasse, nämlich der der Multimilliardäre, ist Trump einfach ein Verräter.

Die Vorstellung, private und öffentlich-rechtliche Medien würden schon aufgrund der unterschiedlichen Besitz- und Kontrollstrukturen unterschiedliche journalistische Angebote machen und insofern zum Pluralismus beitragen – an sich keine dumme Überlegung – scheitert also wieder einmal an einer Kartellbildung, diesmal der zwischen den Medienkonzernen und der politischen Klasse, die sich gegenseitig Rückendeckung geben, statt einander zu kontrollieren. Daß Liz Mohn, die Herrin des Bertelsmann-Konzerns, eine Duzfreundin der Kanzlerin sein soll, mag eine anekdotische Randnotiz sein, bezeichnend ist es allemal.

Und schließlich hat die Politik einiges getan, sich auch die privaten Medien zu verpflichten. Insbesondere die Printmedien haben ums Überleben zu kämpfen – nicht nur, aber auch nicht zuletzt deshalb, weil sie mit ihrer unausrottbaren Neigung, ihr Publikum erziehen zu wollen, einen erheblichen Teil ihrer Leserschaft vergrault haben. Da trifft es sich gut, daß der Staat als zuverlässiger Groß-Anzeigenkunde auftritt (natürlich nur bei entsprechender Botmäßigkeit) und obendrein der Presse, obwohl sie von Corona kaum betroffen ist, großzügige Corona-Hilfen überweist.

Jeder dieser Faktoren – einheitliche ideologische Ausrichtung der Journalisten, Kontrolle der öffentlich-rechtlichen Medien durch die Kartellparteien, Kartell zwischen Medienkonzernen und Politik, Korrumpierung der privaten Medien durch den Staat – würde für sich genommen schon eine Menge erklären. Nimmt man sie zusammen, so muß man die inhaltliche Gleichschaltung der Medien als *überdeterminiert* bezeichnen. Schlichter formuliert: Unter den gegebenen Voraussetzungen müßte man sich wundern, wenn sie *nicht* gleichgeschaltet wären.

Zum Merkel-Syndrom gehört freilich auch, diesen Sachverhalt nicht etwa mit Argumenten zu bestreiten, sondern rundheraus abzustreiten. Die Pluralismusfiktion gehört zu den Grundlagen moderner Propaganda: Hinter dem ideologischen Schirm der »Pressefreiheit«, des »Pluralismus« und der »Vielfalt« – wie fadenscheinig auch immer dieser Schirm sein mag – lassen sich die tatsächlichen Machtverhältnisse nach wie vor trefflich verstecken.

Die aggressive Diffamierung kritischen Hinterfragens dieser Verhältnisse gehört zu den Methoden, die in einer demokratischen politischen Kultur keinerlei Aussicht auf Duldung hätten. In der real existierenden BRD ist sie gerade deshalb ein unentbehrliches Element offizieller und offiziöser Ideologieproduktion.

Sie funktioniert, soweit das Kartell in der Lage ist, seine Diskursregeln durchzusetzen, wirkt also gegenüber dem Teil der Gesellschaft, der diese Regeln akzeptiert, zu denen insbesondere gehört, die Kritik zum Argument nicht gegen die kritisierten Verhältnisse, sondern gegen den Kritiker zu wenden:

Den schreienden Widerspruch zwischen der offiziellen Pluralismusfiktion und der faktischen Uniformität der Massenmedien festzustellen und zu kritisieren, stempelt den Kritiker gemäß der speziellen Logik dieser Diskursregeln zum »Verschwörungstheoretiker«, »Feind der Demokratie« oder gar »Nazi«.

Letztere Invektive findet übrigens insbesondere dann Anwendung, wenn der Kritiker in diesem Zusammenhang das Wort »Gleichschaltung« verwendet, weil dieser Ausdruck ja bereits von den Nationalsozialisten benutzt worden sei. Die Logik lautet also: Wer Methoden *kritisiert*, deren die Nazis sich *gerühmt* haben, ist gerade *daran* als Nazi zu erkennen. Was auf den ersten Blick einfach hanebüchener Unfug ist, hat durchaus Methode. Zum einen ist es ein Teilaspekt des »Gaslightings«, mit dem wir uns schon befaßt haben, zum anderen haben wir es mit einem in sich geschlossenen, zirkulär sich selbst bestätigenden Diskursregelsystem zu tun, dessen innere Logik, Struktur und Funktion uns im Kapitel »Neusprech« beschäftigen wird.

SPALTUNG DER GESELLSCHAFT

9. *Die Spaltung der Gesellschaft in Anhänger und Gegner der politischen Klasse wird billigend in Kauf genommen, ein Graben durchs Volk gezogen und fortlaufend vertieft.*

10. *Statt aber, was dann konsequent wäre, wenigstens möglichst viele Menschen auf der eigenen (also der*

Regierungs-)Seite des Grabens zu halten, gehört zum Merkel-Syndrom die Neigung, scheinbar unnötigerweise Menschen in die Opposition zu treiben.

Erinnern wir uns an die Bemerkungen von Sebastian Haffner, mit denen ich dieses Oberkapitel »Endphase« eingeleitet habe. Unmittelbar vor der Errichtung der totalitären Diktatur, so stellt er fest, war das deutsche Volk so tief in feindliche Lager gespalten, daß eine Verständigung zwischen ihnen nicht möglich war.

Dabei kann man die Schuld an diesem Zustand *nicht* einfach den Nationalsozialisten oder allgemein den damaligen Rechtsparteien in die Schuhe schieben, auch wenn der »volkspädagogisch« motivierte Geschichtskatechismus der BRD es in seiner geistigen Schlichtheit versucht. Der Bürgerkrieg – mal latent, mal offen – schwelte spätestens seit 1918. Von demokratischen Diskursregeln war man während der gesamten Weimarer Epoche so weit entfernt, daß die Sprengung von Veranstaltungen gegnerischer Parteien zu den üblichen politischen Praktiken gehörte und daher alle größeren Parteien, nicht nur die NSDAP, auf teils paramilitärische Selbstschutzorganisationen angewiesen waren, um überhaupt agitieren zu können. Flankiert wurde diese zutiefst illiberale politische Kultur von einem militant parteilichen Zeitungswesen, das die Spaltung vertiefte, weil nahezu alle Medien die politische Wirklichkeit nur durch die Brille ihrer Partei und Weltanschauung wie durch den Sehschlitz eines Panzers wahrnahmen. Es gab Teilöffentlichkeiten, die einander feindlich gegenüberstanden. »Die« Öffentlichkeit als Forum eines Ringens der Meinungen und Argumente gab es allenfalls in Ansätzen.

Auch dieser mißliche Zustand war kein Werk der Nationalsozialisten. Sie fanden ihn als Realität vor, auf deren Boden sie sich stellen mußten wie alle anderen auch. Freilich muß man sagen, daß sie und die Kommunisten diejenigen Kräfte waren, die sich in ihm am wohlsten fühlten – was aber nicht heißt, daß man eine saubere Trennung zwischen den guten Demokraten und den bösen Nazis und Kommunisten vornehmen könnte. Wie jedes soziale System, so beruht auch die Politik der Weimarer Zeit auf einem Geflecht wechselseitig einander stützender Erwartungen. Die Frage, »wer angefangen hat«, ist irrelevant, wenn jeder Akteur sein Handeln am *erwarteten* Verhalten aller anderen Akteure ausrichtet, durch dieses Handeln aber seinerseits *deren* Erwartungen mitbestimmt. Gute und schlechte Erwartungen, Vertrauen und Mißtrauen können einander gleichermaßen zirkulär bestätigen und ein soziales System in einem einmal gegebenen Zustand festhalten, und sei dieser Zustand der Bürgerkrieg.

Es liegt auf der Hand, daß eine Demokratie Akteure voraussetzt, von denen sich wenigstens die mächtigeren darüber einig sind, daß das Ziel der politischen Auseinandersetzung zumindest der Idee nach darin besteht, den Andersdenkenden zu *überzeugen*, hilfsweise darin, ihn zu *überstimmen*, aber auf keinen Fall darin, ihn – politisch oder gar physisch – zu *vernichten*. Dies unterscheidet die Auseinandersetzung zwischen *Gegnern* von einem Bürgerkrieg zwischen *Feinden*. Wer Politik als Bürgerkrieg auffaßt, betrachtet die Demokratie nicht als Spiel, das mit jeder Legislaturperiode neu beginnt (nach dem Motto: »Nach dem Spiel ist vor dem Spiel«), sondern als Krieg, der entschieden ist, wenn der Sieger alle Kontrahenten aus dem Feld geschlagen hat.

Die Existenz totalitärer politischer Akteure mit Aussicht auf die Regierungsmacht bedeutet für alle anderen, daß sie das Spiel auf keinen Fall verlieren dürfen, weil in ihm nicht um Regierung oder Opposition, sondern um Leben und Tod gespielt wird. Da aber zu einem Spiel, das nach Regeln gespielt wird, wesensgemäß die Möglichkeit – und die Akzeptanz der Möglichkeit – gehört, daß man es verlieren kann, zwingt bereits das Auftauchen totalitärer Parteien im Vorhof der Macht alle anderen in eine Art Selbst-Totalisierung.

Die Weimarer Demokratie war insofern spätestens ab 1929, wahrscheinlich aber von Anfang an, eine Demokratie auf Abruf – existenzfähig nur so lange, wie die Frage, was ihr nachfolgen sollte, nicht entschieden war, der Staat aber von irgend jemandem verwaltet werden mußte. Die Kommunisten hatten in Rußland den ersten modernen Totalitarismus errichtet und durch die Existenz ihrer Filialparteien (in Deutschland also der KPD) alle anderen Kräfte europa-, ja weltweit dazu gezwungen, ihre eigene Politik an dieser drohenden Gefahr auszurichten. »Lupenreine Demokraten« konnte es unter diesen Voraussetzungen praktisch nicht geben, es sei denn vorübergehend in Gestalt weltfremder Traumtänzer, die mit der Zuspitzung der politischen Konflikte von der Bildfläche verschwinden würden – wie es dann ja auch geschah, ablesbar am Niedergang der liberalen Parteien im Deutschland der frühen dreißiger Jahre. Die Weimarer Republik wäre als Demokratie auch dann untergegangen, wenn weder die Kommunisten noch die Nationalsozialisten an die Macht gekommen wären, weil auch jede denkbare dritte Lösung mindestens autoritär hätte sein müssen.

Es ist nicht möglich, eine gespaltene Demokratie zu praktizieren: Wenn ein Teil der Gesellschaft dem anderen den Krieg erklärt, dann stehen nicht nur die Bürgerrechte der zu Feinden erklärten Kontrahenten zur Disposition, sondern auch die Rechte der Anhänger derjenigen Seite, die die Kriegserklärung ausspricht.

Deren Binnendemokratie wird ebenso kompromittiert wie die Demokratie als ganze, wenn Argumente nicht mehr unter dem Gesichtspunkt beurteilt werden, ob sie richtig oder falsch sind, sondern ob sie »dem Gegner nützen« bzw. den ideologischen Konsens der eigenen Seite untergraben. Für politische Gruppierungen (anders als für Familien oder Nationen) ist dieser *ideologische* Konsens der Kitt, der sie zusammenhält, weswegen seine Aufweichung die jeweilige Gruppierung ihre Konfliktfähigkeit kosten könnte. In einer Demokratie ist das normalerweise unproblematisch: Notfalls spaltet sich eine Partei oder es entsteht eine neue. In einer Bürgerkriegs-»Demokratie« ist der Dissens dagegen eine tödliche Gefahr, weswegen er nicht zugelassen wird. Im Zweifel wird derjenige, der unbequeme Wahrheiten ausspricht und dadurch den gruppendefinierenden Konsens in Frage stellt, exkommuniziert: als Verräter oder zumindest als unsicherer Kantonist, der es an »Wachsamkeit im Kampf gegen« X fehlen läßt.

Daß gerade diese Form von ideologischem Ostrazismus zu den Kennzeichen der politischen (Un-) Kultur unseres Landes gehört, wird jeder bestätigen können, der die einschlägigen Fallbeispiele von Thilo Sarrazin bis Xavier Naidoo, von Eva Herman bis Matthias Matussek, von Martin Homann bis Michael Wendler vor Augen hat – wobei dies nur die spektakulären Fälle sind, in denen die allgegenwärtige Drohung mit der Exkommunikation vollstreckt werden »mußte«, weil sie ihre einschüchternde Wirkung verfehlt hatte. Die Fälle, in denen die beabsichtigte Wirkung tatsächlich eingetreten ist und die potentiell Betroffenen ihre Meinung von vornherein für sich behalten haben, dürften ungleich zahlreicher sein.

Es ist also nicht etwa so, daß die deformierende und kompromittierende Wirkung eines bürgerkriegsorientierten Politikverständnisses nur dann eintritt, wenn dieses die Auffassung einer *oppositionellen* totalitären Bewegung ist. Ganz im Gegenteil: So richtig gefährlich wird es erst, wenn diejenigen, die so denken, im Besitz der staatlichen Macht sind. Wenn dies nämlich der Fall ist, verwandelt sich der Bürgerkrieg, der von der betreffenden Gruppierung ausgeht, in einen Bürgerkrieg von oben, wie er für totalitäre Regimes typisch ist, und damit in einen ganz besonderen Bürgerkrieg – nämlich einen, dessen Existenz ständig betont und zugleich in Abrede gestellt wird:

Obwohl totalitäre Regime – ich beziehe mich hier insbesondere auf das klassische und idealtypische totalitäre System, nämlich den Kommunismus – bei jeder Gelegenheit die Einheit zwischen Führung und Volk hervorheben und letzteres zu ausgewählten Anlässen seine einhundertprozentige Zustimmung zur Führung bekunden darf, wimmelt es unter den Untertanen dieser Regime offenbar nur so von Feinden, die es zu vernichten gilt. Der für nichtexistent erklärte Bürgerkrieg ist zugleich ein *totaler* Bürgerkrieg, weil die Fiktion des Konsenses nach Verwirklichung verlangt und daher in dem Maße »Realität« werden muß, in dem es der totalitären Gruppierung gelingt, den Feind verschwinden zu lassen – aus der Öffentlichkeit, der Gesellschaft, dem Land, dem Leben. Die Chance auf Neutralität gibt es in einem solchen System nicht, weil sie niemandem gelassen werden kann. Wer neutral bleiben oder wenigstens nicht sein Privatleben in den Dienst der totalitären »Sache« stellen will, hat sich bereits als Sympathisant des Feindes verdächtig gemacht.

In aktuellen Zusammenhängen begegnet uns das totalitäre Paradoxon der Konstruktion eines zugleich monströs bedrohlichen und zahlenmäßig irrelevanten Feindes im »Kampf gegen Rechts«, also gegen Leute, denen man »kein Forum bieten« dürfe (sprich: sich nicht an die demokratischen Spielregeln halten müsse), weil sie zwar eine völlig unbedeutende marginale Gruppe, ungeachtet dessen aber eine überwältigende Gefahr für die Demokratie seien. Die Linksradikalen, die eine Liste mit Namen, Fotos und Adressen zu ermordender AfD-Politiker veröffentlichen, sind würdige Erben von Feliks Dzierżyński und Erich Mielke, und sie sind nur die sprichwörtliche Spitze des Eisbergs.

Um eines klarzustellen: Ich behaupte nicht, daß die BRD jetzt bereits ein voll entwickelter totalitärer Staat sei, wohl aber, daß sie, insbesondere hinsichtlich ihrer politischen Kultur, alle Voraussetzungen erfüllt, einer zu werden: Der Bürgerkrieg als Grundmuster der politischen Auseinandersetzung begünstigt zwangsläufig totalitäre Parteien, weil Totalitarismus seinem Wesen nach, spätestens wenn eine totalitäre Partei erst einmal im Sattel sitzt, »Bürgerkrieg von oben« bedeutet. Dies bedeutet unter anderem, daß er auch nur aus einer Bürgerkriegssituation heraus installiert werden kann. Eine diskursive politische Kultur profitiert von der zugegebenermaßen banalen, aber deswegen nicht falschen Einsicht, daß Menschen, die miteinander reden, nicht aufeinander schießen. Die Weimarer Republik ist nicht *daran* gescheitert, daß sie die Nazis nicht effektiv genug bekämpft hätte, sondern daran, daß sie eine Demokratie im Bürgerkrieg war. Ein solcher Staat ist ein Widerspruch in sich. Die staatstragenden Parteien der Weimarer Republik waren gegenüber Parteien, die Politik als Bürgerkrieg auffaßten – also gegenüber den totalitären Parteien – ideologisch von vornherein entwaffnet, weil Politik schlechthin in den

Augen der Zeitgenossen *ihrem Wesen nach* Bürgerkriegscharakter zu haben schien, das militante Politikverständnis der totalitären Parteien daher realistischer und ehrlicher wirken mußte. Zur Ehre der Weimarer Republik muß man freilich eines sagen: Diese Republik fand den Zustand des Bürgerkrieges bei ihrer Gründung vor. Die BRD dagegen hat ihn mit dem Merkel-Syndrom ohne Not herbeigeführt.

Bezeichnend für den Bürgerkriegscharakter der politischen Unkultur in der Endphase der BRD ist die Tendenz des Gesamtsystems zur Bipolarität: Politische Fragen, die sachlich überhaupt nichts miteinander zu tun haben, definieren mit bemerkenswerter Trennschärfe die politischen Lager. Nicht für jeden einzelnen Bürger, aber doch als Faustregel gilt: Wer gegen Masseneinwanderung ist, ist auch gegen Lockdown und Zwangsimpfungen. Wer für den Euro ist, ist auch für das NetzDG. Wer für die Energiewende ist, ist auch für rabiaten »Klimaschutz« (in der Sache ein schreiender Widerspruch, wie wir gesehen haben) – und so weiter.

In einer demokratischen, diskursiven Kultur wäre ein viel größere Streuung der politischen Ansichten zu erwarten, weil die betreffenden Themen (die ja nur teilweise ideologisch prä-determiniert sind) als Sachfragen, nicht als Machtfragen aufgefaßt würden. Wir hätten es dann mit einer multipolaren Meinungslandschaft zu tun. Deren in Wahrheit zu beobachtende Tendenz zur Bipolarität ist per se ein Indiz für eine hohe Konfliktintensität.

Was die Lager trennt, ist die Frage, ob sie den herrschenden Narrativen folgen oder nicht. Kernthema all dieser Auseinandersetzungen ist mithin, ob man zu den Politikern und Ideologieproduzenten des Kartells Vertrauen hat oder nicht, und folgerichtig: ob man sie in ihren mit Macht, Prestige, Geld und Einfluß verbundenen Positionen belassen soll oder nicht.

Das Kartell verfolgt eine Politik, für die es in einer demokratischen politischen Kultur mit offenem Diskurs keine Mehrheit zu erwarten hätte, also zerstört es diese Kultur. Kein Versehen, sondern der Sinn der Sache ist daher, daß es die Gesellschaft in eine Bürgerkriegspsychose treibt, Haß und Angst schürt, denn Angst und Haß sind die Voraussetzungen dafür, der eigenen Anhängerschaft jeden dissidenten Gedanken, ja sogar die schiere Fähigkeit dazu auszutreiben.

Unter diesem Gesichtspunkt ergibt es auch durchaus einen Sinn, sich große Teile der Gesellschaft zu entfremden und sie mutwillig zu provozieren, etwa impfkritische Veganer, islamkritische Feministinnen, eurokritische bürgerliche Ökonomen et cetera. Diese Personenkreise auf die andere Seite des Grabens zu drängen, vergrößert zwar die Opposition insgesamt und auch deren intellektuelle Stärke und Strahlkraft, erhöht aber andererseits die ideologische Homogenität der eigenen Seite. Auf dieser Seite, also der der Machthaber, verbleiben zunehmend diejenigen, die alles glauben; die alles mit sich machen lassen; die Freude an der Rolle des aggressiven Untertanen haben, der auf den vermeintlich Machtlosen herumtrampelt; und ein paar windschnittige »Dichter und Denker«, die dieser Art von Regime rhetorische Lorbeerkränze binden – kurz: die (politisch) Dummen, die Schwachen, die Miesen und die Korrupten, zumindest der Tendenz nach.

Durch diese Mechanismen hat die BRD dramatisch an Problemlösungsfähigkeit eingebüßt. Was das Kartell auf diese Weise an Macht gewinnt, gewinnt es auf Kosten des Landes, dessen Zukunft mit jedem Jahr düsterer aussieht.

9. FAZIT: DER TEUFELSKREIS

Fassen wir zusammen: Das Kartell verfolgt bestimmte Ziele,

+ muß diese als Lösung von Problemen ausgeben, die es mithin mehr oder weniger erfinden muß,
+ muß im Gegenzug wirkliche Probleme ignorieren, die ideologisch nicht vorgesehen sind und deshalb nicht existieren dürfen,
+ kann daher keinen Pluralismus dulden,
+ zerstört deshalb diesen Pluralismus durch Repression,
+ erzeugt durch diese Politik Probleme (einschließlich einer zunehmenden Opposition), die es nur durch noch mehr Repression unter Kontrolle halten kann,
+ womit es seine eigene Problemlösungsfähigkeit noch weiter beeinträchtigt,
+ was zu weiteren Problemen, zu mehr Opposition und zur nächsten Drehung an der Repressionsschraube führt.

Seiner Logik nach mündet dieser Teufelskreis in der Errichtung eines totalitären Regimes, das über einem ruinierten Land thront. Die Frage, von der die Zukunft unseres Landes abhängt, lautet, ob der Teufelskreis durchbrochen und wie dies bewerkstelligt werden kann. Um diese Frage zu beantworten, gilt es zunächst, die Faktoren zu identifizieren, die in ihn hineingeführt haben.

Der Niedergang der liberalen Demokratie

III. Das Grundgesetz als Lebensversicherung der Demokratie

Wohl niemand hätte sich 1990 vorstellen können, daß eine so unfähige, illoyale und destruktive Bundesregierung, wie es die aufeinanderfolgenden Merkel-Kabinette gewesen sind, es schaffen würde, nicht nur an die Macht zu kommen, sondern auch die nominell oppositionellen politischen Parteien, die Medien und praktisch die gesamten Funktionseliten des Landes hinter sich zu scharen und sich (bis jetzt) anderthalb Jahrzehnte lang an der Macht zu halten.

Daß der Staat den Seuchenschutz mißbrauchen würde, um zu bestimmen, wofür demonstriert werden darf und wofür nicht, daß er Privatunternehmen als vorgelagerte Zensurbehörden einspannen, dem Verfassungsschutz verdachtsunabhängige Staatstrojaner genehmigen, wahrheitsgemäße Tatsachenbehauptungen als Volksverhetzung ahnden, mißliebige Richter mit Hausdurchsuchungen traktieren, die Verfassung nach Gutdünken mißachten, die Währung, die Industrie und den Mittelstand ruinieren, den Bürgern verbieten würde, in Urlaub zu fahren, ja daß er sogar *illegale Kindergeburtstage ausheben* würde: All diese Dinge wären einfach grotesk gewesen. Eine solche Regierung wäre spätestens bei der nächsten Bundestagswahl davongejagt worden – so glaubte man.

In der liberalen Demokratie des Grundgesetzes schienen die Deutschen die ihnen gemäße politische Form gefunden zu haben: ein System, das Freiheit und Ordnung, Gerechtigkeit und Funktionalität, Dynamik und Befriedung perfekt austariert und miteinander in Einklang gebracht zu haben schien.

Gegen schlechte Staatsführung schien der Parteienwettstreit zu wappnen, gegen Machtmißbrauch das Bundesverfassungsgericht, gegen finstere Machenschaften der Regierenden der Medienpluralismus. Der freie Wettbewerb der Ideen schien auf allen Ebenen verwirklicht: als Wettbewerb der Programme in der Politik, der Produkte in der Wirtschaft, der Theorien in der Wissenschaft, der publizistischen Profile in den Medien. Und dieser Wettbewerb schien eine unglaubliche Triebkraft für gesellschaftliche Dynamik in allen Bereichen zu sein.

Auch der Bürgerkrieg, dieses Gespenst des Kaiserreiches, diese Plage der Republik von Weimar, schien ein für allemal der Vergangenheit anzugehören, weil es für jeden Oppositionellen lohnender war, nach den demokratischen Regeln zu spielen als gegen die Demokratie Front zu machen. Gewiß gab es (theoretisch, wie die meisten glaubten) die Gefahr, daß totalitäre Parteien durch Wahlen an die Macht kommen konnten, um dann die Demokratie zu suspendieren, wie es Hitler getan hatte – doch auch dagegen hatte das Grundgesetz Vorsorge getroffen. Eine totalitäre Partei oder Bewegung, so schien es, würde unter der »wehrhaften Demokratie« keine Chance haben, an die Macht zu gelangen, einen legalen Staatsstreich, so glaubten wir, würde es in Deutschland nie wieder geben.

Vieles, was im Rückblick wie ein Menetekel anmutet, von dem man sich fragt, wie man es hatte übersehen können, wurde damals auch von vielen Menschen, die heute oppositionell sind, nicht in seiner Tragweite erkannt: Das Verbot der »Holocaustleugnung« etwa schien eine pragmatische (wenn auch drastische und nicht ganz unbedenkliche) Notlösung der »wehrhaften Demokratie« zu sein. Tatsächlich erwies es sich als Pandorabüchse, aus der die offiziellen und vor allem inoffiziellen »Leugnungs«-Verbote mittlerweile nur so sprudeln. Ihre Existenz hat die Bürger daran gewöhnt hat, im Staat eine Instanz zu sehen, die befugt sei, zu bestimmen, was »Wahrheit« ist und ausgesprochen werden darf. Was eine Ausnahme von der Regel sein sollte, hat sich unausgesprochen als neue Regel etabliert, und kaum jemandem scheint aufzufallen, daß eine *solche* Regel nur in totalitären Staaten systemgerecht ist.

Der von der APO angekündigte »lange Marsch durch die Institutionen«, also die Unterwanderung mit Ansage – ein weiteres Menetekel – schien in der Befriedung der Neuen Linken zu münden statt in der Zerstörung des Grundgesetzes, des Rechts schlechthin, des Staates und des Volkes. So dachten die meisten Deutschen. Es ist kaum zwanzig Jahre her.

IV. Integration der Neuen Linken – der Pyrrhussieg der Demokratie

Scheinbar hatte die Republik mit der Integration der Neuen Linken (spätestens also mit der Beteiligung der Grünen an der Bundesregierung ab 1998) eine der fundamentalen Stärken einer Demokratie demonstriert, nämlich ihre Fähigkeit, auch systemoppositionelle Kritiker an ihre Spielregeln zu binden und den drohenden Bürgerkrieg in einen Konflikt zwischen Gegnern, nicht Feinden, zu verwandeln. Vor zwanzig Jahren ahnten nur wenige, daß diese bemerkenswerte staatspolitische Leistung sich als einer der Sargnägel der Republik entpuppen würde, und die wenigen, die es ahnten, sahen sich als unverbesserliche Kalte Krieger und paranoide Antikommunisten abgestempelt.

Zwar gab es in den neunziger Jahren noch Politiker, die die Integration der Grünen und der damaligen PDS [48] ins politische Establishment ablehnten; unvergessen die »Rote-Socken-Kampagne« der CDU oder Johannes Raus selbstgerechtes Diktum, er werde die Grünen »nicht einmal ignorieren«. Das waren aber keine ideologischen Auseinandersetzungen, es war das Verhalten von Platzhirschen, die um ihre Pfründen fürchteten und mit ihrer flachen Polemik eher verdeckten als sichtbar machten, wie gefährlich und destruktiv die Neue Linke wirklich war. Aufmerksamen Beobachtern mußte sich schon damals der Eindruck aufdrängen, das Establishment werde diesen Weg, den es lediglich seiner Einfachheit wegen verfolgte, aufgeben, sobald es sich politisch auszahlen würde.

Die Unfähigkeit, die Herausforderung durch eine totalitäre Bewegung ungeachtet deren demokratischer und emanzipatorischer Phraseologie als solche zu erkennen und angemessen – insbesondere auf angemessenem Argumentationsniveau! – zu beantworten, deutete schon damals darauf hin, daß die politische Klasse der BRD mit dem Management eines so anspruchsvollen Systems, wie es eine Demokratie nun einmal ist, mindestens heillos überfordert war.

Mit der Bildung der rot-grünen Koalition 1998 hatte sich keines der Argumente gegen die Grünen erledigt, wohl aber der Widerstand gegen ihre Integration. Mit jedem Jahr, das seitdem vergeht, wird die Ideologie gerade der Grünen stärker zum unhinterfragten Katechismus des Kartells, und dies, obwohl (oder gerade weil) das totalitäre Moment ihrer Ideologie immer ungehemmter zum Vorschein kommt.

Gut zwanzig Jahre nach der Zäsur von 1998 ist die Nation in zwei Lager zerfallen. Sie stehen einander nicht nur feindlich gegenüber, sondern sprechen kaum noch dieselbe Sprache, weil das Gespräch, das selbst als Kontroverse noch Verbindendes und Verbindliches hätte, systematisch unterbunden wurde und wird. Verantwortlich für diesen mutwilligen Akt der Sabotage an der demokratischen politischen Kultur war und ist das politische Establishment des Staates – nicht zuletzt (wenn auch nicht nur!) unter dem Einfluß eben der frisch integrierten Neuen Linken. Deren parlamentarische Repräsentanten (Linkspartei und Grüne) fordern und erreichen heute gegenüber der Opposition genau *die* Sorte Ausgrenzung, die sie völlig zu recht als zutiefst undemokratisch angeprangert hatten, solange sie selbst davon betroffen gewesen waren.

Der Begriff »Heuchelei«, der einem angesichts dieser Doppelmoral unwillkürlich in den Sinn kommt, wird der linken Mentalität und Ideologie nur unzureichend gerecht, denn das Messen mit zweierlei Maß ist im linken Spektrum eine in der Ideologie verankerte Selbstverständlichkeit. Treffender scheint mir der von George Orwell geprägte Begriff »Doublethink« zu sein: zwei einander ausschließende Behauptungen zu vertreten, ihre Unvereinbarkeit zu durchschauen und zugleich zu ignorieren; eine Lüge zu vertreten, zu wissen, daß es eine Lüge ist, und dennoch an ihre

Wahrheit zu glauben. Ich werde weiter unten genauer auf diesen Aspekt eingehen, hier soll der Hinweis genügen, daß George Orwell in seinem dystopischen Roman 1984 genau die Diskursregeln analysiert hat, auf denen Totalitarismus beruht, und die den heutigen BRD-Diskurs immer ausschließlicher prägen.

Zu denen, die diesen Sachverhalt nicht durchschauten, deshalb zu lange und naiv auf die heilende Kraft demokratischer Partizipation vertrauten und die Zeichen an der Wand ignorierten, gehörten die bürgerlichen Kritiker der Neuen Linken, aber auch deren eigenes Fußvolk an der Basis. Ich selbst mußte über vierzig Jahre alt werden, um mir einzugestehen, daß gerade in den Leuten, die ich in meiner Jugend »Betonmarxisten« genannt hatte, das Wesen linker Politik sichtbar wird. Zu diesem Wesen gehört es, die Gegenseitigkeit demokratischer Spielregeln grundsätzlich abzulehnen, also ihre Beachtung nur so lange von den Gegnern einzufordern, bis man selbst mächtig genug ist, sie zu verletzen und sich unter allerlei ideologischen Vorwänden von ihrer Einhaltung freizuzeichnen.

Zu diesem Wesen gehört ferner das, was man in der DDR den »Klassenstandpunkt« nannte, und was in weniger hochtrabender Formulierung im Wesentlichen bedeutet, daß einem selbst alles erlaubt ist, während der Gegner noch gut bedient ist, wenn man ihn überhaupt am Leben läßt – wobei er selbst *darauf* keinen Anspruch hat. Und es gehört dazu die Ulbricht-Doktrin: »Es muß alles demokratisch aussehen, aber wir müssen alles in der Hand haben.«

Vom Standpunkt linker Ideologie hat dies alles seine Richtigkeit und ist weder eine Abweichung vom Pfad der demokratischen Tugend noch ein bloßes Zugeständnis an einen gewissen gesunden Macchiavellismus, wie ihn andere politische Richtungen bisweilen auch pflegen. Linke Ideologie geht von einer *Utopie* aus, und zwar in einer Weise, die man nur als religiös bezeichnen kann.[49] Das bedeutet, daß die ideologischen Vorannahmen über das Wesen des Menschen (das er haben muß, um zur Utopie zu passen) keine pragmatischen *Vermutungen* sind, die man im Falle ihrer Widerlegung wieder verwirft, sondern unverrückbare *Axiome*, die dem gesamten politischen Denken die Richtung weisen. Was für Nichtlinke eine Widerlegung der Prämissen darstellen würde, ist für Linke ein Grund, entweder nach Sündenböcken zu suchen oder zu schlußfolgern, die Utopie sei eben noch nicht hinreichend verwirklicht und müsse erst recht verfolgt werden – koste es, was es wolle. Wenn man zum Beispiel feststellt, daß Gesellschaften in vielen Bereichen um so schlechter funktionieren, je multikultureller sie werden, dann sind entweder »die Rechten« daran schuld oder die Tatsache, daß es überhaupt noch so etwas wie eine ethnische Mehrheit gibt. Wenn diese erst einmal in die Minderheit gedrängt ist und es daher überhaupt nur noch Minderheiten gibt, dann – ja, *dann …*

Auf der Basis einer solchen Ideologie ist ausschließlich pathologisches Lernen möglich, also eine Form des »Lernens«, die teufelskreisartig immer tiefer in die Probleme hineinführt, die sie lösen soll. Da das Denken von der Utopie her die Gültigkeit axiomatisch gesetzter Annahmen über die Wirklichkeit impliziert, gerät derjenige, der sich daran orientiert, in die Situation eines Wanderers, auf dessen Landkarte die Himmelsrichtungen vertauscht sind – dann nämlich, wenn sich die Axiome als unzutreffend erweisen. Er wird seine Utopie also nicht nur nicht verwirklichen, sondern ihr nicht einmal näherkommen. Was er verwirklicht, ist nicht eine unvollkommene Version der

Utopie – eine gewisse *Diskrepanz* zwischen Ideal und Wirklichkeit ließe sich noch als unvermeidlich bagatellisieren –, sondern deren *Gegenteil*: Je verzweifelter er das Paradies auf Erden zu erzwingen versucht, desto mehr verwandelt er diese Welt in eine Hölle.

Vom linken Standpunkt steht fest, daß die Geschichte eine – und nur *eine!* – Richtung kennt, nämlich hin zu Egalisierung, Liberalisierung und Demokratisierung im Sinne der Einebnung aller sozialen Machtungleichgewichte. Wer dies *nicht* erkennt und anerkennt, ist also von vornherein im Unrecht, und man braucht ihn nur so lange zu tolerieren, wie man nicht die Macht hat, ihn zum Schweigen zu bringen.

Das bedeutet unter anderem, daß jeder »Fortschritt« automatisch dazu führt, die Anzahl der »Reaktionäre« zu vergrößern, deren Bürgerrechte unter Vorbehalt gestellt werden. Konservative, die zum Beispiel der Meinung waren, man müsse (aus welchen Gründen auch immer) dem Drängen der Linken auf Einführung der Homo-Ehe nachgeben, stellen jetzt fest, daß dieses Zugeständnis nicht etwa in irgendeiner Form honoriert wird, sondern daß sie mit ihm de facto das Recht preisgegeben haben, Homosexualität überhaupt noch als normwidrig zu bezeichnen. Der »Fortschritt«, einmal erzielt, frißt nicht nur die, die sich ihm widersetzt haben, sondern auch die, die es nicht getan haben, sich aber das Recht vorbehalten, ihn noch zu kritisieren.

All dies impliziert, daß Egalisierung, Liberalisierung und Demokratisierung, daß die Einebnung von Machtungleichgewichten, also genau das, worum es eigentlich gehen soll, unter einem Vorbehalt stehen, der am Ende nichts Relevantes mehr von ihnen übrigläßt. Denn selbstredend sind Ungleichheit, Zwang und Herrschaft in bestimmten Zusammenhängen *sehr wohl* angezeigt, nämlich im Verhältnis der Linken zu den Rechten, also der erleuchteten Alleinbesitzer der Wahrheit zu deren »Leugnern«.

»Rechts« ist dabei jeder, der in irgendeiner Form die Ideologie in Frage stellt: Ein Anti-Imperialist, der in der Globalisierung das totalitäre Globalregime des Großkapitals wittert, muß, durch diese Brille betrachtet, ebenso als »rechts« gelten wie die Feministin, der vor der Islamisierung graut.

Die »Rechtsabweichung« besteht bereits darin, die inneren Widersprüche linker Ideologie überhaupt zur Kenntnis zu nehmen und pragmatisch mit ihnen umzugehen. Dies um so mehr, als die Linke sich aufgrund ihrer eigenen Ideologie in einen permanenten geistigen Bürgerkriegsmodus manövriert hat. Wer seinen Religionsersatz, nämlich seine Ideologie, nur so lange aufrechterhalten kann, wie genug »Feinde« zur Verfügung stehen, denen er die Schuld am eigenen Scheitern in die Schuhe schieben kann, wird stets neue Feinde erfinden, denen er keine Toleranz zu schulden glaubt. Allein aufgrund der Eigenlogik politischer Konflikte wird dann die Frage, ob eine Tatsachenbehauptung richtig oder falsch ist, von der Erwägung verdrängt, daß sie »dem Gegner nützen« könnte, so daß jegliche politische Dissidenz in den eigenen Reihen von vornherein mit dem Ruch des »Verrats« behaftet ist. Es handelt sich um einen Anwendungsfall der oben entwickelten These, daß eine gespaltene Demokratie nicht möglich ist: Wer nach außen nicht tolerant ist, kann es auch nach innen nicht sein.

Wo eine Utopie bestimmt, welche Wirklichkeitsbeschreibung zulässig ist und welche nicht, und wo jeder, der der utopiegeleiteten Wirklichkeitsbeschreibung widerspricht, das Recht auf Toleranz verwirkt, ist Meinungsfreiheit, ist das Ringen um die besten politischen

Lösungen nicht möglich. Zwischen dem demokratischen Anspruch der Linken auf der einen Seite, der grundsätzlichen Nichtanerkennung der Legitimität politischen Dissenses auf der anderen klafft aus der Perspektive des Normalbürgers ein Abgrund, den die Linke nur durch Lügen, durch Täuschung und Selbsttäuschung – oder eben durch *Doublethink* überbrücken kann.

Der Leser wird bemerkt haben, daß die Zusammenhänge, die das Verhältnis der politischen Linken zum Rest der Gesellschaft so prekär machen, eine frappierende Strukturähnlichkeit zu dem Problemgeflecht aufweisen, in das sich das herrschende Kartell insgesamt (und nicht nur dessen linke Fraktion) verstrickt hat: die teufelskreisartige Selbstradikalisierung, der Anspruch auf ein Wahrheitsmonopol, die Spaltung der Gesellschaft in Freund und Feind, die Berufung auf eine »Demokratie«, die so lange »geschützt« wird, bis nichts mehr von ihr übrig ist, die Verachtung von Recht und Verfassung.

In der Tat: Ein Staat, der sich das Politikverständnis der Linken zu eigen macht, kann gar nicht anders, als immer stärker der DDR zu ähneln und seine Kritiker als Staatsfeinde zu verfolgen. Warum aber *hat* er es sich überhaupt zu eigen gemacht?

V. Die Tendenz zur Kartellbildung

Daß der Totalitarismus aus dem Establishment, aus der »Gemeinschaft der Demokraten« selbst erwachsen würde – darauf war das Rechtssystem der Bundesrepublik nicht eingestellt, ihre Bürger noch viel weniger. Dabei muß man heute sagen, daß diese Gefahr schon von Beginn an viel näher lag als die der Eroberung des Staates durch Außenseiter, also der Fall, gegen den die Väter des Grundgesetzes die stärksten Vorkehrungen getroffen hatten: Die Politik einer Demokratie ist als Wettbewerbssystem konzipiert, nicht anders als die Ökonomie einer Marktwirtschaft. Im Zusammenhang mit der Wirtschaft aber ist jedermann sich darüber im Klaren, daß der Wettbewerb jederzeit durch Kartellbildung bedroht ist, und daß die deformierende Wirkung von kartellartig strukturierten De-facto-Monopolen für die Marktwirtschaft eine Gefahr darstellt, der es durch geeignete Kartellgesetzgebung entgegenzuwirken gilt, weil das System sonst zu implodieren droht. In der Politik gibt es kein Äquivalent dazu.

Dabei sollte spätestens seit Robert Michels' bahnbrechender Studie über das »eherne Gesetz der Oligarchie«[50], also seit mindestens 110 Jahren, bekannt sein, daß die Führung einer Partei von deren Basis *legitimiert*, aber nicht *kontrolliert* werden kann; daß die, die schon etwas *sind*, bestimmen, wer etwas *wird*; daß demokratische Parteien also stets die Tendenz zur Oligarchiebildung haben. Obendrein beschränkt das Grundgesetz aus Mißtrauen gegenüber dem Volk dessen Möglichkeiten, direkt Einfluß zu nehmen, macht die Parteien zu privilegierten Trägern »seiner« (also des Volkes) Willensbildung und sorgt auf diese Weise für eine Machtkonzentration an der Spitze des Systems.

Daß die paar Dutzend Politiker, auf die es mithin höchstens ankommt, irgendwann ein parteiübergreifendes Kartell bilden würden, in dem eine Krähe der anderen kein Auge aushackt, war unter diesen Voraussetzungen zu erwarten. Erklärungsbedürftig ist

weniger die Tatsache, daß es jetzt so weit ist, als daß es
so lange gedauert hat.

1. Die Überwindung von Klassengegensätzen und die Aufweichung von Weltanschauungen

In Deutschland, wie in anderen Ländern auch, organisierten sich Parteien historisch als Vertreterinnen von
Klasseninteressen und Weltanschauungen. Zwischen
den beiden denkbaren Idealtypen einer reinen Klas-
sen- und einer reinen Weltanschauungspartei gab es
parteispezifische Abstufungen und im Laufe der jeweiligen Parteigeschichte auch Verschiebungen. Allgemein spielten jedoch beide Faktoren eine Rolle, ver-
stärkten einander und wirkten einer parteiübergrei-
fenden Kartellbildung entgegen.

Seit dem ausgehenden 19. Jahrhundert verlieren
Klassenunterschiede in mehrfacher Hinsicht an Bedeutung: Die vertikale Mobilität nimmt zu, Klassen-
grenzen werden also durchlässiger, staatliche Umver-
teilung verringert die Diskrepanz zwischen den er-
reichbaren Lebensstilen,[51] die Überwindung von Klas-
senschranken und -gegensätzen wird von einer über-
wältigenden Mehrheit als erstrebenswert bejaht.

In diesem Zusammenhang spielt eine Rolle, daß gerade dieses Ziel unter der Überschrift »Volksgemeinschaft« eines der wichtigsten, wenn nicht das zentrale
Ziel der Nationalsozialisten gewesen war, die alles taten, um die Überwindung der Klassengegensätze als
Wirklichkeit erlebbar oder, wo dies nicht möglich war,
wenigstens als Illusion glaubhaft zu machen[52].

Die Ablösung der Spaltung in Klassen durch ein
Kontinuum von Schichten gehört – als ideologisches
Ziel wie als soziologische Realität – zu denjenigen

Erbstücken des NS-Staates, die als solche von der Bundesrepublik ideologisch stets verschämt unterschlagen, faktisch aber angenommen wurden. Das passende organisatorische Pendant dazu ist das Konzept der »Volkspartei«, also einer Partei, die einerseits Angehörigen aller Klassen und Schichten offensteht und ihnen die Berücksichtigung ihrer Interessen verspricht, andererseits relativ eklektisch und ohne übertriebenen Anspruch auf Stringenz ideologische Versatzstücke unterschiedlichster Herkunft in ihre Programmatik integriert. In diesem Sinne war die erste Volkspartei Deutschlands – die NSDAP.

Einer ähnlichen Erosion wie die Klassen waren auch die Weltanschauungsgemeinschaften ausgesetzt. Zum Teil resultierte das eine aus dem anderen: Der Marxismus etwa setzt in seiner klassischen Variante die Existenz einer Arbeiterklasse voraus, die nicht nur nach objektiven Kriterien als solche beschreibbar ist, sondern sich auch subjektiv als solche identifiziert. Der Liberalismus, theoretisch ein Angebot »für alle«, war faktisch eine Ideologie des Bürgertums. Es liegt mithin in der Natur der Sache, daß Marxismus und Liberalismus sich mit der Verringerung der Gegensätze zwischen »Arbeiterklasse« und »Bürgertum« auch ideologisch füreinander öffneten und dadurch an Profil verloren, während die Gemeinsamkeiten zwischen ihnen, also die ihnen beiden zugrundeliegende Metaideologie[53] in den Vordergrund rückten. So faßte ich vor einiger Zeit zusammen:

✦ »Beide Ideologien kritisieren hergebrachte, nicht freiwillig eingegangene soziale Bindungen, etwa an Volk, Familie und Kirche, wegen des ihnen innewohnenden Moments von Herrschaft und Unfreiheit und betrachten sie insofern als zerstörenswert.

+ Beide Ideologien sind universalistisch, d. h. beanspruchen Gültigkeit für alle Menschen und Völker; wobei der Liberalismus diesen universellen und globalen Geltungsanspruch unmittelbar aus den Menschenrechten ableitet, während der Marxismus ihn als Ergebnis eines materiellen Globalisierungsprozesses antizipiert, der die gesamte Menschheit einbeziehen soll.

+ Beide beurteilen die jeweils gegebene Gesellschaft – mindestens implizit – vom Standpunkt der Utopie: Fluchtpunkt ihrer Kritik ist der gedachte Idealzustand einer völlig herrschaftsfreien Gesellschaft der Freien und Gleichen; eines Zustandes, den es noch nie und nirgendwo gegeben hat und dessen Realisierbarkeit bestenfalls unbewiesen ist. (…)«

Diese Punkte sind durch die jahrzehntelange Dominanz liberaler und marxistischer Diskurse zu selbstverständlichen Voraussetzungen politischen Denkens schlechthin geworden, zu Voraussetzungen, die eben ihrer Selbstverständlichkeit wegen nicht hinterfragt werden. Zusammen ergeben sie eine Metaideologie. Sie definieren, was überhaupt ideologiefähig ist: worüber in westlichen Gesellschaften sinnvoll gestritten werden kann und worüber nicht; was als normal und vernünftig gelten kann und was als exzentrisch oder verwerflich aus dem als seriös geltenden öffentlichen Diskurs ausgeschlossen ist; für welche Ideen man demgemäß mit Aussicht auf Erfolg werben kann und für welche nicht.«[54]

Der abendländische Konservatismus wiederum, der traditionelle Gegenspieler beider Ideologien, ist letztlich im Christentum verankert, dessen Erbsündenlehre die für Konservative typische Skepsis gegenüber allen Versuchen nahelegt, im Diesseits und durch politisches Handeln zur Selbsterlösung des Menschen zu gelangen. Mit der Erosion des Christentums verlor auch der politische und insbesondere der parteipolitisch organisierte Konservatismus seinen Kompaß und sein Profil.

Lange Zeit galt es als ausgemacht, es sei für ein demokratisches System segensreich, daß der Typ der Klassen- und Weltanschauungspartei überwunden worden sei. In der Tat: Die schroffe Spaltung der Gesellschaft in Klassen und Weltanschauungsgemeinschaften war einer der Hauptgründe, warum das Kaiserreich und die Weimarer Republik im Zeichen eines latenten oder offenen Bürgerkriegs standen, unter dem für diskursive politische Entscheidungsmechanismen kaum Raum blieb.

Zugleich aber war diese Trennung die Voraussetzung dafür, daß die politischen Eliten kein parteiübergreifendes Kartell bilden konnten, dem Wähler also die Möglichkeit gelassen wurde, zwischen konkurrierenden programmatischen Angeboten zu wählen. Je mehr diese Voraussetzung schwindet, desto wahrscheinlicher wird die Kartellbildung.

Vielleicht lag es in der Natur der Sache, daß das politische System des Grundgesetzes nur in einer historisch kurzen Übergangsphase so funktionieren konnte, wie seine Väter es sich vorgestellt hatten: solange nämlich Klassen- und Ideologiegegensätze bereits weit genug eingeebnet waren, um den Bürgerkrieg zu verhindern und diskursive Politikformen zu ermöglichen, aber noch nicht *so* weit, daß die politische Klasse ein parteiübergreifendes Kartell hätte bilden und dafür sorgen können, daß selbst ein Regierungswechsel nicht zu einer Änderung der Regierungspolitik führt.

Genau dies, nämlich der Machtwechsel, der nichts ändert, jedenfalls nicht im Sinne der Wähler, ist für die BRD zunehmend charakteristisch geworden: War der Machtwechsel zur sozialliberalen Koalition 1969 noch ein drastischer politischer Einschnitt gewesen, der nicht nur von den Zeitgenossen als solcher empfunden wurde, sondern sich auch im historischen Rückblick so präsentiert, so war bereits Helmut Kohls »geistig-moralische Wende« 1982 mehr eine rhetorische Floskel, der tatsächliche Kurswechsel eher milde. Die Politik der rot-grünen Koalition ab 1998 mit ihren Kriegen und ihrer Agenda 2010 hätte nach landläufigen Maßstäben eher zur CDU gepaßt, die Politik Angela Merkels ab 2005 eher zu den Grünen.

Überhaupt geht die Tendenz seit mindestens einem Vierteljahrhundert dahin, daß kontroverse politische Entscheidungen gerade *nicht* von derjenigen Partei durchgesetzt werden, die nach konventioneller politischer Farbenlehre dafür »zuständig« wäre, sondern von deren Gegnern: der erste Kriegseinsatz der Bundeswehr also von Rot-Grün, die Abschaffung der Wehrpflicht von der CDU / CSU, um nur diese Beispiele zu nennen. Auf diese Weise, nämlich weil das Programm der parlamentarischen Opposition verwirklicht wird, verschwindet das jeweilige Thema aus den Wahlkämpfen, und Widerstand artikuliert sich schlimmstenfalls auf den Parteitagen der Regierungspartei, wo er sich mühelos niederbügeln läßt.

Die politische Klasse als Ganze erzielt auf diese Weise einen enormen Machtgewinn. Sie mutiert von einer Funktionselite, die mehr oder weniger wirksam in die Pflicht genommen werden kann, zu einer Oligarchie, die dem Bürger die Möglichkeit nimmt, der sprichwörtliche Dritte zu sein, der sich freut, wenn zwei sich streiten. Gewiß, er kann kartellfremde

Konkurrenzparteien ins Rennen schicken und hat es in Gestalt der AfD auch getan. Die Hürde zur Regierungsbeteiligung ist für letztere aber kaum zu überwinden, solange die Kartellparteien sich einig sind: Reichten früher mancher Partei schon fünf Prozent der Stimmen, um an den Kabinettstisch zu gelangen, so liegt die Latte für die AfD bei *fünfzig* Prozent! Jede einzelne Kartellpartei kann Stimmen verlieren, das Kartell als Ganzes aber keine Wahl.

Mit der Errichtung des Kartells ist der politische Wettbewerb in jeder relevanten Hinsicht zum Erliegen gekommen. Was uns als solcher verkauft wird, hat mit Demokratie noch ungefähr so viel zu tun, wie gestellte Schaukämpfe zwischen Wrestlern mit Sport zu tun haben. Darunter leiden nicht nur die Einflußmöglichkeiten des Bürgers, sondern auch die Qualität der Entscheidungen und des politischen Personals.

2. Das Personal

Es mag sein, daß in dem Satz »Früher war alles besser« normalerweise eine gewisse nostalgische Selbsttäuschung mitschwingt. Manches aber war eben wirklich besser, zum Beispiel die Art, wie wir regiert wurden. Niemand wird sich ernsthaft vorstellen können, unter Schmidt, Kohl und selbst noch Schröder wäre die Corona-Krise ähnlich stümperhaft gehandhabt worden wie unter Merkel. Die Krisen, die diese Männer tatsächlich zu meistern hatten, sprechen eindeutig eine andere Sprache. Dabei geht es nicht nur um die Bundeskanzler, sondern auch um deren Minister, nicht nur um die Regierung, sondern auch um das Parlament, nicht nur um den Bund, sondern auch um die Länder. Für einen Justizminister Hans-Jochen Vogel, um nur dieses Beispiel zu nennen, wäre es schlicht undenkbar gewesen, zur Durchsetzung eigener politischer Ziele so etwas wie das NetzDG, den Staatstrojaner oder die Nötigung zur Massenimpfung mit fragwürdigen Impfstoffen auch nur in Erwägung zu ziehen!

Lassen wir die Abfolge einiger Vorsitzender der etablierten Parteien Revue passieren: Adenauer – Kohl – Merkel; Strauß – Stoiber – Söder; Brandt – Schröder – Esken / Borjahns: Selbst Leser, die der politischen Klasse wohlwollend gegenüberstehen, werden hierin schwerlich eine Aufwärtstendenz erkennen können – und dabei haben wir über Episoden wie Kramp-Karrenbauer und Laschet an der Spitze der CDU noch den Mantel der Nächstenliebe gehüllt. Was sich heute zeigt, ist ein Niedergang, ja ein Absturz in der Qualität des politischen Personals, der zu tiefgreifend ist, als daß man ihn nur der wettbewerbshemmenden Wirkung von Kartellstrukturen zuschreiben könnte. Diese würde ausreichen, um zu erklären, warum Politiker etwas bequem und schludrig werden, was aber immer noch Raum für die Vermutung ließe, unter anderen Bedingungen würden sie es besser machen. Dies ist buchstäblich unvorstellbar.

Ich begnüge mich, um diesen Sachverhalt zu illustrieren, mit einer Momentaufnahme aus den Wochen, in denen dieses Buch entsteht, also aus dem Sommer und Frühherbst 2021. Angesichts der seit Jahren anschwellenden Flut an Details, die den Verfall von Kompetenz und Moral innerhalb der politischen Klasse belegen, erübrigt es sich, wie ich finde, dieses unerfreuliche Thema noch breiter und detaillierter auszubreiten.

Was die politischen Parteien uns an Kandidaten sogar für höchste Ämter anbieten, verdient, gemessen an traditionellen Standards, nur die Bezeichnung

»Unverschämtheit«: Die SPD wird von einer »Doppelspitze« aus einem Mann und einer Frau geführt, die beide schon in der Vergangenheit durch keine nennenswerten politischen und intellektuellen Leistungen hervorgetreten sind und es auch in Zukunft voraussichtlich nicht tun werden, dafür aber mit Sympathien für Politkriminelle aus den Reihen der Antifa auffallen. Als Kanzlerkandidaten traute sich die Partei nicht, einen von ihnen zu nominieren. Diese Rolle ist vielmehr dem amtierenden Bundesfinanzminister zugedacht, der seit 2018 als Vizekanzler und damit Co-Manager die Katastrophenpolitik der Kanzlerin mitzuverantworten hat.

Die CDU hat einen – als Einwanderungslobbyisten ideologisch genehmen –Schaumschläger zuerst zum nordrhein-westfälischen Ministerpräsidenten und dann zum Parteivorsitzenden und Kanzlerkandidaten gemacht: einen Mann, der in seiner ersten ernsthaften Bewährungsprobe als Ministerpräsident, nämlich beim Hochwasser im Juli 2021, in blamabler Weise versagt hat (und zwar mitsamt seinem Verwaltungsapparat und seinem Haussender WDR); nicht anders übrigens als seine rheinland-pfälzische Amtskollegin von der SPD.

Die CSU hat Bayern einen Ministerpräsidenten beschert, der als Corona-Krisenmanager genauso überfordert ist wie der Rest der politischen Klasse, dieses Manko aber durch besonders autoritäres Auftrumpfen zu kompensieren versucht. Über seinen Vorgänger, der inzwischen als Bundesinnenminister sein Unwesen treibt, haben wir im Zusammenhang mit der Flüchtlingskrise das Nötige bereits gesagt.

Die Kanzlerkandidatin der Grünen hält einen selbst unter deutschen Politikern einsamen Rekord an Oberflächlichkeit, Schludrigkeit und Inkompetenz, garniert mit schlechten Manieren, einer fragwürdigen Bildungskarriere, einer gewissen Nonchalance beim Umgang mit den Finanzen ihrer Partei und deren Stiftung sowie der Neigung, ihre Bücher mit anderer Leute Texten zu füllen, ohne die Quelle zu nennen.

Was für den Bund gilt, gilt auch für die Länder: Zeitgleich mit der Bundestagswahl findet im September die Wahl zum Berliner Abgeordnetenhaus statt. Der bisherige Regierende Bürgermeister, unter dessen Regierung Kritiker als Quittung für ihre Kritik schon einmal ein Durchsuchungskommando des Staatsschutzes ins Haus geschickt bekommen, soll – geht es nach seiner Partei, der SPD – von einer Genossin abgelöst werden, die als Bundesministerin zurücktreten mußte, weil ihr wegen zu vieler Plagiate der Doktortitel aberkannt worden war, und der die Aberkennung ihres Mastergrades, die aus demselben Grund fällig gewesen wäre, nur wegen Verjährung erspart blieb. (Es paßt ins Bild, daß diese Dame mit einem Mann verheiratet ist, der wegen betrügerischer Machenschaften aus dem Beamtenverhältnis entfernt werden mußte.)

Allein die dramatische Häufung von Affären, bei denen es um Plagiate, um geschönte oder gefälschte Lebensläufe und erschlichene akademische Würden geht, zeigt erstens einen krassen Mangel an Leistungsbereitschaft und vermutlich auch -fähigkeit zahlreicher Politiker, zweitens, daß erhebliche und offenbar wachsende Teile der politischen Klasse Täuschung und Betrug als normale Mittel des persönlichen Vorankommens betrachten, einander dabei Rückendeckung geben und diese auch voneinander erwarten, nach dem Motto: »Das machen doch alle.« Sofern es überhaupt zu Rücktritten kommt, führen diese in der Regel auf die nächste Sprosse der Karriereleiter oder wenigstens auf einen wohldotierten Auffangposten.

So hielt die Bundeskanzlerin es zum Beispiel für angemessen, ihre Freundin Annette Schavan, die der »vorsätzlichen Täuschung durch Plagiat« in ihrer Doktorarbeit überführt worden war und deshalb 2013 als Forschungsministerin (!) zurücktreten mußte, als Botschafterin an den Heiligen Stuhl (!) zu schicken, wie um zu demonstrieren, daß Wissenschaftsbetrug kein Grund sei, die moralische Lauterkeit der Täterin anzuzweifeln. Und eine Reihe namhafter Wissenschaftsinstitutionen, darunter die Hochschulrektorenkonferenz, die Max-Planck-Gesellschaft, die Allianz der deutschen Wissenschaftsorganisationen und der Wissenschaftsrat, versuchten – als wollten sie die klebrige Nähe zwischen der Wissenschaft und der sie finanzierenden Politik unterstreichen – das universitätsinterne Prüfungsverfahren massiv zugunsten Schavans zu beeinflussen. Als auch dies nichts half, bekam die Dame 2014 wenigstens die Ehrendoktorwürde der Universität Lübeck verliehen, sozusagen als Trostpreis.[55]

Dabei ist die Neigung zur Betrügerei nur die Spitze eines Eisberges allgemeiner Verrottung. Was sich häuft, sind ja nicht nur Betrugsaffären und Rechtsbrüche, sondern auch die Fälle drastischen Mißmanagements:

Ich erinnere daran, daß praktisch alle Politiker etablierter Parteien in den sechs oben skizzierten Krisen die Politik der Regierung mitgetragen haben, obwohl sie deren desaströse Konsequenzen von Beginn an hätten erkennen müssen. In der Corona-Krise setzte die Politik noch einen drauf, indem sie sich sogar als unfähig erwies, ihre strategischen Fehlentscheidungen wenigstens technisch sauber umzusetzen – man denke an das Versagen beim Einkauf von Impfstoffen oder das wirre Entscheidungsbingo bei den Lockdown-Maßnahmen. Dies sind Vorgänge, die selbst passionierte »Verschwörungstheoretiker« nur als Resultat krasser Inkompetenz werten können.

Dieses Versagen reiht sich ein in eine nicht abreißende und sogar immer schneller werdende Abfolge von Fehlleistungen, von denen Stuttgart 21, das Maut-Debakel und selbst das Chaos beim Bau des Berliner Flughafens noch die harmloseren sind – verglichen mit der unsäglichen und buchstäblich tödlichen Unfähigkeit der verantwortlichen Politiker im Zusammenhang mit dem Hochwasser vom Juli 2021.

Der besagte Ministerpräsident von NRW war zur Zeit des Hochwassers Kanzlerkandidat der CDU / CSU, ließ es aber nicht nur an Kompetenz, Geistesgegenwart und Verantwortungsbewußtsein fehlen, sondern sogar an dem bißchen Intelligenz in eigener Sache, das ihm hätte sagen müssen, daß nichts die Karriere eines Politikers so beschleunigt wie die erfolgreiche Bewältigung einer Naturkatastrophe: Auf diese Weise hatte Gerhard Schröder 2002 seine Kanzlerschaft gerettet, hatte Helmut Schmidt 1962 seinen legendären Ruf als Krisenmanager begründet. Laschet muß das gewußt haben, ohne aber die naheliegenden Schlußfolgerungen zu ziehen.

Die Liste ranghoher Kartellpolitiker, die durch Schandtaten, Charakterschwäche und Versagen aufgefallen sind, ließe sich schier endlos fortsetzen und setzt sich zu einem Mosaik zusammen, das niederschmetternder nicht sein könnte: Gerhard Schröders bissiges Wort vom »Kartell der Mittelmäßigen«, gesprochen 1995, betraf die Bundestagsfraktion seiner eigenen SPD, hätte damals aber ebensogut der politischen Klasse als Ganzer gelten können. *Heute* wäre dasselbe Wort für besagte Klasse eine durch nichts zu rechtfertigende Schmeichelei. Was diese Klasse – nicht buchstäblich jeden einzelnen ihrer Vertreter, aber die Klasse

als Ganze – heute auszeichnet, ist nicht etwa Mittelmäßigkeit, sondern eine Mischung aus Unfähigkeit,
Unredlichkeit, Illoyalität, Verantwortungslosigkeit,
Rücksichtslosigkeit, Dummheit, Dreistigkeit, Selbst-
überschätzung und diversen Spielarten von Korrup-
tion und Opportunismus, die hinter dem – möglicherweise sogar gesunden – Mittelmaß eines früheren Durchschnittspolitikers bei weitem zurückbleiben.

Der Niedergang machte sich erst einige Jahrzehnte nach Gründung der Bundesrepublik bemerk-
bar. Noch in den achtziger Jahren konnten auch Gegner der Regierung oder des politischen Systems nicht
behaupten, die verantwortlichen Politiker seien typi-
scherweise unfähig, verantwortungs- oder rücksichtslos, die Kritik entzündete sich daher normalerweise
an anderen Mißständen als der mangelnden persönlichen Eignung oder fachlichen Befähigung von Politikern für ihre Ämter – obwohl einer, der es wissen
mußte, nämlich der damalige Bundespräsident von
Weizsäcker, schon 1992 geätzt hatte, ein Berufspoliti-
ker sei »im allgemeinen weder ein Fachmann noch ein
Dilettant, sondern ein Generalist mit dem Spezialwis-
sen, wie man politische Gegner bekämpft«[56].

Mir scheint ein Schlüssel für den plötzlichen Abfall
in biographischen Mustern zu liegen. Um es an einigen Beispielen zu erläutern: Adenauer wurde im Kaiserreich sozialisiert, Erhard und Brandt in der Weimarer Republik, Schmidt, Vogel, v. Weizsäcker und
Strauß im Dritten Reich, Kohl in den frühen Auf-
baujahren. Keiner von ihnen, mit Abstrichen bei Kohl,
unter dem der Niedergang spürbar einsetzte, war ein
Produkt des Parteiensystems der Bundesrepublik, sie
alle hatten ihre prägende Sozialisation in anderen Systemen erfahren. Für die Schwäche der heutigen politischen Klasse ist bezeichnend, daß das DDR-Gewächs

Angela Merkel, als Regierungschefin ein Totalausfall, als Machtpolitikerin stark genug gewesen ist, sich nach Belieben an ihrer Spitze zu behaupten und den Zeitpunkt ihres Ausscheidens selbst zu bestimmen.

Zu vermuten ist also, daß die Rekrutierungsmechanismen der Parteiendemokratie unzulänglich sind, gemessen an dem Ziel, Führungspersönlichkeiten für staatliche Spitzenpositionen heranzuziehen. Ein Befund von kaum zu überschätzender Tragweite: Die Fähigkeit, geeignete Führungseliten heranzuziehen, gehört zu den Aufgaben, die jedes politische System zwingend und bei Strafe des Untergangs meistern muß. Ein System, das an *dieser* Aufgabe scheitert, ist ein gescheitertes System.

3. Das Rekrutierungssystem

Welche Kriterien bei der Auswahl des politischen Führungspersonals maßgeblich sind, merkt das Publikum, also der Wähler, wenn eine Partei den Konflikt um die Besetzung ihrer eigenen Spitzenpositionen, vor allem der des Kandidaten für den Posten des Regierungschefs (oder der des Parteivorsitzenden mit erstem Zugriff auf die Kandidatur) öffentlich transparent macht. Der Wähler erwartet selbstverständlich, daß von den in Frage kommenden Politikern der fähigste Staatsmanager nominiert wird, und ist immer wieder überrascht, wenn Scharping statt Schröder, Baerbock statt Habeck oder Laschet statt Merz das Rennen machen.

Die Forderung nach mehr Demokratie innerhalb der Parteien, die häufig als eine Art Allheilmittel gegen die Gebrechen des demokratischen Systems und die vielbeklagte Politikverdrossenheit empfohlen wird, geht an der Tatsache vorbei, daß die Mitglieder einer

Partei ganz andere Erwartungen hegen als die Wähler. Wähler wollen kompetent regiert werden, Mitglieder sich im Spitzenpersonal wiedererkennen, ihr Milieu repräsentiert und ihre ideologischen Wertvorstellungen artikuliert sehen.

Parteiendemokratie bedeutet eben a priori, daß eine winzige Minderheit des Volkes, nämlich Parteiaktivisten, darüber entscheiden, zwischen welchen Kandidaten der Rest des Volkes überhaupt wählen darf. Es verringert diese Kluft nicht, sondern verbreitet sie eher, wenn die »Basis« anstelle der noch kleineren Minderheit der aktiven Spitzenpolitiker die Auswahl vornimmt. Letztere haben meist immerhin eine relativ klare Vorstellung davon, was einen solchen Kandidaten im Amt erwartet, was er leisten muß und was ihm in dieser Hinsicht zuzutrauen ist; für die Basis ist dies schwieriger zu beurteilen, sofern es sie überhaupt interessiert.

Allerdings sind spektakuläre Urwahlen oder Basisentscheidungen eher die Ausnahme als die Regel und aus der Sicht des einzelnen Politikers der vorerst letzte Schritt einer Karriere, in der er zunächst den Auswahlkriterien der innerparteilichen Gremiendemokratie genügen mußte.

Diese Kriterien werden schon lange, häufig und zu Recht kritisiert, zum Beispiel wegen ihrer Attraktivität für Personen, die beruflich immobil sind, insbesondere Angehörige des öffentlichen Dienstes; seit ihrer Schulzeit ihre Kraft hauptsächlich in politische Gremien investiert und wenig Einblick in das Leben und die Probleme von Normalbürgern gewonnen haben; in anderen Bereichen keine Aufstiegschancen haben; Grund haben, Betätigungsfelder zu meiden, in denen die individuelle Leistung meßbar, ein Sündenbock für eigenes Versagen mithin schwer zu finden ist; und ihre Karriere schwerpunktmäßig auf Rhetorik sowie auf die Fähigkeit gründen, Beziehungsnetze zu knüpfen und sich beliebt zu machen.

Wir haben es also von vornherein mit einer Negativauslese zu tun, jedenfalls gemessen an dem Ziel, möglichst fähige Staatsmanager heranzuziehen. Selbstredend sind die Kommunikationsfähigkeiten, die besonders beim letzten der genannten Punkte eine Rolle spielen, per se nichts Schlechtes. Sie werden aber zum Problem, wenn sie andere wichtige Fähigkeiten nicht ergänzen, sondern ersetzen sollen.

Schematisch und verkürzt, für unsere Zwecke aber hinreichend präzise dargestellt, besteht eine Parteiorganisation – für die meisten Politiker die Struktur, in der sie ihre Karriere machen – aus einer Pyramide aufeinander aufbauender Gremien, von der Mitgliederversammlung des Ortsverbandes bis hinauf zum Parteivorstand. In jedem dieser Gremien gibt es eine (formelle oder informelle) Gruppe von Insidern, denen gegenüber die übrigen Mitglieder gemeinsam das interne Publikum darstellen. Dabei gehören die Insider der einen Ebene auf der nächsthöheren Ebene ihrerseits zum Publikum, das sich einer Insidergruppe gegenübersieht, deren Angehörige ihrerseits auf der wiederum nächsthöheren Ebene zur Publikumsseite gehören und so fort. Im Großen und Ganzen entscheiden die Mitglieder der jeweiligen Insidergruppe darüber, wer die Chance bekommt, aus der Publikums- in die Insiderrolle zu wechseln, wer also aufsteigen darf. Wo Ausnahmen vorkommen, etwa in der SPD der siebziger und den Grünen der achtziger Jahre, liegt in der Regel die Unterwanderung durch organisierte Gruppen vor. Im Normalfall dagegen rekrutieren die Insidergruppen sich im Wesentlichen selbst durch Kooptation, wobei die Akzeptanz des Kandidaten beim internen Publikum nur eines der Auswahlkriterien ist, wenn auch ein wichtiges. Wer es bis an die Spitze geschafft hat, ist auf mehreren Ebenen kooptiert worden, hat also mehrere Aussiebungsprozesse durchlaufen.

Angesichts dieses Sachverhaltes erkennt man leicht, wer – zumindest der Tendenz nach – aussortiert wird und keine Chance bekommt: Menschen mit starken Überzeugungen, Nonkonformisten, kritische Geister. Was demgemäß übrigbleibt, sind beeinflußbare, konformistische Mitläufer mit unterentwickelter Kritikfähigkeit, dafür aber rhetorischen Fähigkeiten, und mit der Neigung, bei der Unterstützung anderer nicht nach deren Fähigkeiten, sondern nach dem Prinzip »eine Hand wäscht die andere« zu verfahren.

Die gleichen Kriterien wie im Parteibetrieb gelten in Parlamentsfraktionen und für deren Auswahlprozesse. Bevor also jemand für ein Regierungsamt in Betracht kommen kann, hat er eine Sozialisation durchlaufen, in der es auf Konsens, Anpassung, Geben und Nehmen ankommt – und gerade nicht darauf, selbständig Entscheidungen zu treffen, sie durchzusetzen, andere von ihnen zu überzeugen und die Verantwortung für sie zu übernehmen, also Führungsfähigkeit im landläufigen Sinne des Wortes zu zeigen.

Wie gesagt: Dies sind nur *Tendenzen*, die nicht bei jeder einzelnen Auswahlentscheidung durchschlagen müssen. Wenn aber über Generationen hinweg zigtausende solcher Rekrutierungsentscheidungen getroffen werden, dann zeigen diese fragwürdigen Kriterien eine Tendenz zu teufelskreisartiger Selbstverstärkung: Je mehr charakterschwaches Mittelmaß sich in den Gremien sammelt, desto geringer wird die Wahrscheinlichkeit, daß noch jemand durchschlüpft, der aus besserem Holz geschnitzt ist. Das von Gerhard Schröder verspottete »Kartell der Mittelmäßigkeit«

nimmt Gestalt an, nicht sofort bei der Etablierung des Systems, wohl aber im Laufe der Jahrzehnte. Und leider zeigt es eine Tendenz zur Verschlechterung.

Die zentrale Rolle der Insider bei Rekrutierungsentscheidungen hat nämlich besondere Tücken: Im Normalfall wird man davon ausgehen können, daß die Insider Personen kooptieren, die ebenso gut *oder schlechter* sind als sie selbst. Überflieger, die eine Konkurrenz darstellen oder sich von der Unterstützung durch die Insider emanzipieren könnten, haben im Zweifel eher schlechte Karten, und diese Tendenz wird um so ausgeprägter sein, je schwächer die Insider selbst sind.

An der Spitze des Systems werden solche Zusammenhänge manchmal auch für das Publikum sichtbar, daher lassen sie sich anhand eines Beispiels von der Spitze gut illustrieren. Betrachten wir also beispielhaft die CSU: Strauß zog sich Stoiber heran, Stoiber Söder. Nur zwei Generationswechsel haben hier für einen dramatischen und für das Staatswesen fatalen Qualitätsverlust genügt. Machen wir uns nun bewußt, daß der gleiche Mechanismus tausende und abertausende Mal auf allen Ebenen und in allen Parteien zur Geltung kam und kommt, so brauchen wir uns über die Qualität der politischen Klasse nicht zu wundern.

Das einzige, was diese Tendenz zur wechselseitigen Unterstützung der mittelmäßigen bis schwachen Karrieristen, also deren Kartellbildung zum Ausschluß fähigerer Konkurrenten hemmen oder wenigstens deren Auswirkungen zurückdrängen konnte, war die Konkurrenz der Parteien untereinander: Einen Gerhard Schröder hätte die SPD nie akzeptiert, wenn der Leidensdruck nach sechzehn Jahren Helmut Kohl nicht so groß gewesen wäre, daß die Sozialdemokraten lieber mit dem Teufel paktiert hätten, als noch weitere vier Jahre Opposition zu ertragen.

Heute könnte ein solcher Leidensdruck sich gar nicht mehr einstellen, da alle etablierten Parteien, auch die, die nominell in der Opposition sitzen, einer virtuellen Allparteienkoalition angehören, deren Mitgliedsparteien alle dasselbe wollen – also mehr EU, weniger Nationalstaat, mehr Umweltvorschriften, mehr Masseneinwanderung, mehr Gängelung und Bevormundung der Bürger, mehr gleichgeschaltete Propaganda für diese Politik und mehr Zensur und Ausgrenzung zu Lasten Andersdenkender. Wer sich mit einer solchen Politik wohlfühlt, wird damit leben können, daß sie von der aus seiner Sicht »falschen« Partei durchgesetzt wird. Man braucht nicht mehr unbedingt die eigene Partei an der Regierung zu sehen, und demgemäß sinkt der Anreiz, fähige, aber in der Partei ungeliebte Politiker auf den Schild zu heben.

Das Beispiel Schröder hat noch einen weiteren Aspekt: Es stellt sich ja die Frage, wie ein solcher Querkopf überhaupt Ministerpräsident werden und für die Kanzlerkandidatur in Frage kommen konnte. Widerlegt das nicht die These vom Kartell der Mittelmäßigen? Nein. Schröder hatte seine Karriere bei den Jungsozialisten begonnen, die in den siebziger und achtziger Jahren gegen die Politik der Mutterpartei opponierten und sich als Speerspitze ihres linken Flügels sahen. Aufgrund der innerparteilichen Konkurrenzsituation gegenüber dem Parteiestablishment und den traditionelleren Genossen aber mußten die Linken ihr Führungspersonal nach dem Kriterium der Konflikt-, Durchsetzungs- und Führungsfähigkeit auswählen. In Gestalt von Flügelkämpfen reproduzierte die SPD also nach innen die Konkurrenzsituation, in der sie nach außen gegenüber den anderen Parteien stand. Die Jungsozialisten wiederum waren ihrerseits in Flügel gespalten, die es sich ebenfalls nicht leisten konnten, sich in Kartelle allseitigen Wohlbehagens zu verwandeln. Vielleicht ist dieser Hintergrund dafür verantwortlich, daß mit Olaf Scholz eines der letzten Schlachtrösser der damaligen Jusos heute unter den aktuellen Kanzlerkandidaten derjenige ist, der den vergleichsweise am wenigsten unseriösen und inkompetenten Eindruck macht, ungeachtet seiner wenig rühmlichen Rolle als Merkels Vizekanzler.

4. Das Regime der ängstlichen Konformisten

Die politische Klasse besteht daher überwiegend aus Politikern, die das Verhaltensmuster von Schwarmfischen an den Tag legen. Solche Fische vermeiden es mit allen Mitteln, an den Rand des Schwarms zu geraten oder gar von ihm getrennt zu werden. Daher schwimmen sie instinktiv in die Richtung, in die auch ihre Nachbarn schwimmen. Wohin der Schwarm als Ganzer sich bewegt, ist ihnen egal, solange sie nur mittendrin sind. Fische, aus deren Gehirnen man diese Eigenschaften herausoperiert hat (das ist möglich!), werden dadurch zu denjenigen Schwarmmitgliedern, die die Richtung bestimmen.[57] Von außen sind sie übrigens nicht leicht als Führungsfische zu identifizieren, weil die Anpassung aller anderen so blitzartig und subtil erfolgt, daß man nicht immer sagen kann, wer der eigentliche Initiator einer Richtungsänderung gewesen ist.

Menschen mit Charaktereigenschaften, die denen solcher Fische analog sind, denen also die charakterlichen und vielfach auch die geistigen Voraussetzungen fehlen, den Konsens der Mehrheit ihrer Kollegen zu hinterfragen und sich ihm gegebenenfalls zu widersetzen, sind typisch für die politische Klasse unseres

Landes, zumal letztere nicht etwa aus mehreren derartigen Schwärmen besteht, die demgemäß noch in unterschiedliche Richtungen schwimmen könnten, sondern faktisch aus nur einem einzigen. Folgende Konsequenzen sind in einer solchen Konstellation zu erwarten:

1. Wenige strategisch plazierte Akteure können einen solchen Schwarm hinter sich herziehen. Das gilt für die wenigen (formellen und informellen) Leitfiguren innerhalb der politischen Klasse, erst recht für Akteure, die von außen Einfluß nehmen und dabei Expertise mitbringen oder vortäuschen, etwa Lobbyisten, supranationale Organisationen wie die WHO (die ihrerseits zu einem erheblichen Teil finanziell von ebenso reichen wie ehrgeizigen Privatleuten finanziert wird) oder finanzstarke Stiftungen, die schon einmal ganze Politikkonzepte gewissermaßen schlüsselfertig ausarbeiten, die eine Regierung dann nur noch zu übernehmen braucht und um so sicherer übernehmen wird, je mehr der genannten Akteure sich gleichlautend äußern.[58]

2. Da diese Politiker in ihrer Ängstlichkeit außerstande sind, von ihren Kollegen eine Kurskorrektur einzufordern, werden sie jedem Gedanken ausweichen, der sie dazu verleiten könnte, sich an den Rand des Schwarms zu begeben. Sie sind auch nicht in der Lage, mit kompetenten Kritikern auf Augenhöhe zu kommunizieren, deren Argumente fundiert zurückzuweisen oder die Möglichkeit auch nur zu erwägen, daß sie recht haben könnten. Der Kritiker *kann* nicht recht haben, denn er *darf* nicht recht haben.

3. Da sie ihre Konzepte weder selbst erarbeitet haben noch ihre Hintergründe und Implikationen durchschauen, sehen sie naturgemäß schlecht aus, wenn sie sich gegen Kritik, insbesondere die von Fachleuten, behaupten müssen.

4. Sie dürfen mithin auf keinen Fall in die Verlegenheit kommen, mit Argumenten kämpfen zu müssen. Der Kritiker muß also nach Kräften mundtot gemacht, diese Diskursverweigerung durch Verleumdung gerechtfertigt werden: Der Kritiker – und wäre seine Kompetenz noch so unbestreitbar untermauert – ist selbstredend völlig ahnungslos, inkompetent, ein Dummkopf oder Verfassungsfeind.[59] Also all das, was die Politiker, die solches behaupten, offensichtlich selbst sind.

5. Da ihre Politik von Instanzen festgelegt wird, die alles andere als die Interessen der Bürger im Sinn haben und sie selbst sogar mit der technischen Umsetzung überfordert sind, können sie mit selbstbewußten Bürgern weder leben noch umgehen, sondern brauchen Bürger, die genauso sind wie sie selbst: ängstlich, angepaßt, ohne eigene Meinung, obrigkeitshörig, jederzeit bereit zur Denunziation von Nonkonformisten. Letztere nämlich werden sich die dumme Politik dummer Politiker auf die Dauer nicht gefallen lassen und drohen alle anderen damit anzustecken. Menschen, die sich weigern, die ihnen vorgehaltenen Geßlerhüte zu grüßen (zum Beispiel solche, die sich nicht auf Kommando dubiose »Impfstoffe« spritzen lassen), sind eine Gefahr für den Konformismus aller anderen. Das Virus, das die unbotmäßigen Ungeimpften auf die folgsamen Geimpften zu übertragen drohen, ist nicht

SARS-CoV2, sondern die Aufmüpfigkeit. Deshalb müssen sie isoliert werden.

6. Diese Konstellation zieht also zwangsläufig die kollektive Flucht der politischen Klasse in eine Diktatur der ängstlichen Konformisten nach sich, die wissen, daß sie stürzen werden, wenn sie internen Dissens zulassen oder sich von außen kritisieren oder korrigieren lassen.

7. Deswegen werden sowohl die institutionellen als auch die informellen Gegengewichte gegen die Willkür der Politik ausgehebelt: das Verfassungsgericht mit willigen Vollstreckern besetzt, die Medien an die Kandare genommen, wissenschaftliche Studien nur finanziert, wenn sie die politisch erwünschten und bestellten Ergebnisse liefern, der regimeloyale Teil des Volkes gegen den kritischen aufgehetzt, dieser nach Kräften aus der Gesellschaft ausgegrenzt, der verbleibende loyale Rest dressiert.

Wir sehen also, daß die Kartellbildung innerhalb der politischen Klasse mit einer gewissen Zwangsläufigkeit den Niedergang der Personalqualität, die Abhängigkeit gewählter Politiker von den Konzepten externer Akteure, die Bildung von systemübergreifenden Kartellen und den Hang zu totalitären Praktiken nach sich zieht. Es handelt sich um einen Autoritarismus aus Schwäche.

5. Kartell und linke Ideologie

Daß gerade linke Ideologie für die Politik des Kartells so maßgeblich geworden ist, liegt aus mehreren Gründen in der Natur der Sache: Da ist zum einen der dogmatische Starrsinn, mit der die Linke jede Widerlegung ihrer Axiome ignoriert. Wegen dieser Eigenschaft ist sie (also nicht der *einzelne* Linke, sondern die Linke als *Ganze*) das Äquivalent zu dem oben genannten Fisch, dem man das Organ herausoperiert hat, das sonst dafür sorgt, daß er sich am Schwarm orientiert. Sie ist mithin in der Lage, alle anderen politischen Richtungen des Kartells hinter sich herzuziehen: wegen ihres Starrsinns, nicht wegen der Stärke ihrer Argumente; und nicht, weil ihre Konzepte wirklichkeitsadäquat wären, sondern genau deshalb, weil sie es *nicht* sind.

Das Kartell als Ganzes manövriert sich dadurch in genau die Probleme hinein, mit denen bis dahin nur die Linken zu kämpfen hatten: daß die Wirklichkeit ihre Prämissen widerlegt, sie diese Widerlegung aber nicht akzeptieren können und dürfen und daher gezwungen sind, den falschen Kurs mit noch mehr Aufwand und Engagement zu verfolgen, Kritikern die Schuld am eigenen Scheitern zuzuschreiben und damit ihre Unterdrückung zu rechtfertigen.

Was linke Ideologie für das Kartell darüber hinaus so attraktiv macht, ist gerade ihr totalitärer Charakter: Das Volk gilt grundsätzlich als unmündig und außerstande, seine eigenen »wahren« Interessen zu vertreten, weswegen die aufgeklärte Elite, die den Gang der Geschichte antizipiert, berechtigt und verpflichtet sei, es zu bevormunden.

In Wirklichkeit freilich antizipiert diese vermeintliche Elite überhaupt nichts, jedenfalls nicht selbständig, weil ihre Geistes- und Charakterschwäche es nicht zuläßt. Der in der politischen Klasse vorherrschende Typus des ängstlichen Konformisten, der Ambivalenzen nicht aushält, ist auf Autoritäten angewiesen, die ihm sagen, was »die« Wahrheit ist, und findet diese

Autoritäten in Gestalt von Einflüsterern wie der WHO, des Weltklimarats, der Bertelsmann-Stiftung und so weiter. Sind deren Empfehlungen erst einmal in den Konsens der politischen Klasse eingeflossen, so tendiert der Spielraum für Widerspruch und Korrekturen gegen Null.

Mag das Kartell sich zum eigenen Volk verhalten wie die SED zu den Bürgern der DDR, so verhält es sich zu den globalen Eliten ungefähr wie die SED zur KPdSU: ein abhängiges Stellvertreterregime, der perfekte Transmissionsriemen für Entscheidungen, die anderswo getroffen werden, und für Interessen, die nicht die seines Volkes und letztlich nicht einmal seine eigenen sind.

VI. Die Zerstörung der politischen Kultur

Von der Weimarer Republik wird gesagt, sie sei eine »Republik ohne Republikaner« gewesen. Diese Aussage, so überspitzt sie sein mag, trifft im Wesentlichen zu. Ja, es gab Anhänger der Republik, unter den politischen Kräften insbesondere die Sozialdemokraten und die in der DDP organisierten Linksliberalen – wie wir sie heute nennen würden –, dazu, wenn auch mit weniger Enthusiasmus, die liberalkonservative DVP und das katholische Zentrum. Alles in allem keine schwache Basis, auch wenn diese Parteien 1932 (aber eben auch nicht früher) von der negativen Mehrheit der totalitären Parteien KPD und NSDAP in die Minderheit gedrängt wurden. Was der Republik aber fehlte, war eine ihr entsprechende politische Kultur, auf die eine Demokratie mehr angewiesen ist als jede andere Staatsform – einfach, weil sie diejenige Form ist, die sich am wenigsten durch Zwang von oben durchsetzen läßt.

Eine solche Kultur muß geprägt sein von

+ wechselseitigem Vertrauen der wichtigsten politischen Kräfte und ihrer Anhänger zueinander, der jeweils andere werde die demokratischen Spielregeln einhalten
+ der Erwartung, daß auch konkurrierende Kräfte fortexistieren werden und es deshalb keine gute Idee ist, deren Vertrauen in den jeweiligen Gegner (also einen selbst) und die Fortdauer der verfassungsmäßigen Ordnung durch Machtmißbrauch und unfaire Praktiken aller Art zu untergraben,
+ dem Konsens, daß alle politischen Gruppen gleiche Chancen haben müssen, für ihre Ansichten zu werben, sofern sie die demokratischen Spielregeln einhalten, was bedeutet, daß die Legitimität der Beteiligung am politischen Wettstreit *nicht* von inhaltlichen Kriterien abhängig sein darf,
+ dem Vertrauen in den Souverän, also das Volk (und dessen Vertrauen in sich selbst),
+ dem Wissen, daß niemand die Wahrheit für sich gepachtet hat, auch nicht die Partei, die gerade an der Macht ist,
+ dem Wissen, daß es deswegen in der Politik ebenso wenig wie in der Wissenschaft oder den Medien eine gute Idee ist, nur eine einzige Meinung für wahr zu erklären und allen anderen die Artikulationsmöglichkeiten zu verbauen und das Argument zu verweigern,
+ einer diskursiven Form der Konfliktaustragung und der verbreiteten Erwartung, daß bei aller Schärfe der Auseinandersetzung wenigstens der Idee nach

das bessere Argument die Chance bekommen muß, sich durchzusetzen,

+ der Bejahung der wechselseitigen Unabhängigkeit unterschiedlicher Lebenssphären, insbesondere der Autonomie nichtpolitischer Lebensbereiche,

+ der Loyalität gegenüber der freiheitsverbürgenden Rechtsordnung als eines Systems von *Verhaltensregeln*, nicht aber von vorgeschriebenen Gefühlen und Meinungen, und nicht zuletzt

+ der Akzeptanz selbstverantwortlichen und selbstbestimmten Handelns nach eigenen individuellen Interessen und Wertvorstellungen anstelle der Unterwerfung des Individuums unter das Kollektiv.

Die Weimarer Republik hatte eine solche Kultur nicht, oder jedenfalls nicht in ausreichendem Maße. Das angeblich autoritäre Vorkriegs-Kaiserreich hatte eine in vieler Hinsicht liberalere politische Kultur gehabt als die Erste Republik. Dieser muß man freilich zugestehen, daß sie ein schweres Erbe zu schultern hatte: Sie konnte den Ersten Weltkrieg nie wirklich beenden, weil die Siegermächte ihn in unterschiedlichen Formen de facto weiterführten. Damit gehörte aber auch der für Kriegszeiten typische Durchgriff der politischen Sphäre auf den einzelnen Bürger mitsamt den daran geknüpften Loyalitätserwartungen weiterhin zur (im Krieg entstandenen) politischen Kultur, ebenso die Ausgrenzung von vermeintlichen oder auch Verrätern, die sich diesen Erwartungen entzogen, desgleichen deren Gegenspiel, ihrerseits (durch die KPD) einen totalen Herrschaftsanspruch zu erheben: alles Dinge, die in einer demokratischen politischen Kultur nichts zu suchen haben.

Die BRD dagegen hatte eine solche noch vor wenigen Jahrzehnten, im Großen und Ganzen jedenfalls.

Im folgenden werden wir untersuchen, was davon übriggeblieben ist. Bis jetzt hat das herrschende Kartell im Vordergrund der Betrachtung gestanden. Beim Thema »politische Kultur« wird man allerdings auch die Einstellung der Bürger kritisch unter die Lupe nehmen müssen, denn das Kartell agiert nicht im luftleeren Raum. Viele der in diesem Buch kritisierten Praktiken kann es sich nur leisten, weil – aus welchem Grund auch immer – bestimmte Wertvorstellungen und Einstellungsmuster gesellschaftlich akzeptiert, ja vorherrschend geworden sind: Einstellungen, die jedem einzelnen der oben genannten Punkte ins Gesicht schlagen.

1. Paranoider Stil

Das Kartell mißbraucht das Wort »Verschwörungstheorie« gerne als Totschlagwort, um völlig legitime Kritik an seinen Machenschaften zu diskreditieren. Ungeachtet dieses Mißbrauchs gibt es durchaus Verschwörungstheorien, die tatsächlich illegitim und antiaufklärerisch sind: nämlich alle Theorien, die ihren Mangel an Beweisbarkeit und sogar bloßen Anhaltspunkten zirkulär mit der Perfektion der unterstellten Verschwörung erklären.

Zu dieser Gruppe gehören alle Theorien, die oppositionellen Konservativen und Neurechten sinistre antidemokratische Ziele unterstellen, ohne erklären zu können, wie die Betroffenen, zu denen auch der Autor gehört, es schaffen, ganze Bibliotheken vollzuschreiben, ohne ihre vermeintlichen Absichten zu decouvrieren. Heerscharen von amtlich bestallten Inquisitoren werden dafür bezahlt, nach entsprechenden Indizien zu fahnden, erbeuten bei ihren Bemühungen aber

nicht mehr als ein paar Zitate, die sie mutwillig sinn-
entstellend aus dem Zusammenhang reißen müssen,
damit sie ihren demagogischen Zweck erfüllen! Und
warum finden sie nicht mehr? Sie selbst würden sagen:
Weil die Neue Rechte so raffiniert und ihre Verschwörung so perfekt ist, daß allein dieser Umstand schon
ihre üblen Ziele beweist – eine Logik, die denjenigen,
der sie vertritt, auch zum Ankläger in einem Hexen-
prozeß qualifizieren würde.

Gewiß ist Demokratie ein Wagnis: Ein liberaler demokratischer Staat ist einer, der auch seinen Gegnern
Handlungsspielraum läßt und lassen muß. Es kann
ihm widerfahren, daß seine Gegner ihn per Stimmzettel kapern. So ist es der Weimarer Republik geschehen,
so geschieht es bis heute in islamischen Ländern mit
einem demokratischen politischen System: Am Ende
gewinnen – zumindest als Faustregel – immer die Islamisten, die die »Demokratie« dann nach ihren ganz
besonderen Vorstellungen (ver-)formen oder einfach
abschaffen.

Damit solche Dinge nicht geschehen können, enthält das Grundgesetz eine Reihe von Regelungen,
die die deutsche Staatsrechtslehre zusammen als das
Konzept der »wehrhaften Demokratie« bezeichnet.
Zu ihm gehört, daß es dem Staat erlaubt ist, verfassungsfeindliche Organisationen, in Extremfällen und
nur durch das Bundesverfassungsgericht auch Parteien zu verbieten und sogar die Grundrechte von Einzelpersonen zu suspendieren.

Nicht dazu gehört, bloße Meinungsäußerungen zu
untersagen, auch wenn sie extremistisch sind, und erst
recht nicht, *private* Akteure einzuspannen, um einen
Zustand herbeizuführen, in dem die vermeintlichen
oder auch Extremisten faktisch keinen oder zumindest
keinen sinnvollen Gebrauch von ihren Grundrechten

machen können, auch wenn letztere auf dem geduldigen Papier des Bundesgesetzblatts folgenlos fortbestehen.

Selbstredend ist das Konzept der wehrhaften Demokratie bereits als solches nicht unbedenklich: Seiner Mißbrauchsmöglichkeiten wegen setzt es eine besonders verantwortungsbewußte politische Klasse voraus. Ist eine solche nicht vorhanden, so kommen die fragwürdigen Seiten des Prinzips zur Geltung, und ein eventueller Mißbrauch kann nur durch die Justiz, vor allem das Bundesverfassungsgericht unterbunden werden. Dies wiederum bedeutet, daß eine zum Mißbrauch entschlossene politische Klasse durch entsprechende Personalpolitik bei der Besetzung dieses Gerichts Urteile herbeiführen kann, die es ihr erlauben, ihre Gegner zu unterdrücken.

Bilden die Parteien ein Kartell, und greift dieses Kartell zu solchen Praktiken, um den politischen Pluralismus auszuhebeln, so ist es bereits daran als Regime von Verfassungsfeinden zu erkennen. Es ist dann genau der Fall eingetreten, gegen den der Verfassungsgeber eigentlich Vorsorge treffen wollte, nämlich, daß der demokratische Staat von seinen Gegnern gekapert worden ist, deren Demokratieverständnis dem bereits oben zitierten von Walter Ulbricht entspricht: »Es muß alles demokratisch aussehen, aber wir müssen alles in der Hand haben.« Das Konzept der »wehrhaften Demokratie« kann also aus dem Zentrum des Systems heraus umprogrammiert werden und funktioniert dann wie das Äquivalent einer Autoimmunerkrankung, durch die die Immunabwehr des Körpers diesen krank macht und gegebenenfalls zerstört. Da dies geschehen ist, richtet der lebende Leichnam der früheren Bundesrepublik wie ein ferngesteuerter Zombie seine Kraft statt gegen deren

Feinde nur zu oft gegen Menschen, die die freiheitlich-demokratische Ordnung stützen würden, wenn
er sie ließe.

Dies konnte nur geschehen, weil die politische Kultur, also die als selbstverständlich akzeptierten Grund-
Dispositionen vieler Bürger und insbesondere der
tonangebenden Schichten es ermöglichen: Noch gilt
ja offiziell das Grundgesetz, und dieses behält die Anwendung des Konzepts »wehrhafte Demokratie« *ausschließlich dem Staat* vor! Dies kann in einer freiheitlichen Demokratie auch nicht anders sein, weil nur
staatliche Akte (zumindest der Idee nach) so engma-
schiger rechtlicher Kontrolle unterliegen, wie erforderlich ist, um einen Mißbrauch des Konzepts zu verhindern, und (der Theorie nach) nur der Staat so mächtig ist, daß er einer solchen Kontrolle auch bedarf. Private Akteure sind es theoretisch nicht. Sie sind freier
in ihren Handlungen, weil sie – so setzt das Grundgesetz voraus – das Konzept nicht anwenden und folglich auch nicht mißbrauchen können.

In einer demokratischen politischen Kultur wäre es
undenkbar, daß Millionen Menschen einer Aufforderung folgen oder sich berufen fühlen könnten, in einer Art Selbstjustiz ein Konzept zu vollstrecken, das
aus guten Gründen dem Staat allein vorbehalten ist.
Es wäre undenkbar, daß private Akteure von der Bank
bis zum Internetkonzern, vom Buchhandelsmanager
bis zum Autonomen sich den Inhabern der staatlichen
Macht kollektiv zur Verfügung stellen, um letzteren
ihre Kritiker vom Hals zu schaffen, und zwar durch
Zensur, Zwang und Gewalt – also durch Mittel, die
dem Staat selbst verboten sind.

Dies alles wäre bereits und sogar dann illegal und
nicht zu rechtfertigen, wenn besagte Kritiker *wirklich* Verfassungsfeinde wären. Indem das Kartell billigt,

zuläßt und fordert, daß das Rechtskonzept der wehrhaften Demokratie zum Faustrecht in der Hand jedes Akteurs wird, der auf Seiten des Kartells steht und es daher ohne Furcht vor Sanktionen ausüben kann, hat es eine Situation herbeigeführt, in der jeder Bürger, dessen Ansichten dem Kartell und seinen Anhängern in deren Feindbilder passen, zur Zielscheibe werden kann.

Ist der Ausschluß des Betroffenen aus dem gesellschaftlichen Diskursraum erst einmal vollzogen, so ist das Feindbild der anderen gegen jede korrigierende Information immunisiert: Selbst wenn es einer im Einzelfall irgendwie schafft, sich öffentlich Gehör zu verschaffen und klarzustellen, was er *wirklich* vertritt, wird die systematisch hysterisierte Öffentlichkeit darin nur ein taktisches Manöver sehen können, das höchstens die Raffinesse des Betroffenen beweist – welche Raffinesse es erst recht erfordert, ihm »kein Forum zu bieten«, damit er das Virus seiner abweichenden Ansicht (die falsch sein muß, weil sie nicht die des Kartells ist) nicht weiterverbreiten kann. Das paranoide Weltbild betoniert sich durch diese Quarantäne auf zirkuläre Weise selbst.

Selbstredend »beweist« auch die Infragestellung dieser Mechanismen die bösartigen Absichten des Hinterfragenden. Wer also zum Beispiel darauf aufmerksam macht, daß solche Ausschlußmechanismen demokratiewidrig sind, betreibt erstens Wehrkraftzersetzung, tut dies offenbar in feindlicher Absicht und will, sofern er selbst zu den Betroffenen gehört, Propaganda für seine Sache machen, indem er »sich als Opfer inszeniert«. Die Perfidie und Verlogenheit gerade dieser letztgenannten Unterstellung ist mit Händen zu greifen. Wer freilich – als bis dahin unbeteiligter Dritter – nicht selbst den genannten

Mechanismen zum Opfer fallen möchte, tut gut daran, dies für sich zu behalten und es am besten gar nicht erst wahrzunehmen.

Der Ring der paranoiden Selbstabschottung, die jede Kritik gegen den Kritiker wendet, ist so lückenlos geschlossen wie das Weltbild eines spätmittelalterlichen Hexenjägers oder des Anklägers in einem stalinistischen Schauprozeß. Dabei wird die Anzahl der ausgeschlossenen Gegner durch eine Kettenreaktion ganz von allein immer größer: Wer nämlich eine »Kontaktschuld« auf sich lädt, also die Quarantäne durchbricht, ist dadurch als ebenfalls infiziert gebrandmarkt und muß ebenfalls ausgeschlossen werden. Am Ende verbleiben innerhalb der Wagenburg der rechtgläubigen Konformisten nur noch eine Masse an Gleichgültigen und eine tonangebende Minderheit paranoider Hexenjäger, die sich in ihren Feindbildern durch nichts erschüttern lassen und sich selbst nicht nur berechtigt, sondern sogar verpflichtet wähnen, die »Feinde« mit allen Mitteln zu bekämpfen – auch mit illegalen, sofern selbst die von ihnen pervertierte Legalität der umprogrammierten Republik nicht hinreichend wirksame Waffen hergibt.

Eines muß man freilich festhalten: Die Gefahr der Unterwanderung des Staates muß besonders derjenigen politischen Bewegung plausibel und bedrohlich erscheinen, die diese Unterwanderung selbst praktiziert hat. Die Neue Linke, innerhalb des Kartells die eigentliche treibende Kraft des »Kampfs gegen Rechts«, wendet bei diesem Kampf genau die Methoden an, die sie selbst als »faschistisch« oder in Pseudodifferenzierung als »faschistoid« gebrandmarkt hatte, solange sie selbst davon betroffen gewesen war. Da die Linke ihr Verständnis von Politik als kaltem Bürgerkrieg nie hinterfragt hat, trägt sie es als eine Selbstverständlichkeit in die politische Kultur hinein und vergiftet sie dadurch.

Der paranoide Stil, der Ausschluß der Anhänger bestimmter Ansichten aus der Gesellschaft und die zirkuläre Selbstbestätigung der eigenen Feindbilder wird durch ständige Übung, durch affirmative Berichterstattung der Medien, durch Politiker-Hetzreden und nicht zuletzt durch staatliche Finanzierung von »Forschungen« und »zivilgesellschaftlichen Initiativen«, die der Diffamierung des Andersdenkenden dienen, als kulturelle Selbstverständlichkeit in den Köpfen der Bürger verankert. Die Gesellschaft der BRD hat einen Punkt erreicht, an dem die Forderung nach Toleranz überhaupt nicht mehr mit der Akzeptanz einer grundsätzlich abweichenden Meinung in Verbindung gebracht wird und faktische Intoleranz als solche nicht mehr erkannt wird.

Wenn selbst ein Sozialwissenschaftler wie Professor Harald Welzer, gewiß ein Linker, aber weiß Gott kein Dummkopf, keine Gefährdung der Meinungsfreiheit in einem Land erkennen kann, in dem (unter anderem) SA-Methoden zur Unterbindung »rechter« Veranstaltungen an der Tagesordnung sind und sich verbreiteter Billigung erfreuen, so kann dies bodenlose Heuchelei sein.[60] Beunruhigender ist allerdings, daß es vermutlich *keine* ist: Wahrscheinlich ist die ideologische Verblendung des Professors echt, repräsentativ für unsere Gesellschaft und typisch für deren ins Totalitäre kippende politische Kultur.

Die meisten Bürger werden zwar aktiv nichts tun, um andere an der freien Meinungsäußerung zu hindern; sie – und vor allem die Gebildeten unter ihnen – schaffen aber durch ihre gleichgültige Akzeptanz oder sogar Billigung solcher Praktiken das Umfeld und den Nährboden, auf dem der »Antifaschismus«, also die militante Intoleranz gegenüber dem Andersdenkenden, gedeihen kann. Der gebildete BRD-Bürger verhält sich zu den »Antifaschisten« ungefähr wie der gute Moslem zu militanten Islamisten. Letztere sind gewiß eine kleine Minderheit, wie es auch die Antifa-Leute im Verhältnis zu der sie umgebenden Gesellschaft sind, sie sind also jeweils die sprichwörtliche Spitze des Eisbergs. Aber diese Spitze ist nur deshalb da, weil der Eisberg da ist.

2. Materielles statt formales Verständnis von Legitimität und Gleichberechtigung

»Faschismus ist keine Meinung, sondern ein Verbrechen«, lautet ein Antifa-Slogan, der aus dem Mainstream und seinen Medien heraus kaum Widerspruch erfährt, erst recht nicht vom einzelnen Bürger. Es ist gesellschaftlich akzeptiert, so zu reden. Grund genug zu fragen, *was* da eigentlich akzeptiert wird.

»Faschisten« in einem einigermaßen strengen Sinne des Wortes, selbst wenn wir (nicht ganz korrekt) NS-Sympathisanten mitrechnen, gibt es Deutschland in so geringer Anzahl, daß »Antifaschisten« sich ihre Haßobjekte mit der Lupe suchen müßten, wenn ihre Selbstbeschreibung semantisch korrekt wäre. Das ist sie aber nicht: »Antifaschismus« bedeutet nicht, gegen Faschisten zu sein, sondern nach Belieben jeden Andersdenkenden zum »Faschisten« zu erklären und ihm das Recht auf Beteiligung am öffentlichen Diskurs abzusprechen und auch ganz handfest zu nehmen. Diese Zuschreibung betrifft hauptsächlich Nicht-Linke, kann aber durchaus auch auf Teile der Linken ausgedehnt werden, die bestimmte Aspekte der herrschenden Ideologie ablehnen. Die Drohung, zum »Faschisten« und damit zum Gegenstand »anti-faschistischer« Selbstjustiz zu werden, hängt als Damoklesschwert über jedem. Daß Freiheit die Freiheit des Andersdenkenden sei, spielt in der heutigen BRD keine Rolle mehr. Die Gleichberechtigung in der Freiheit wird nur dem Gleichdenkenden und Ähnlichdenkenden gewährt, dem Andersdenkenden gerade nicht.

Die Formulierung »keine Meinung, sondern ein Verbrechen« wiederum bedeutet, daß es ein Verbrechen sei, bestimmte Meinungen überhaupt zu *haben*, erst recht, sie auszusprechen, und vor allem, eine auf ihnen beruhende Politik zu treiben. Dies gilt auch dann, wenn der Betreffende die demokratischen Spielregeln nicht nur beachtet, sondern auch erkennen läßt, daß er dies auch in Zukunft tun wird. Dies bedeutet nicht weniger, als daß ein Teil des Volkes sich selbst ermächtigt, zu bestimmen, welche Meinungen und sogar welche Tatsachenbehauptungen (unabhängig von deren Richtigkeit) legitimerweise geäußert, ja auch nur *gedacht* werden dürfen und welche nicht. Was hier negiert wird, ist nicht erst die Freiheit der Meinungsäußerung, sondern bereits die Gedankenfreiheit.

Der Grundsatz, daß die gleichberechtigte Teilnahme an der politischen Meinungsbildung nur demjenigen, nur dann und nur so weit verweigert werden darf, wie sie dazu mißbraucht wird, die Freiheit selbst zu beseitigen, also die formale Gleichberechtigung aller politischen Gruppen, die auf gewaltsame und illegale Kampfmethoden verzichten, verwandelt sich in ein von inhaltlichen Kriterien abhängiges System abgestufter politischer Privilegierung, gegen das es keine Einspruchsmöglichkeiten gibt.

Dies ist nicht nur etwas anderes, sondern das Gegenteil dessen, was das Grundgesetz vorgibt. Es läuft nämlich bereits in der Theorie, erst recht in der

Praxis darauf hinaus, illegal und gewalttätig agierenden Gruppen aufgrund des Inhalts ihrer Ideologie einen Bonus gegenüber deren legal und friedlich agierenden Gegnern einzuräumen; dies ungeachtet der Tatsache, daß die Ideologien der Begünstigten den politischen Pluralismus so offen ablehnen, wie das Kartell dasselbe unter verschämten Ausreden, aber größter praktischer Wirkung tut.

Daß das Bundesverfassungsgericht in seinem Beschluß vom 4. November 2009[61] dekretierte, das nationalsozialistische Regime habe »für die verfassungsrechtliche Ordnung der Bundesrepublik Deutschland eine gegenbildlich identitätsprägende Bedeutung, die einzigartig ist« und damit »eine Ausnahme vom Verbot des Sonderrechts für meinungsbezogene Gesetze« für zulässig erklärte, macht die Dinge nicht besser. Vielmehr ist es bezeichnend für die Bereitwilligkeit, mit der dieses Gericht seine juristische Integrität politischen Überlegungen opfert und sich dem Kartell als Legitimationsorgan zur Verfügung stellt. Um zu diesem Beschluß zu gelangen, mußte das Gericht vergessen, daß der Kalte Krieg gegen den Kommunismus – der Nationalsozialismus war ja schon vorher besiegt – schon bei der Gründung der Bundesrepublik Pate gestanden und vierzig Jahre lang maßgeblich ihr innen- und außenpolitisches Koordinatensystem bestimmt hatte.

Stillschweigend und ohne daß sich am Text des Grundgesetzes Wesentliches geändert hätte, ist dessen Antitotalitarismus dem »Antifaschismus« gewichen, und dies bedeutet eben nicht eine Akzentverlagerung innerhalb eines integren Gesamtkonzepts, sondern dessen Verkehrung ins Gegenteil. Den *Antitotalitarismus* durch den *Antifaschismus* abzulösen bedeutet, die Neutralitätspflicht des Staates unter den

Vorbehalt ideologischer Willfährigkeit zu stellen: Als auszugrenzender Staatsfeind gilt nicht mehr, wer die demokratischen Spielregeln mißachtet oder ihre Beseitigung anstrebt, sondern wer andere Ziele als das Kartell verfolgt, insofern er zum Beispiel an der Integrität des deutschen Volkes, an dessen Souveränität, am Prinzip des Nationalstaats und an der traditionellen Auffassung von Ehe und Familie oder auch nur an dem Prinzip festhalten will, selbst zu entscheiden, was er sich in die Adern spritzen läßt – alles Werte, die vom Grundgesetz explizit und implizit geschützt, von willfährigen Verfassungsrichtern in deren Eigenschaft als juristischer Ausschuß der politischen Klasse aber so weit zur Disposition gestellt werden, wie es nur eben noch juristisch möglich ist, ohne sich geradewegs in Widerspruch zum blanken Wortlaut des Grundgesetzes zu begeben. Auf dessen Geist kommt es in den politischen Führungsschichten der BRD schon lange niemandem mehr an.

Die implizite oder offene Billigung eines demokratiewidrigen Prinzips durch das gesamte Kartell einschließlich seiner Medien und seiner Justiz verschafft diesem Prinzip eine Autorität und allgemeine Akzeptanz, die heute die politische Kultur des Landes prägen. Die demokratische politische Kultur ist durch eine Unkultur des kalten Bürgerkriegs abgelöst worden, in dem die Zwecke der Machthaber und ihrer Fußtruppen letztlich jedes, auch das repressivste und inhumanste Mittel heiligen.

3. Zensur als Norm

Es trifft zu, daß das Grundgesetz bereits in seiner ursprünglichen Version und korrekten Auslegung von einem gewissen Mißtrauen gegenüber der politischen Urteilsfähigkeit des Volkes geprägt ist – nach den Erfahrungen der vorangegangenen dreißig Jahre hatte man dazu sicherlich auch Gründe. Dieses Mißtrauen schlug sich nieder in der Ausgestaltung der Demokratie als strikt repräsentativer Demokratie unter weitgehendem Verzicht auf plebiszitäre Elemente. Auch der Aspekt der »wehrhaften Demokratie« mit all seinen bedenklichen Seiten gehört in diesen Kontext.

Was aber nicht dazu gehört, ist die paternalistische Bevormundung jedes einzelnen Bürgers, ist die Ausdehnung der Prinzipien des Jugendschutzes auf den Umgang mit Erwachsenen. In einer demokratischen politischen Kultur muß der Staat hohe Hürden überwinden, wenn er publizistische Angebote unterbinden, sprich Zensur üben will, weil eine Bürgerschaft, die ihre Rechte zu wahren entschlossen ist, darauf achtet, daß er nicht unter diesen Hürden hindurchschlüpft. In einer solchen Kultur käme es auch niemandem in den Sinn, privaten Akteuren eine Zensorenrolle zuzuschreiben oder dies zu dulden.

In der politischen Kultur der BRD aber ist die Frage, was der Staat (ausnahmsweise) zu verbieten verpflichtet ist, von der entgegengesetzten Frage verdrängt worden, was der Bürger überhaupt veröffentlichen darf. Weit über den politisch-ideologischen Bereich hinaus hat sich eine Mentalität breitgemacht, wonach nicht die Zensur, sondern die Freiheit unter Rechtfertigungszwang steht. In einer solchen Kultur sind auch und gerade Künstler und Intellektuelle bereit, Zensur nicht nur zu dulden, sondern auch gutzuheißen und sogar von sich und anderen *Selbstzensur* zu fordern.

Wie tief dieser Ungeist schon verbreitet ist, kann man am Umsichgreifen sogenannter »Triggerwarnungen« in belletristischen Texten ablesen, zum Beispiel: »Dieses Buch kann auf Menschen verstörend wirken, die in ihrem Leben Diskriminierungs- und Gewalterfahrungen machen mußten.« Es klingt ein wenig wie die Warnhinweise auf Zigarettenschachteln (»Rauchen gefährdet Ihre Gesundheit!«), nur daß diesmal keine staatliche Instanz dazu aufgefordert hat, sondern die Autoren von sich aus vor ihren eigenen Büchern warnen. Solche Autoren trauen dem Leser offenbar nicht einmal das bißchen Mündigkeit zu, nach traumatischen Gewalterfahrungen nicht ausgerechnet zu einem Horrorthriller zu greifen!

Das Problem dabei ist, daß hier das Prinzip eingeübt wird, die Freiheit der Kunst unter den Vorbehalt zu stellen, daß niemandem wehgetan werden darf. Nach diesem Maßstab hätte praktisch kein auch nur halbwegs bedeutendes Werk der Literaturgeschichte ohne Triggerwarnung erscheinen können. Was bedeutet es, wenn dies erst einmal auf breiter Front praktiziert wird?

Erstens: Literatur und Kunst werden auf die Dauer vorrangig unter dem Aspekt ihrer möglichen verstörenden Wirkung betrachtet und letztere von vornherein negativ bewertet. Es wirkt wie ein großes Warnetikett: »Lesen gefährdet Ihre seelische Gesundheit!«. Nun wohnt aber jeder Kunst, die mehr als seichte Unterhaltung und oberflächliche Affirmation bieten will, ein gewisses »verstörendes« Potential inne, das macht geradezu ihr Wesen aus. Den Leser davor zu warnen, heißt ihn zu verleiten, der Auseinandersetzung gerade mit unbequemer Kunst und der damit verbundenen

Chance auf persönliche Reifung aus dem Weg zu gehen. Im obigen Beispiel etwa wäre allein das Wort »Diskriminierung« wegen seiner mutmaßlichen ideologischen Schlagseite für mich ein Grund, das Buch nicht zu lesen, mir damit aber auch die darin möglicherweise enthaltenen literarischen Qualitäten und neuen Gesichtspunkte entgehen zu lassen, und die meisten Leser dürften solche oder andere Vorurteile hegen. Am Ende liest jeder nur noch, was ihn nicht aus seiner Komfortzone zwingt.

Zweitens: Irgendwann wird diese Art von Selbstzensur, wenn sie nur häufig und allgemein genug praktiziert wird, auch allgemein erwartet werden, und folglich wird sich das vermeintliche *moralische* Gebot in ein *gesetzliches* verwandeln. Wer nicht bereit ist, vor seinen eigenen Büchern zu warnen, oder es dabei an Pedanterie fehlen läßt, wird sie wieder einstampfen müssen oder gar nicht erst drucken lassen können.

Drittens: Um solchen Konsequenzen zu entgehen, werden Autoren und Verlage zur Selbstzensur greifen und alles vermeiden, was irgendwie »verstörend« sein könnte, oder von vornherein »Triggerwarnungen« als komplette Inhaltsangaben anlegen, nach deren Lektüre man sich die des jeweiligen Buches eigentlich sparen kann.

Zuerst will man also dem Leser die Freiheit der Wahl geben, am Ende hat man die des Autors geopfert. Zuerst will man nur etwas Rücksicht nehmen: und zwar auf die verschwindend kleine Minderheit von Lesern, die wegen einer bloßen literarischen Darstellung eine Re-Traumatisierung zu erleiden drohen; am Ende steht für alle Leser eine bedeutungslose Literatur.

Entsprechendes gilt für das sogenannte »Sensitivity Reading«, und wer die Sprache der BRD und ihren speziellen Umgang mit Anglizismen kennt, wird jetzt zu Recht stutzen:

Wie beim »Gender Mainstreaming«, also der Geschlechtergleichmacherei, und beim »Diversity Management«, also beim Durchwursteln durch selbsterzeugte multikulturell bedingte Probleme hört sich »Sensitivity Reading« irgendwie besser an als das, was gemeint ist: nämlich Texte so lange durchzukämmen, bis alles aus ihnen entfernt ist, was die angeblichen oder auch Empfindlichkeiten von Berufsbetroffenen tangieren und sie zu einem Kesseltreiben (neudeutsch: Shitstorm) gegen Autor und Verlag veranlassen könnte.

Mancher wird jetzt fragen, ob dieses Thema denn so wichtig sei, daß es so ausführlich behandelt werden müsse. Ja, es ist in der Tat so wichtig:

Zum einen sind Künstler und Intellektuelle, einschließlich Literaten, Multiplikatoren, deren Mentalität die der Gesellschaft wesentlich mitprägt. Es sollte daher niemanden kaltlassen, wenn eine Autorin, explizit angesprochen auf drohende Zensurgefahren, antwortet »Ich bin sehr für eine verpflichtende Triggerwarnung. Gute Idee!«[62] – und damit möglicherweise eine Mehrheit ihres Berufsstandes repräsentiert. Muß ich ausführlich begründen, daß und warum eine Gesellschaft, die *solche* Künstler und Literaten hat, auf die Dauer keine freie Gesellschaft bleiben kann?

Zum anderen ist die Bevormundung des Lesers – selbstredend nur zu dessen eigenem Besten – Teil eines Trends, der das Prinzip der Selbstverantwortung durch das Prinzip des gegenseitigen Betüddelns ersetzt; durch eine »Solidarität«, die gegen die Freiheit ausgespielt wird und ihr am Ende den Garaus machen wird.

4. Niemand ist für sich verantwortlich, aber jeder für den anderen

Vor elf Jahren schrieb ich in *Das Dschihadsystem:*

> »*Moderne Gesellschaften basieren … auf zwei einander widersprechenden Prinzipien gleichzeitig: Ihre Existenz und Stabilität, wie die aller anderen Gesellschaften, wird durch Solidarität aufrechterhalten, ihre Leistungsfähigkeit durch Konkurrenz. Dieses Spannungsverhältnis zwischen Solidarität und Konkurrenz ist als Gegenüberstellung von ›Gemeinschaft‹ und ›Gesellschaft‹ (F. Tönnies) ein altes Thema der Soziologie, und speziell der deutschen Soziologie. Die darin ausgedrückte Kritik an der Moderne hat durchaus ihre problematischen Seiten … Wer allerdings die Kritik an der Moderne nur deshalb zurückweist, weil sie politisch mißbraucht werden kann, erlegt sich nicht nur selbst eine Erkenntnisblockade auf, sondern verbindet sich und anderen die Augen vor den Gefahren, die der offenen modernen Gesellschaft drohen; Gefahren, an denen sie um so sicherer scheitern wird, je uneinsichtiger sie sie ignoriert.*«[63]

Was ich damals – gemäß meiner konservativen Grundlinie – im Auge hatte, war das drohende Scheitern der modernen Gesellschaft an einer auf die Spitze getriebenen Liberalisierung, Individualisierung und Atomisierung zu Lasten der Solidarität. Zwar schrieb ich auch: »Die schiere Konkurrenz müßte die Gesellschaft zerreißen, eine alles durchdringende Solidarität sie ersticken. Reine Konkurrenz hieße: Anarchie. Reine Solidarität hieße: Totalitarismus.«

Aber bei letzterem dachte ich an den sich ausbreitenden Islam. Die Idee, daß man die Völker Europas durch ein Übermaß an geforderter Solidarität ersticken würde, und diese sich ersticken lassen würden, wäre noch vor einem Jahrzehnt völlig abstrus gewesen. Genau dies ist aber eingetreten und mit Corona auf eine einsame Spitze getrieben worden. Wer in Coronazeiten keine Maske trägt, gilt als »rücksichtslos«. Warum eigentlich? Entweder schützt einen die Maske, dann obliegt es jedem *selbst*, sich auf diese Weise zu schützen, oder sie schützt einen selbst nicht, dann schützt sie auch keinen anderen!

Entsprechendes gilt für die Impfung, für diese sogar erst recht: Wir wissen, daß die sogenannte Impfung den Geimpften weder zuverlässig immunisiert noch die Übertragung unterbindet, bestenfalls den Krankheitsverlauf mildert, dies aber nur für den Geimpften selbst, nicht für seine von ihm eventuell angesteckten Mitbürger. Der Vorwurf der Rücksichtslosigkeit oder des Mangels an Solidarität, der gegen Ungeimpfte gerichtet wird, entbehrt mithin der logischen Grundlage, wird aber ungeachtet dessen vom Kartell unter die Leute gebracht und von Millionen Mitläufern wiedergekäut. Vielen von ihnen macht es unverkennbar Freude, ihre Mitbürger anzuprangern, zu beleidigen und als Parasiten zu verleumden.

Es ist, als hätten Millionen Deutsche auf das allzu lang vermißte Halali zur Menschenjagd gewartet: Das Mobbing gegen Menschen, die ein früheres Regime als »Volksschädlinge« bezeichnet hätte, ist jedenfalls in vollem Gange. Der Typ des *aggressiven Untertanen*, wie Heinrich Mann ihn karikiert hat, ist zurück, wenn auch diesmal in einem fadenscheinigen »linken« oder »liberalen« Gewande. Dies wäre selbst dann eine Bankrotterklärung für ein demokratisches Gemeinwesen, wenn die Corona-Impfung wirksamer wäre, als sie ist und weniger Nebenwirkungen hätte, als sie hat.

Die Leichtgläubigkeit, mit der die Bürger offensichtliche Widersprüche in der offiziellen Argumentation übersehen, auf deren Basis der Staat ihre Rechte kassiert, deutet darauf hin, daß ein Bedürfnis danach besteht, sich in die Pflicht nehmen zu lassen. Dagegen wäre nichts einzuwenden – im Gegenteil, es spräche offensichtlich für unser Volk –, gälte diese Bereitschaft zur Solidarität einer guten Sache, und zeigte sie nicht eine Kehrseite von Bösartigkeit und Gehässigkeit, die so ausgeprägt ist, daß man sich fragen muß, ob sie nicht die eigentliche Substanz darstellt.

Es hat sich die Meinung breitgemacht, jeder Einzelne sei verpflichtet, sich für ein diffuses »Wir« zu opfern. Für ein »Wir«, von dem man nicht so genau weiß, wer damit eigentlich gemeint sein soll – das deutsche Volk kann es ja nicht sein, denn dessen Existenz wird von denselben Politikern in Abrede gestellt, die unaufhörlich Forderungen im Namen des nebulösen »Wir« stellen:

»Wir« müssen europäische Solidarität zeigen und anderer Staaten Schulden bezahlen, »wir« müssen sogenannte Flüchtlinge aufnehmen, denn »wir schaffen das«, »wir« müssen zu diesem Zweck ein erhöhtes Risiko in Kauf nehmen, vergewaltigt und ermordet zu werden, und »wir« müssen uns aus »Solidarität« unzureichend erforschte, aber ins Genom eingreifende Impfstoffe spritzen lassen. Das Motto lautet:

»*Du bist nichts, dein Volk (oder vielmehr dieses gewisse ›Wir‹) ist alles!*«

Nun gibt es sicherlich Ernstfälle, Kriege zum Beispiel, in denen die Überlebensfähigkeit eines Volkes von der Opferbereitschaft seiner Mitglieder abhängt. Eine solche Situation (in der der liberale Rechtsstaat naturgemäß an seine Grenzen gelangt) war aber in keiner der oben angeführten sechs Krisen gegeben, auch nicht bei

Corona. Sofern die Überlebensfähigkeit des Volkes auf dem Spiel stand, wurde und wird sie nicht durch die Krisen gefährdet, auf die die Regierung zu reagieren vorgab, sondern eben durch diese Reaktionen.

Es hat nie eine Kriegs- oder kriegsähnliche Situation gegeben; das Kartell aber hat solche unaufhörlich fingiert, um die Bürger dazu zu bringen, sich ihre Bürgerrechte für das große »Wir« abschwatzen zu lassen, dem man individuelle Rechte nicht entgegenhalten dürfe, weil dies sonst »rücksichtslos« und »egoistisch« sei. Und sie hat damit bei allzu vielen Mitbürgern Erfolg gehabt.

5. Politisierung aller Lebensbereiche

»Das Private ist politisch« lautete ein Slogan der Achtundsechziger, und im Rückblick fragt man sich, wie die deutsche Öffentlichkeit den totalitären Anspruch übersehen konnte, der in diesem Satz formuliert war. 1968 war der Untergang des NS-Regimes gerade einmal 23 Jahre her, den totalitären Sozialismus hatte man in Gestalt der DDR direkt vor der Haustür.

Unter beiden Regimen hatte man seine Freundschaften und überhaupt seine privaten Beziehungen nach politischen Kriterien auszurichten: Wer mit Juden beziehungsweise Ausreisewilligen freundschaftliche Beziehungen unterhielt, vorgegebene Sprachregelungen mißachtete, die falschen Sender hörte oder sah, nicht auf Kommando eine bestimmte Fahne aus dem Fenster seiner Privatwohnung hängte (heute würde man sagen: ein Zeichen setzte), seine Freizeit nicht in regimetreuen Organisationen verbrachte (heute würde man sagen: zivilgesellschaftliches Engagement zeigte) – nun, der kam nicht unbedingt nach Dachau oder nach Bautzen, jedenfalls nicht sofort, war aber verdächtig. Wer für sich oder seine Kinder irgendwelchen Ehrgeiz hegte, legte solche Verhaltensweisen nicht an den Tag und mied den Kontakt zu anderen, die es taten.

Und nicht nur das Private war politisch, das Öffentliche war es erst recht: Die Medien hatten selbstverständlich den Kurs der Regierung zu unterstützen – ein Journalist, der es nicht tat, konnte sich einen neuen Beruf suchen. Das Wissenschaftliche war politisch, wie jeder Wissenschaftler erfuhr, dessen Forschungen – und sei es nur implizit – die herrschende Staatsideologie in Frage stellte. Das Sportliche war politisch: Wer unerwünschte Ansichten äußerte oder mit den falschen Leuten befreundet war, konnte sich die Teilnahme an großen Wettbewerben aus dem Kopf schlagen, weswegen die meisten Sportler auf Kommando obrigkeitlich erwünschte Phrasen in die Mikrophone leierten. Das Wirtschaftliche war politisch: Die Produktion, die Produkte und die Produzenten hatten den Machthabern zu dienen und ihren Vorgaben zu folgen. Im Zweifel handelte man sich mit schlechten, überteuerten, umwelt- und gesundheitsschädlichen Produkten keinen Ärger ein, solange sie politisch erwünscht waren; im Zweifel war die Beschäftigung eines Nichtskönners weniger gefährlich als die eines politisch Verdächtigen; und durfte kein Unternehmen an den Markt gehen, dessen Erfolg die Plausibilität der Staatsideologie in Frage gestellt hätte. Das Religiöse war politisch: Kirchenfürsten wetteiferten geradezu darin zu beweisen, daß die Bibel schon immer den aktuellen, von den Machteliten gewünschten Zeitgeist enthalten hatte, und wo sich dies beim besten Willen nicht behaupten ließ, wurde sie notfalls manipuliert.

Kurz und gut: Kein Lebensbereich war vor dem Durchgriff der Politik, also der Machthaber sicher, und genau darin bestand das totalitäre Element der besagten Regime. Noch bevor ein Artikel geschrieben, eine Theorie erwogen, ein Wettkampf gestartet, ein Produkt konstruiert oder ein Gebet gesprochen werden konnte, stand fest, wer oder was *nicht* darin vorkommen würde.

Habe ich von der DDR und dem Dritten Reich gesprochen? Ja, das habe ich, aber zu jedem einzelnen dieser Punkte gibt es Dutzende von Beispielen — aber kaum ein direktes Gegenbeispiel — aus der Gegenwart. Die Zumutung, in jeder Minute des Lebens, auch im Alltag und bis in die Sprache hinein, unablässig die ideologischen Gebote des Kartells zu befolgen, wird hingenommen, als sei es eine Selbstverständlichkeit. Die immer kleinerkarierten Sprachnormen, Gendern zum Beispiel, die es zu beachten gilt, sind weitaus mehr als nur die lächerlichen Marotten von Leuten, die besser etwas Anständiges gelernt hätten. Sie zeigen an, daß das Kartell entschlossen ist, dem Bürger nicht einmal in dessen eigenem Kopf einen Rest an Privatsphäre und Selbstbestimmung zu belassen.

Gibt es hiergegen wenigstens noch einen Rest an Widerstand oder zumindest öffentlicher Mißbilligung auch durch Prominente, so fallen andere Mechanismen der Gedankensteuerung durch Sprachsteuerung nur dem Intellektuellen auf, der sich selbst öffentlich äußert und deshalb wissen muß, welche Worte auf dem Index stehen und verschwinden sollen. So wird niemand, der in diesem Land noch etwas werden will, es wagen, das Wort »Volk« in einem positiv wertenden Sinne in den Mund zu nehmen; wer es dennoch tut, wird ins Lager der »Völkischen« einsortiert. Wer »Rasse« sagt, ist automatisch Rassist. Eine

»Verschwörung« sollte ebenfalls auch nirgendwo vermuten, weil man sonst ein »Verschwörungstheoretiker« ist, was ungefähr so viel heißt wie »bildungsferner Spinner mit rechtsextremen Neigungen«. Wer »Globalismus« sagt, ist aufgrund mutwilliger Zuschreibung »Antisemit« und so weiter. Kurz und gut: Wer Worte benutzt, die mit der Ideologie des Kartells inkompatibel sind, insbesondere solche, die dessen Praktiken zur Kenntlichkeit entstellen, schließt sich aus dem Kreis der legitimerweise debattieren dürfenden Bürger aus.

Ja, ich weiß, noch kann man die Sprachdiktate des Kartells ignorieren, ohne in ein Konzentrationslager eingewiesen zu werden. Nach den Erfahrungen der letzten Jahre muß man dieses »noch« allerdings dick unterstreichen. Diese Erfahrung lassen sich nämlich in dem Satz zusammenfassen, daß jedes Recht, daß geeignet ist, dem Kartell im Weg zu stehen, über kurz oder lang entweder offiziell kassiert wird oder faktisch nicht mehr ausübbar ist.

Ein Regime ist nicht erst dann totalitär, wenn es Konzentrationslager tatsächlich errichtet, sondern wenn es die Spielregeln eliminiert, die es gegebenenfalls an dieser Errichtung hindern würden: wenn also die persönliche Freiheit nicht als einklagbares Recht des Bürgers, sondern als Zugeständnis – und hier wiederum nicht einmal als Geschenk, sondern als bloße Leihgabe – des Regimes erscheint.

6. Neusprech: Durchsetzung totalitärer Diskursregeln

Noch einmal sei Sebastian Haffners Beschreibung der frühen Dreißigerjahre zitiert: »Wir wußten, mit vielen unserer Altersgenossen konnten wir kein Wort reden, weil wir eine andere Sprache sprachen. Wir fühlten um uns herum das ›braune Deutsch‹ entstehen … ein abscheuliches Idiom, das in jeder Vokabel eine ganze Welt von gewalttätiger Dummheit implizierte.«[64]

Was Haffner hier beschreibt, ist etwas qualitativ anderes als die Banalität, daß unterschiedliche Milieus unterschiedliche Ausdrucksweisen pflegen und unterschiedliche Weltanschauungen sich in spezifischem Vokabular niederschlagen: Es ist die totalitäre Schließung der Sprache, die ideologisch so stark aufgeladen ist (»in jeder Vokabel eine Welt«), daß sie einen vor die Wahl stellt, entweder die Kommunikation mit ihren Sprechern zu verweigern oder sich ihrer Ideologie zu unterwerfen.

Solange es sich bei diesen Sprechern um eine isolierte Sekte und deren Jargon handelt, Scientology zum Beispiel, fällt die Verweigerung des Umgangs leicht. Das beklemmende Gefühl, das bei Haffner in die Worte »um uns herum« gefahren ist, also das klaustrophobische Gefühl des Umzingeltseins stellt sich ein, wenn die Bereiche, in denen man die betreffende Sprache nicht zu sprechen braucht, immer kleiner werden, und die, in denen man sie nicht hören muß, nicht einmal in den eigenen vier Wänden existieren, sofern man dort Massenmedien konsumiert.

Nehmen wir als Beispiel für die Sprache des entstehenden Regimes und dessen Diskursregeln das Wort »Rassismus«. Unter »Rassismus« verstand man früher, einen anderen Menschen wegen dessen Hautfarbe beziehungsweise Abstammung als Menschen minderen Rechts und minderer Würde zu verachten – eine Einstellung, die auch heute noch vom Publikum völlig zu Recht als verwerflich angesehen wird. Was diesem Publikum heute aber stillschweigend und als vollendete Tatsache vorgesetzt wird, ist eine exzessive Umdeutung, die von der ideologieproduzierenden Industrie klammheimlich eingeführt wurde, nicht einmal in sich logisch ist und es auch gar nicht sein soll.

Die herrschende Ideologie behauptet, Rassismus sei allgegenwärtig und sogar das Hauptübel westlicher Gesellschaften (neben dem CO_2-Ausstoß, versteht sich, aber noch vor der neuesten Coronavariante), er müsse daher durch immer neue »Antirassismus«-Kampagnen in Schach gehalten werden, und zu diesem »Antirassismus« gehöre, Masseneinwanderung rückhaltlos zu bejahen. »Rassist« ist, wer all dies ablehnt, Rassismus also nicht für ein drängendes soziales Problem hält, sich durch entsprechende Kampagnen bis ins Fußballstadion hinein genervt fühlt oder Masseneinwanderung nicht befürwortet. Damit pflanzen die Ideologieproduzenten des Kartells durch ständige Übung unausgesprochen, aber wirksam, Diskursregel 1 in die Köpfe.

DISKURSREGEL 1: **Die passive Verneinung der herrschenden Ideologie ist nicht möglich.**
Ein Ideologem aus dem Kanon der herrschenden Ideologie trotz Aufforderung beziehungsweise sozialer Erwartung nicht zu bejahen, wird automatisch als *Bejahung des Gegenteils* aufgefaßt, die Ablehnung der sich selbst »antirassistisch« nennenden Propaganda als per se rassistisch. Auf diesem Wege der willkürlichen Definition und einseitigen Zuschreibung kann man jeden Menschen, der die Ideologie oder die Praktiken

des Kartells ablehnt, jedes beliebigen Gedankenverbrechens bezichtigen. Es geht nämlich nicht darum, ob der Betreffende in irgendeinem vernünftigen Sinne des Wortes »rassistisch«, »rechtsextrem«, »fundamentalistisch« etc. ist, sondern daß er sich die herrschende Ideologie und deren jeweils aktuelle Glaubenssätze in einem für das Kartell strategisch entscheidenden Bereich nicht zu eigen macht – er braucht sie nicht einmal aktiv zu verneinen.

Daß dies so ist, erkennt man, wenn jemand versucht, eine die herrschende Ideologie relativierende Position zu vertreten, dabei aber deutlich machen möchte, daß er damit *nicht* deren Gegenteil bejaht. Er wird diesen Versuch mit den Worten einleiten: »Ich bin kein Rassist, aber …« Wer es so versucht, hat verloren. Wer bestreitet, Rassist (oder analog: Ausländerfeind, Antisemit etc.) zu sein, beweist – gerade dadurch, daß er es bestreitet –, daß er es *ist!* Dieses Argumentationsmuster ist paranoid, insofern es keine Möglichkeit gibt, denjenigen, der es vertritt, davon zu überzeugen, daß er sich irrt. Es gibt nur einen einzigen Weg, der Zuschreibung zu entgehen, nämlich die Unterwerfung.

Dies hat unter anderem zur Folge, daß auch Fakten nicht in die Debatte eingeführt werden können und dürfen, sofern sie geeignet sind, die Richtigkeit der herrschenden Ideologie in Frage zu stellen. Noch bevor die Frage »wahr oder unwahr« überhaupt debattiert werden kann, geht es um die Frage »›rassistisch‹ oder nicht«, die, wie wir gesehen haben, gleichbedeutend ist mit: »ideologisch abweichend oder nicht«.

Wird die Frage bejaht, so ist die Diskussion beendet, der als »Rassist« Etikettierte aus dem Teil der Gesellschaft ausgeschlossen, der legitimerweise diskutieren darf, und in eine Art virtuelles Tal der Aussätzigen verbannt.

Gegenüber der herrschenden Ideologie gibt es keine Möglichkeit der Relativierung. Mehr noch: Es gibt auch kein Recht auf Neutralität, auf Gleichgültigkeit, auf Zweifel. Sogar die elementarste Form der Meinungsfreiheit schlechthin für sich in Anspruch zu nehmen, nämlich das Recht, seine Meinung für sich zu behalten, wird – jedenfalls in Zusammenhängen, in denen ein positives Bekenntnis gefordert oder erwartet wird – als aktive Verneinung im Sinne der Bejahung des Gegenteils aufgefaßt.

»Rassist« ist ferner, wer behauptet, es gebe grundlegende Unterschiede zwischen verschiedenen Kulturen: Denn damit hat er die Frage ihrer Kompatibilität, das heißt der Möglichkeit ihrer Koexistenz im selben Land aufgeworfen, was eine Kritik, oder zumindest Nicht-Bejahung der Masseneinwanderung darstellt. Ebenfalls »Rassist« ist, wer behauptet, es gebe *keine* grundlegenden Unterschiede zwischen verschiedenen Kulturen (also das Gegenteil des ersten Statements): Denn damit hat er der fremden Kultur die Besonderheit abgesprochen und einem weißen Kulturimperialismus gefrönt, der die in Europa und Nordamerika geltenden Werte per Universalismus allen anderen Völkern, vor allem aber nichtwestlichen Minderheiten in Europa und Nordamerika selbst aufzwingen will.

Erste Frage: Was hat Kultur mit Rasse zu tun? Nichts, jedenfalls nicht begrifflich. Die Logik geht so: Da Völker unterschiedlicher Rasse praktisch immer auch unterschiedliche Kulturen haben, *unterstellen* die Kartellideologen jedem, der Kulturunterschiede thematisiert, er *meine* »in Wahrheit« Rassenunterschiede. Auf diese Weise, also durch eine unbewiesene, aber auch irrelevante Unterstellung, legitimieren sie die Verwendung des Triggerworts »Rassismus« (das nur deshalb ein Triggerwort ist, weil das Publikum darunter etwas anderes versteht als die Ideologen, diese aber den Unterschied wohlweislich nicht thematisieren). *Beruft* sich nun der Betroffene darauf, daß es sich um eine unwahre Unterstellung handele, besteht er gar darauf, es komme auf die Rassenunterschiede gar nicht an, so hat er in doppelter Weise die Relevanz des Rassismusproblems in Abrede gestellt (»geleugnet«, wie es im herrschenden Diskurs heißt), damit gegen Diskursregel 1 (keine passive Verneinung herrschender Ideologeme) verstoßen und sich dadurch selbst des Rassismus überführt.

Zweite Frage: Ist dann also *jedermann* Rassist, da doch *beide* einander ausschließenden Statements als rassistisch gelten, ein drittes aber aufgrund von Diskursregel 1 nicht geduldet wird? Das wäre logisch, man kann dieser Konsequenz (und ihren unter Umständen existenzvernichtenden Folgen) aber entgehen, indem man die Formallogik außer Kraft setzt: Man bejaht also die starke Identität nichtwestlicher Kulturen, verneint aber die Existenz einer westlichen. Erstere unterscheiden sich von letzterer, letztere aber nicht von ersterer. A ist gleich B, aber B ist ungleich A.

DISKURSREGEL 2: Wahr ist nicht, was ist, sondern was sein soll.
Empirisch ist dies selbstredend blanker Unfug; verständlich wird er nur vor dem Hintergrund eines spezifisch linken Verständnisses von »Wahrheit«. A priori »wahr« – wir erinnern uns – ist die »objektive« Tendenz zu Egalisierung, Liberalisierung und Demokratisierung im Sinne der Einebnung aller sozialen Machtungleichgewichte (zum Beispiel zwischen Arm und Reich, aber eben auch zwischen ethnischer Mehrheit und Minderheit, Leitkultur und Nischenkultur),

letztlich zum Kommunismus. Da die westliche Kultur stark genug ist, alle anderen zur Anpassung zu zwingen, und da sie von Weißen getragen wird und deren Verschwinden kaum überleben kann (welche Behauptung »rassistisch« ist, wenn ein Rechter sie vorträgt, aber »antirassistisch«, wenn Linke sie ihren Strategien zugrunde legen), müssen die Weißen weg: natürlich nicht jeder Einzelne sofort, sonst müßten die Linken ja alle Selbstmord begehen (und so weit reicht ihr Idealismus dann auch wieder nicht), aber auf die Dauer und als Rasse.

Zu beobachten ist hier eine Methode, die George Orwell »Doublethink« nannte: Das utopistische Wahrheitsverständnis und die Verkörperung der Utopie durch eine sogenannte Elite führt ganz von allein zur Außerkraftsetzung der Formallogik, die Ideologie des Kartells immunisiert sich dadurch gegen jede Kritik, die sich auf Logik und auf Tatsachen stützt. Sie wird unkritisierbar.

Die an sich erstaunliche Frechheit, mit der Medien, Politiker, Ideologen und Aktivisten des Kartells (nach landläufigen Begriffen) lügen, erklärt sich ohne Weiteres, wenn wir unterstellen, daß sie nicht von einem empirischen, sondern von einem normativen, utopistischen Wahrheitsverständnis ausgehen: Wahr ist nur die Utopie. Bewiesen wird diese Wahrheit durch ihre Verwirklichung. Jede Behauptung, die dieser Verwirklichung dient, ist daher wahr, jede andere, die sie hemmt, ist unwahr. Wenn man es durch diese Brille betrachtet, ist es folgerichtig, daß die vermeintliche »Heldin von Mittweida« Rebecca K., die sich 2007 selbst ein Hakenkreuz in die Haut ritzte, um einen Überfall durch Neonazis vorzutäuschen, den ihr verliehenen Ehrenpreis für Zivilcourage[65] behalten durfte – denn sie hatte ja für die gute und damit auch einzig wahre Sache gelogen, wodurch ihre Lüge auf quasi dialektischem Wege zu Wahrheit mutierte.

Alles andere, also jede Behauptung, die geeignet wäre, die Verwirklichung der Utopie zu hemmen, ist aus demselben Grund automatisch unwahr. Da die passive Verneinung gemäß Diskursregel 1 ausgeschlossen ist, kann es gegenüber der Utopie keine Skeptiker geben (»Ich weiß nicht, ob das funktioniert, weil …«), sondern nur Feinde. Deshalb gibt es aus der Sicht dieser Ideologie keine Konservativen, auch keine Liberalen im traditionellen Sinne: Wer nicht links ist, ist Faschist, und »Faschismus ist keine Meinung, sondern ein Verbrechen«.

Daß der Bereich dessen, was man ohne Angst vor krassen Nachteilen äußern kann, immer kleiner wird, ist die natürliche Folge dieser Auffassung von »Wahrheit«: Solange die Verteidiger eines bestimmten Aspekts des Status quo noch im Kartell vertreten und dort noch mächtig genug sind, ihn überhaupt wirksam zu verteidigen, solange der »Fortschritt« in dem jeweiligen Punkt also noch nicht vollzogen ist, bleibt der Linken keine Wahl, als diese Verteidiger reden zu lassen. Sind sie aber erst einmal in der Sache geschlagen, so verschwindet ihre Position aus dem Bereich des Sagbaren, und sie stehen vor der Wahl, sich anzupassen oder aus dem Kartell ausgeschlossen zu werden und ihre oft mühsam über Jahre hinweg aufgebaute Karriere zu beenden. Symbolisch für die, die sich anpassen, steht das Bild des bayerischen CSU-Ministerpräsidenten mit einer Corona-Maske in schwulen Regenbogenfarben. Was einmal abgeschafft wurde, darf nie wieder eingeführt und daher auch nicht befürwortet werden.

Wir sehen also, daß zwei einfache Diskursregeln ausreichen, um die Meinungsfreiheit komplett zu delegitimieren. Die beiden Diskursregeln gelten aber keineswegs nur für normative Fragen, also für die Themen, bei denen auf eine *wertende* Vorentscheidung ankommt, wie beim Thema »Rassismus«, das selbst in seiner ideologisch verzerrten und pervertierten Form noch einen gewissen Bezug zu den Werten erkennen läßt, die da verzerrt und pervertiert werden. Es gilt auch für reine Tatsachenbehauptungen.

DISKURSREGEL 3: **Wahr ist, was das Kartell für wahr erklärt**

Auf den ersten Blick sehen eine Reihe aktueller Themen wie ideologie- und wertneutrale Sachfragen aus, zum Beispiel: Ist der Klimawandel existent, von Menschen verursacht und durch Senkung des CO_2-Ausstoßes beeinflußbar? Ist COVID-19 gefährlicher als eine Grippe, sind die Impfstoffe dagegen wirksam und gesundheitlich unbedenklich?

Man sollte meinen, diese Themen seien moralisch neutral, und doch schlägt den »Klimaleugnern« und »Coronaleugnern« von Seiten des Establishments ein Maß an Aggressivität, ja Haß, entgegen, das jeder Beschreibung spottet – allein die diffamierende Vokabel »Leugner« spricht für sich. Das Kartell, bestehend aus der politischen Klasse, den Massenmedien und einem Großteil des Wissenschafts-Establishments geifert einstimmig gegen jeden, der die angeblich unbestreitbaren Wahrheiten des Kartells zu bestreiten wagt: Wer dies tue, so der Tenor, sei entweder dumm und uninformiert (dies betrifft auch die zahlreichen hochrangigen Experten unter den Kritikern, einschließlich der Nobelpreisträger) oder rechtsradikal und ein »Verschwörungstheoretiker«. Es versteht sich sozusagen von selbst, daß man sie nicht zu Wort kommen läßt.

Daß die Tatsachenbehauptungen und mit ihnen verbundenen Denkfiguren des Kartells so blind und kritiklos übernommen werden, bedeutet nicht weniger, als daß dessen Wahrheitsmonopol von breiten Bevölkerungskreisen ebenso akzeptiert wird wie sein usurpiertes, in Wahrheit nichtexistentes Recht, jeden, der diese vermeintlichen Wahrheiten bestreitet, mindestens aus der politischen Öffentlichkeit auszuschließen. Daß man ihn irgendwann auch ins Gefängnis werfen wird, ist durchaus möglich, und für diesen Fall absehbar ist auch, daß dies von der Öffentlichkeit kommentarlos geduldet oder mit hämischer Genugtuung gebilligt werden wird.

Es hat sich bestätigt, was ich vor zehn Jahren festgestellt habe:

»*Als die Leugnung des Holocaust als Volksverhetzung in Deutschland strafbar wurde (§ 130 Abs.3 StGB), fehlte es nicht an Kritikern, die zu Recht fanden, es sei mit dem Selbstverständnis eines freiheitlichen Rechtsstaates unvereinbar, ein bestimmtes Geschichtsbild unter Strafe zu stellen. Heute wird man besagten Kritikern bescheinigen müssen, die Gefahren, die von dieser Norm für eine freiheitliche Rechtskultur ausgehen, sogar noch unterschätzt zu haben. Was in den neunziger Jahren vielleicht nicht für jedermann vorhersehbar war, heute aber vor aller Augen liegt, ist die wahrscheinlich irreparable Beschädigung des bürgerlichen Rechtsbewußtseins. Das Verbot der Holocaustleugnung wird nicht mehr als die krasse – und vor allem begründungsbedürftige! – Ausnahme von der Regel gesehen, daß eine Zensur nicht stattfindet. Vielmehr verbreitet sich ein Rechtsverständnis, wonach ... Wahrheit etwas ist, das von Staats wegen dekretiert werden kann, darf und muß, und das man (unabhängig von Tatsachen) nicht bezweifeln darf, weil die bloße Äußerung eines Zweifels bereits strafwürdiges ›Unrecht‹ darstellt.*«[66]

Man hat die Machthaber mit dem Verbot der »Holocaustleugnung« davonkommen lassen und ihnen damit signalisiert, daß man ein staatliches Wahrheitsmonopol grundsätzlich zu akzeptieren bereit ist. 1994, als das Verbot eingeführt wurde, mochte man noch hoffen, die politische Klasse werde die damit geöffnete Pandorabüchse sogleich wieder verschließen, da sie ja auch frühere Gelegenheiten zum Machtmißbrauch weitgehend ungenutzt gelassen hatte, etwa während des RAF-Terrors. Leider war dies das Vertrauen in eine politische Klasse, wie man sie in den Jahrzehnten *vor* 1994 gekannt hatte. Die Verbindung von Inkompetenz, Größenwahn und Mangel an Rechtsbewußtsein, die wir heute erleben, war damals noch unvorstellbar.

Außerdem unterschätzte man den Gewöhnungseffekt: Von den heute unter Vierzigjährigen hat niemand *politisch bewußt* eine Zeit erlebt, in der es solche Gesetze *nicht* gab. Sie haben sich klammheimlich durch ihre schiere Existenz als etwas »Normales« und »Legitimes« etabliert, zumal nur noch wenige es wagen – denn es *ist* ein Wagnis geworden! –, sie grundsätzlich zu kritisieren. Das einst selbstverständliche Bewußtsein, daß der Staat nicht dazu da ist, »Wahrheiten« zu dekretieren und ihre »Leugnung« zu ahnden, gehört zum innersten Kern jeder politischen Kultur, in und von der eine Demokratie lebt. In unserem Land ist dieses Bewußtsein nur noch in einer Minderheit lebendig, nämlich in den Menschen, die deswegen von den Machthabern als »Demokratiefeinde« verunglimpft werden.

Das Wahrheitsmonopol, das das Kartell für sich bei Sachthemen beansprucht, ist aus dem utopistischen Wahrheitsverständnis der Linken hervorgegangen, das dabei schnörkellos auf seinen Wesenskern reduziert wurde: Alles, was daran noch anspruchsvoll ist und auf eine idealistische Motivation verweist, ist hier getilgt, zurückgeblieben ist der blanke Machtanspruch des Regimes, vorgetragen von einer politischen Klasse, die buchstäblich nichts dazu qualifiziert. Der Autoritarismus aus Schwäche hat sich die ihm gemäßen Regeln gegeben. Er hätte es nicht tun können, wenn es nicht so viele – zu viele – Menschen gäbe, die diese Regeln akzeptieren.

Wir müssen feststellen, daß vermutlich eine Mehrheit unseres Volkes wenigstens unbewußt glaubt, es gebe *die* eine Wahrheit, die von der Regierung zu verkünden (und die anzuzweifeln ein Frevel) sei. Da dieses blinde Vertrauen zum Kartell, die Akzeptanz seiner Diskursregeln, die Politisierungssucht, der Wille, sich den Machthabern zur Verfügung zu stellen, erst recht der paranoide Stil keine rationale Basis haben, müssen wir der Frage nachgehen, worauf sie dann beruhen.

VII. Die totalitäre Disposition

Wir sind nun schon mehrfach darauf gestoßen, daß die Politik des Kartells, aber auch die Reaktion von Teilen des Volkes darauf wie eine Karikatur des NS-Regimes wirkt: derselbe Hang zu welthistorischen Monumentalprojekten der Marke »Wir schaffen das«, dieselbe Verachtung des einzelnen Menschen und seiner Rechte (Motto: »Du bist nichts, dein Volk ist alles«), dieselbe Neigung, Nonkonformisten zu »Parasiten« und »Schädlingen« zu stempeln und aus der Gesellschaft auszuschließen, dasselbe Durchhaltekriegertum (Motto: »Nur noch ein Lockdown bis zum

Endsieg«), dieselbe Neigung, auf Mißerfolge nicht mit einer Kurskorrektur, sondern mit verschärfter Repression gegen Sündenböcke zu reagieren – aber auch auf der Seite der Regierten derselbe Wille, sich von der Regierung für vermeintlich höhere Ziele in die Pflicht nehmen, schädigen und unterdrücken zu lassen und jeden zu mobben, der es nicht tut: für die Rettung Europas, der Flüchtlinge, von Toleranz und Weltoffenheit, ja sogar der Welt selbst.

Auffallend ist, daß dabei nicht etwa die Ostdeutschen oder die Österreicher vorangehen, denen der typische Westdeutsche so gerne ihre vermeintlichen Defizite bei der »Vergangenheitsbewältigung« vorrechnet, sondern die Westdeutschen selbst, denen das »Wehret den Anfängen« so flott von der Zunge geht, denen aber zu entgehen scheint, daß unser Marsch in den Totalitarismus über bloße »Anfänge« längst hinaus ist und sich dem Punkt nähert, an dem alles in Scherben fällt.

Ich möchte keine Pauschalurteile fällen, aber im Durchschnitt ist die kritische Distanz des Österreichers oder Ostdeutschen gegenüber den Praktiken des Establishments deutlich größer als die des durchschnittlichen Westdeutschen, und entsprechendes gilt für ihre Bereitschaft zum Mobbing gegen Außenseiter. Es sieht so aus, als bestünde zwischen der Intensität der »Vergangenheitsbewältigung« und der Neigung, diese Vergangenheit – und sei es nur in Form einer Karikatur – zu wiederholen, nicht etwa ein gegenläufiger, sondern ein positiver Zusammenhang.

1. Masochismus

»Der ›Klimawandel‹, an den diese Unglücklichen von morgens bis abends zu denken gelernt haben, ist so etwas wie eine mystische Gottheit. Wovon lebt diese Gottheit? Von Opfern.« Dies war wieder einmal eine Beobachtung von Sebastian Haffner aus den Dreißigerjahren, allerdings habe ich mir erlaubt, das ursprünglich dort stehende Wort »Deutschland« durch »Klimawandel« zu ersetzen, um zu illustrieren, wie wenig sich an der Bereitschaft unseres Volkes geändert hat, politische Programme der Regierenden, heute also den Kampf gegen den Klimawandel, Corona oder »Rechts«, für ethnische Durchmischung (im BRD-Sprech: »Weltoffenheit und Toleranz«) oder die Machtzentralisierung bei der EU (»Europa«) quasireligiös zu überhöhen. Haffner schreibt:

»Das ›Deutschland‹, an das diese Unglücklichen von morgens bis abends zu denken gelernt haben, ist so etwas wie eine mystische Gottheit. Wovon lebt diese Gottheit? Von Opfern. (…) Im letzten Krieg [dem Ersten Weltkrieg], in den ersten fünf Nachkriegsjahren sowie unter Brüning und Hitler haben sie ›für Deutschland‹ bereitwillig und geduldig ›Surrogate‹ gegessen … Bis heute sind deutsche Patrioten in der Lage, sich durch das Essen minderwertiger Lebensmittel eine Art von geistiger Befriedigung zu verschaffen, wie sie die Flagellanten im Mittelalter durch Selbstgeißelung zu erlangen suchten.«

(Ein Schuft, wem jetzt das Wort »Veganer« einfällt.)

»Eine Regierung, die ihnen genug zu essen gäbe, würde bei ihnen in den Verdacht geraten, … nicht genug ›für Deutschland‹ zu tun. Mit der … traurigen Geduld, mit der ein Pudel

gestattet, daß man ihm seinen Knochen wegnimmt, haben
die Deutschen zugelassen, daß man ihnen zweimal ihre
Ersparnisse ... stahl, ganz zu schweigen von jenen Tausen-
den von sinnlosen Opfern an Freizeit, Geld, Komfort und
kleinen Annehmlichkeiten, die Hitler ihnen tagtäglich und
systematisch abverlangt.«[67]

Der Appell an die kollektive Opferbereitschaft wirkt
bei unserem Volk offenbar nach wie vor wie ein
pawlowsches Glöckchen, und es wirkt um so unwi-
derstehlicher, je schmerzhafter, ja selbstmörderischer
die geforderten Opfer sind. Und gefordert werden dabei »... auch Opfer, die ganz allgemein als unehren-
haft angesehen werden: Opfer an Charakter, Gewissen, Einsicht und Moral. ›Für Deutschland‹ muß ein
Mann von seiner Frau getrennt werden, wenn sie nicht
arisch ist.«[68]

Und für den Kampf gegen dies und das muß man
heute den Partner verlassen, der in der falschen Partei
ist, und sich gegebenenfalls von seinen Geschwistern,
Eltern und Kindern lossagen, den ungeimpften Kollegen beim Arbeitgeber und den politisch Andersdenkenden bei Facebook denunzieren, den SUV-Fahrer
mobben und den Pelzmantel einer Omi mit Sprüh-
farbe ruinieren.

Unser Volk hat sich seine Freiheit für etwas abschwatzen lassen, gegen das das sprichwörtliche bi-
blische Linsengericht noch ein gutes Geschäft gewesen wäre. Selbst keinerlei Gegenleistung für all die er-
brachten Opfer wäre besser als die negative, die wir bekommen: ein Regime, das jetzt schon deutliche Züge
einer Diktatur zeigt, auf seinem Marsch in den Totalitarismus zügig vorankommt, das Land ruiniert und
buchstäblich die Fortexistenz des deutschen Volkes
gefährdet. 70 Jahre »Demokratieerziehung« haben

bestenfalls einen dünnen Firnis an Liberalität hinterlassen, der sich bei der ersten Gelegenheit verflüchtigt.[69] Was darunter liegt, wartet nur darauf, von Machthabern mißbraucht zu werden und mußte in dem Moment ans Tageslicht kommen, in dem Politiker an die Macht kamen, die zu diesem Mißbrauch entschlossen waren.

Der masochistische Übereifer, mit dem speziell die Westdeutschen nach Zumutungen zu gieren scheinen, nach Abweichlern und »Volksschädlingen« (Dieser Ausdruck ist wieder zu hören!) Ausschau halten, einander belauern und bewachen (»aufeinander achtgeben«, wie es in der BRD-typischen betulichen Tantensprache heißt) und Gelegenheiten suchen, »Opfer zu bringen«, entbehrt leider völlig des gewissen Augenzwinkerns, mit dem die Bürger der DDR früher einander stillschweigend baten, ihre Lippendienste zugunsten des Regimes nicht allzu ernst zu nehmen. Die Klimajünger, die Zeugen Coronas, die Gutmenschen, die Genderideologen, die Kämpfer gegen Rechts – sie alle meinen es todernst!

An diesem Punkt sind Politikwissenschaft und Ideologiekritik mit ihrem Latein am Ende. Wir haben es nicht mit rationalem Verhalten im engeren Sinne zu tun. Um zu verstehen, was hier vor sich geht, müssen wir einen Abstecher auf das Feld der Psychologie unternehmen.

2. Der Krieg der Generationen

Viele der in diesem Buch beschriebenen Verfallserscheinungen sind in den meisten, auch traditionell liberalen, westlichen Ländern zu beobachten. Spezifisch (west-) deutsch scheinen mir aber doch die ideologische Verbissenheit, die messianisch-apokalyptische Heilserwartung und die Bereitschaft zur Selbstschädigung zu sein, mit der eine Mehrheit unseres Volkes politische Konzepte mitträgt, die nicht nur das Volk als Ganzes schädigen, sondern auch jeden einzelnen Bürger bis tief ins Privatleben hinein.

Der Selbsthaß vieler Deutscher – latent als Haß auf die eigene Person, offen und ideologisch verbrämt als Haß auf das eigene Volk – ist ein so seltsames, aber auch wirkungsmächtiges Phänomen, daß wir seine sozialpsychologischen Hintergründe beleuchten müssen,[70] wenn wir den Niedergang der deutschen Demokratie verstehen wollen. Gerade eine Demokratie kann schwerlich gegen den Selbstschädigungswillen desjenigen Volkes anregieren, dessen Staatsform sie ist. Die strukturellen Schwächen dieser Staatsform könnten ohne diesen sozialpsychologischen Hintergrund kaum so verheerend zum Tragen kommen, wie es tatsächlich geschieht, daher sei er an dieser Stelle zumindest skizziert:

Die Niederlage des Deutschen Reiches 1945 hinterließ eine Kriegskindergeneration, die in dem Bewußtsein erzogen worden war, das künftige Herrenvolk mindestens Europas zu sein, nun aber mit einer Realität bitterster Not, Entbehrung, Gewalt und Erniedrigung zurechtkommen mußte. Als diese Kinder – aus deren späteren Jahrgängen sich die »Achtundsechziger« rekrutierten – erwachsen wurden, machten sie ihre Eltern dafür verantwortlich.

Diese Eltern wiederum, die geglaubt hatten, gerade durch ihr Engagement für das NS-Regime (oder jedenfalls für das Vaterland, das nun einmal diese Regierung hatte) die Zukunft ihrer Kinder zu sichern, wurden mit Vorwürfen konfrontiert, auf die sie nicht vorbereitet waren, und die sie nicht kontern konnten, weil

sowohl die Niederlage selbst als auch das aus ihr re-
sultierende Übergewicht westlicher, speziell amerika-
nischer Narrative, ihnen die Argumente aus der Hand
geschlagen hatten.

Ihre Versuche, sich an die neuen Verhältnisse anzupassen und ihnen gegebenenfalls Lippendienste zu leisten, wurden von der Kriegskindergeneration als Heuchelei angeprangert. Da praktisch jeder Deutsche sich
in irgendeiner Form mit dem NS-Regime arrangiert
hatte, waren Beweise für diese sogenannte oder auch
Heuchelei stets leicht zu finden.

Es machte die Dinge für niemanden einfacher, daß
die Auseinandersetzungen in politisch-ideologischen
Begriffen geführt wurden, die an dem Thema der see-
lischen Verletzungen vorbeiführten, um die es eigentlich ging. Der »Antifaschismus« der enttäuschten
Kriegskinder war das Ventil für die Aggressionen einer
Generation, die nie gelernt hatte, mit eigener Schwäche und Verletzlichkeit umzugehen und ihre Gefühle
zuzulassen. Folgerichtig äußerten sich diese Gefühle
in der destruktiven Form des Zorns. Dieser Zorn be-
durfte eines ideologischen Vehikels – eines Vehikels,
das praktischerweise von den amerikanischen, bis zu
einem gewissen Grade auch den sowjetischen Siegern
zur Verfügung gestellt worden war und deshalb jeden,
der es bestieg, automatisch unter die »Sieger der Geschichte« einreihte.

In Wahrheit waren die Nachkriegsdeutschen, ungeachtet ihres ideologischen Musterschülertums, offensichtlich alles andere als Sieger. Das Land wurde geteilt und ausgeplündert, die auf seinem Boden gegrün-
deten Vasallenstaaten gezwungen, ihre Politik an den
Interessen der Sieger auszurichten, das Volk zu einem
kollektiven autorassistischen Unwerturteil gezwungen,
das mit um so mehr Begeisterung verkündet wurde, je

mehr die früheren Kriegskinder das Ruder übernahmen. Die Identifikation mit dem Aggressor, auch bekannt als »Stockholm-Syndrom« und maskiert als »Antifaschismus«, avancierte zur öffentlichen Tugend.

Die Generation der Eltern, die den Krieg geführt hatte, war deren Kindern dabei peinlich und lästig, sich von ihr loszusagen das probate Mittel, sich selbst zu den »guten« Deutschen zu rechnen und sich einen selbstgedruckten Persilschein auszustellen. Nazis waren immer die anderen.

Indem sie aber die Verbindung zur Elterngeneration kappten, kappten sie zugleich die zur gesamten Geschichte des deutschen Volkes, ja zur eigenen Herkunft schlechthin. Der umerzogene Deutsche wurde zum Inbegriff des »Anywhere«, des entwurzelten Menschen, der keine Heimat und keine Herkunft haben will und mit hektischer Aggressivität auf alles reagiert, was ihn daran erinnert, daß er sie tatsächlich hat. Insofern war er sogar ein Trendsetter, der sich im Einklang mit dem Weltgeist wußte, wenn er seinesgleichen weltweit die Macht übernehmen sah.

Dabei sind die eigene Herkunft und Verwurzelung für die Selbstachtung jedes Menschen enorm wichtig. Es ist bereits für Einzelpersonen kaum und für Völker überhaupt nicht möglich, über die Vorfahren ein Unwerturteil zu sprechen, ohne es auf sich selbst auszudehnen. Die Generation der Kriegskinder konnte genauso wenig wie irgend jemand sonst die Vorfahren hassen, ohne sich selbst zu hassen und diesen nie aufgearbeiteten Selbsthaß an ihre Kinder und Enkel weiterzugeben.

Im Deutschland der Nachkriegszeit tobte ein Krieg der Generationen, der sich als »ideologische« Auseinandersetzung nur tarnte. Was die Kriegskinder (die sonst zweifellos gute Bürger des Großdeutschen

Reiches geworden wären) ihren Eltern vorwarfen, war in Wahrheit nicht, daß sie irgendwelche Verbrechen begangen hätten (das hatten die wenigsten, und diese gaben es nicht zu), und auch nicht, daß sie einen Krieg geführt, sondern, daß sie diesen Krieg verloren hatten. Der »Antifaschismus« der Kriegskinder war zu großen Teilen der gekränkte Narzissmus der verhinderten Herrenmenschen. Ihr Unwerturteil über das eigene Volk war konsequenter Sozialdarwinismus: Was unterliegt, ist nicht lebenswert, das Schwache muß verschwinden.

Die Kriegskindergeneration führte einen Krieg gegen die eigenen Eltern, die es »verdient« hatten, daß man auf ihnen herumtrampelte, denn schließlich hatten sie sich durch die Niederlage als »Untermenschen« erwiesen, denen man nichts schuldet, schon gar keinen Respekt. Die Kriegskinder, bei denen dieser Psychomechanismus wirksam war, hätten es selbstredend nicht so formuliert, weil durch solche Formulierungen die ideologische Camouflage ihrer fortwirkenden sozialdarwinistischen Verrohung aufgeflogen wäre, die sie unreflektiert an ihre Kinder weitergaben. Die vom NS-Regime geforderte, von den Kriegskindern vehement verdrängte und hysterisch verurteilte Mentalität des Herrenvolkes kehrte in grotesker Verkleidung wieder.

Die nachfolgenden Generationen, die glauben, mit dem Kampf gegen das eigene Volk ihren eigenen »antifaschistischen« Kampf zu führen, wußten und wissen vielfach bis heute nicht, daß ihre Denk- und Verhaltensreflexe aus einem Generationenkrieg stammen, der sich nie ehrlichmachen konnte und deshalb in veränderter Gestalt weitertobt. Daß die NS-Ideologie auf der *bewußten* Ebene vehement abgelehnt wird, ändert nichts an diesem Befund. Im Gegenteil: Gerade die blinde Hysterie, die bei diesem Thema regelmäßig aufkommt, legt nahe, daß hier etwas Verdrängtes ans Licht zurückdrängt. Der eigentümliche Gegensatz zwischen der tantenhaften Übersensibilität des Gutmenschentums (von der Willkommenskultur bis zur Triggerwarnung) und der brutalen Verachtung gegenüber den Gegnern und Opfern der Kartellpolitik dürfte hier ihre Wurzeln haben.

Wenn wir uns dies bewußt machen, brauchen wir uns über die totalitäre Disposition unseres Volkes, das spurlose Abperlen der »Demokratieerziehung«, den Hang zu einer seltsamen Art von »Volksgemeinschaft«, die Jagd nach »Volksschädlingen« und den Größenwahn, der ganzen Welt ein Vorbild zu sein, ebensowenig zu wundern wie über die Bereitschaft zum kalten Staatsstreich an der Spitze und die SA-Methoden an der Basis des Kartells.

Die »Vergangenheitsbewältigung«, die als seelischer Vorgang nicht stattfinden konnte (und sollte), wurde auf das für solche Zwecke völlig ungeeignete Feld der Politik verlegt und vergiftet dort durch ihren ständigen Bedarf an kollektiven Großtaten, pervertierter Gemeinschaft, Selbstvergewisserung der Verunsicherten, Haß und Feindbildern die politische Kultur. Daß diese Züge mit zunehmendem zeitlichen Abstand zu 1945 nicht etwa verblassen, sondern immer deutlicher hervortreten, widerlegt diese These keineswegs, sondern bestätigt, daß hier ein kollektives Unbewußtes am Werk ist, das sich um so hemmungsloser Bahn bricht, je schwächer der jeweils eigene biographische Bezug zur NS-Zeit ist.

3. Politik als Religionsersatz

Diese spezifisch deutsche Konstellation ist in Prozesse eingebettet, die das gesamte Abendland betreffen, insbesondere den Verfall des Christentums als Sinn und Orientierung stiftender Religion. Mochte man in der Epoche der Aufklärung noch glauben, die Freiheit *von* der Religion werde gleichbedeutend mit der Freiheit *zur* Selbstentfaltung des Menschen sein, so haben die vergangenen 250 Jahre uns eines Schlechteren belehrt. Wer Gott von seinem Thron stößt, dies die Lehre aus diesen zweieinhalb Jahrhunderten, hat diesen Thron damit nicht etwa umgestürzt, er hat nur den Platz freigeräumt, auf dem allerlei Götzen sich breitmachen können. Religiosität gehört unhintergehbar zum Wesen des Menschen, und wer die Erlösung vom Jenseits ins Diesseits verlegt, verwandelt politische Interessenkonflikte in Religionskriege und die politische Auseinandersetzung in eine apokalyptische Schlacht zwischen den Kräften des Guten und denen des Bösen, den »Kriegern des Lichts« (dies der bezeichnende Titel eines Hits aus dem Jahr 2009) und denen der Finsternis.

Die Totalitarismen der vergangenen Jahrhunderte waren Versuche, das Christentum in seiner sinnstiftenden Funktion zu ersetzen. Es handelte sich keineswegs um Projekte, die sich aus der »Vernunft« oder gar der »Wissenschaft« ergaben, obwohl etwa die Jakobiner und die Marxisten dies für sich beanspruchten. Sie waren auch nicht gegen die Religion schlechthin gerichtet, sondern nur gegen die tradierte.

»Vernunft« und »Wissenschaftlichkeit« wurden selbst in den Rang von Götzen erhoben – und damit ihrer Substanz beraubt, denn selbstredend sind eine »Vernunft« und eine »Wissenschaft«, in deren Namen man gegen *Ketzer* zu Felde zieht, um sie (mindestens) mundtot zu machen, alles, nur keine Vernunft und Wissenschaft.

Die Verbrechen totalitärer Regime sind vermutlich gerade deshalb so abscheulich und stellen alles bis dahin Dagewesene in den Schatten, weil sie quasireligiös legitimiert und deshalb mit so gutem Gewissen begangen werden. Für politische Projekte die Autorität der Wissenschaft geltend zu machen, läuft auf ein gigantisches Milgram-Experiment hinaus, das das individuelle Gewissen betäubt und gerade das Böseste, was Menschen begehen können, moralisch adelt.

Man hätte glauben können, spätestens mit dem Zusammenbruch des Realsozialismus sei dieser perversen Politikauffassung endgültig der Boden entzogen worden, das vielzitierte »Ende der Geschichte« erreicht, der Siegeszug der liberalen Demokratie vollendet worden, doch weit gefehlt. Wahrscheinlich hatte gerade die Systemkonkurrenz zwischen Ost und West Freiräume offengehalten, die seit 1990 zügig eliminiert werden. So zwang sie die westlichen Eliten nicht nur dazu, Rücksicht auf die von Ihnen beherrschten Völker zu nehmen, sondern auch einen Pluralismus zu dulden, den man dem konkurrierenden System als »Freiheit« entgegenhalten konnte, und der erheblich zur Attraktivität des Westens für die Bürger des Ostens beitrug.

All dies hat sich erübrigt, und daher ist es für besagte Eliten durchaus bequem, die pseudoreligiösen Bedürfnisse der Bürger vor den Karren ihrer eigenen Zwecke zu spannen. Wenn sie schon über Völkern thronen, deren ungestillte Erlösungssehnsüchte nach einem *Feind* gieren – wie sollten diese Eliten der Versuchung widerstehen, ihre Gegner zu diesem Feind zu stempeln und den verzweifelten apokalyptischen

Sehnsüchten der Bürger zum Fraß vorzuwerfen? Und sei es nur, um nicht selbst zu deren Zielscheibe zu werden?

Mit einer demokratischen politischen Kultur ist dieser Mißbrauch der Politik zum Zwecke der Befriedigung religiöser Sehnsüchte selbstredend unvereinbar, allein schon, weil durch ihn die Legitimität des Dissenses und damit eine tragende Säule einer demokratischen Ordnung negiert wird. Leider ist nicht zu erkennen, wie eine Entgiftung dieser Kultur noch möglich sein soll.

Die Lage der Opposition

VIII. Zwischenfazit

Rekapitulieren wir: Die politische Klasse der BRD verfolgt eine Reihe von Zielen, für die sie die Zustimmung des Volkes nicht erwarten und die sie deshalb nicht offen zur Debatte stellen oder gar einer demokratischen Entscheidung überlassen kann. Zu diesen Zielen gehören: die praktisch unbegrenzte Einwanderung von Menschen aus aller Herren Länder, die Übertragung aller wesentlichen politischen Entscheidungskompetenzen auf supranationale oder sogar transnationale (also nichtstaatliche internationale) Gremien – was die weitgehende Beseitigung der Demokratie impliziert –, die Eliminierung von Partizipations- und Freiheitsrechten, die diesen Zielen im Wege stehen.

Sogenannte Probleme wie Eurorettung, Flüchtlingskrise, Rechtsextremismus, Klima und Corona sind dazu da, »Lösungen« zu legitimieren, die diesen Zielen dienlich sind. Um bei deren Verfolgung nicht durch demokratische Mechanismen gestört zu werden, bilden alle Parteien (unter Ausschluß der AfD, aber einschließlich der Linkspartei, die bei Bedarf fallweise kooptiert wird) ein Kartell. Über geeignete Kanäle bezieht die politische Klasse auch Akteure und

Teilsysteme außerhalb der Politik in das Kartell ein, insbesondere die Medien und die Wissenschaft, aber auch Kirchen, Gewerkschaften, Arbeitgeberverbände und gesellschaftliche Großorganisationen aller Art. Dies gelingt ihr unter anderem deshalb, weil der kleine Kreis der Letzteigentümer der miteinander verflochtenen internationalen Großkonzerne, also die eigentliche global herrschende Klasse, dieselbe Politik verfolgt.

Um diesen Kurs als »demokratisch« erscheinen zu lassen, fingiert das Kartell einen Konsens, wo in Wahrheit keiner besteht und suggeriert die »Alternativlosigkeit« politischer Programme, die in Wahrheit absurd bis kriminell sind und zu denen Alternativen nicht nur existieren, sondern sich aufdrängen.

Nun läuft gegen diese Politik seit Jahren eine Opposition Sturm, die zahlenmäßig immer stärker wird und durch die Katastrophenpolitik des Kartells ständig neuen Zulauf bekommt. Diese Opposition verfügt nicht nur über eine Partei, die in allen deutschen Parlamenten vertreten ist, sondern auch über eine Reihe von gedruckten und elektronischen Medien, deren Informationsqualität die ihrer etablierten Pendants erheblich übertrifft. Das Parteienkartell verliert fortlaufend Wähler, die etablierten Medien fortlaufend Publikum an diese Opposition.

Während die politikwissenschaftliche Standard-Demokratietheorie für solche Fälle eine Änderung des politischen Kurses voraussagt, erleben wir das Gegenteil: Das Kartell verschärft seinen Kurs, eröffnet immer neue Konfliktfelder und beschneidet demokratische Freiheits- und Partizipationsrechte, um künftige Erfolge seiner Gegner zu unterbinden.

Anders gesagt: Wahlerfolge der Opposition und die Vergrößerung ihrer publizistischen Reichweite bringen sie ihren Zielen keinen Schritt näher. Sie führen lediglich zu verschärften Repressionsmaßnahmen des Kartells.

Unter diesen Umständen ist zu fragen, wie eine Politik aussehen soll, die dem Kartell in letzter Minute erfolgreich in den Arm fällt, damit uns die von ihm verursachten Katastrophen erspart bleiben oder wenigstens gemildert werden.

IX. Systemkonforme Optionen

Die Opposition hat bisher als einzige Perspektive die demokratische Option im Auge gehabt. Man ist sich einig, daß unser Land unter der Herrschaft des Kartells eine desaströse Entwicklung nimmt, und daß das politische Ziel der Opposition daher sein muß, das Kartell entweder mit politischen Mitteln zu einer Änderung dieses Kurses zu nötigen oder zu entmachten. Alle Strategiedebatten standen unter der unangefochtenen Prämisse, daß dieses Ziel mit denjenigen Mitteln anzustreben war, die der demokratische Verfassungsstaat einem zur Verfügung stellt. Die Entmachtung der politischen Klasse setzte also voraus, daß deren Parteien durch Wahlen in die Minderheit gedrängt und damit aus ihren Machtpositionen entfernt werden, wenn auch vielleicht erst in einem letzten Schritt nach der Eroberung des metapolitischen Feldes, also nachdem man zum Beispiel durch publizistische Konkurrenz die Medien des Kartells zurückgedrängt und die Plausibilität seiner Ideologie erschüttert hat.

Darüber bestand Konsens. Selbst in den teils heftigen Strategiedebatten innerhalb der oppositionellen Rechten wird die Systemfrage kaum ernsthaft aufgeworfen. Die Diskussionen kreisen eher um die Frage, ob man einer Strategie der »Sezession«, Provokation und Konfrontation oder einer konzilianteren, kompromißorientierten Linie folgen sollte. Das eine ist die Richtschnur der Neuen Rechten, das andere die der oppositionellen Konservativen. Auf der parteipolitischen Bühne wird dieser Gegensatz zwischen dem sich selbst »bürgerlich« nennenden AfD-Flügel und der seltsamerweise nur »Flügel« genannten AfD-Rechten ausgetragen.

Dabei geht es stets um die richtige Strategie *im Rahmen* der verfassungsmäßigen Ordnung, nicht um eine, die an dieser Ordnung vorbeiführen oder sie gar sprengen sollte. Demokratiekritik ist auf der Rechten zwar gang und gäbe, geht aber kaum einmal über Churchills Bonmot hinaus, Demokratie sei eigentlich ein schlechtes System – abgesehen von allen anderen, die man schon ausprobiert habe und die noch schlechter gewesen seien.

Dies war weder inkonsequent noch irrational. In der Tat konnte man noch vor kurzem sinnvoll argumentieren, der demokratische Verfassungsstaat gebe der Rechten die gleichen Möglichkeiten wie der Linken, für ihre Anliegen Gehör, Wähler und Macht zu finden. Selbst die bisweilen ruppigen Praktiken dieses Staates, wie sie früher auch die Linke gelegentlich zu spüren bekommen hatte, würden sich in dem Maße abschleifen, wie die rechte Opposition sich etabliere. Ungefähr dies war die Hoffnung beider Flügel des rechtsoppositionellen Spektrums, wenn auch von den Konservativen mit mehr Optimismus gehegt als von den Neurechten. Irgendwann, so hoffte man – wenn auch unter bohrenden Zweifeln –, würde das Kartell nachgeben oder die Opposition eine so starke Position erringen, daß es an ihr nicht vorbeikommen würde. Es gebe, so hofften wir alle, rote Linien, die das Kartell nicht überschreiten werde – und wenn doch, so werde es damit das Volk gegen sich aufbringen und seinen eigenen Untergang beschleunigen.

Ich selbst habe vor zwei Jahren in meinem Buch *Ansage*[71] noch drei Optionen formuliert, die ich damals die österreichische, die italienische und die ungarische nennen konnte:

+ Schwarzblau, also die Konstellation, die damals in Österreich regierte und auf deutsche Verhältnisse übertragen eine Koalition der AfD mit der Union bedeuten würde. Dies entspräche dem oben skizzierten »Nachgeben« des Kartells.

+ Querfront, also die Abspaltung des wirklich oppositionellen Flügels der Linken von der Mainstreamlinken und der Libertären vom Mainstreamliberalismus unter Konstituierung als politische Kraft, die dann auch für die oppositionelle Rechte bündnisfähig wäre. Dies liefe auf eine Art »Koalition in der Opposition« hinaus, also die Bildung des Kerns der politischen Klasse einer Dritten Republik. Der Charme dieser Option hätte darin gelegen, daß diese alternative politische Klasse in sich das gesamte politische Spektrum (links, liberal und rechts) enthalten hätte, also tatsächlich so pluralistisch gewesen wäre, wie das Kartell zu sein beansprucht, aber nicht ist. Dies wäre einer der beiden Wege zur Entmachtung des Kartells auf verfassungsmäßigem Wege unter Erneuerung der Demokratie gewesen.

+ Der andere wäre der Durchmarsch der Rechten, das heißt die absolute Mehrheit für eine rechte Partei oder Parteienkoalition.

Überprüfen wir nun im Lichte unserer heutigen Erfahrungen die Erfolgsaussichten jeder der drei Optionen: Schwarzblau war bereits in Österreich eine Mogelpackung:

Der inzwischen selbst abservierte Sebastian Kurz hatte vermutlich nie etwas anderes vor, als den Koalitionspartner FPÖ vorzuführen – was ihm dann ja auch gelungen ist. Es handelte sich um einen großangelegten Betrug an Wählern, die für einen genuinen Rechtsschwenk der ÖVP hielten, was in Wahrheit nur ein taktisches Manöver war.

In Deutschland freilich wäre nicht einmal der Betrug denkbar, weil dem Personal der Unionsparteien selbst dafür noch die geistigen Voraussetzungen fehlen. Daß die FPÖ darüber hinaus zum politischen Establishment gehört und schon mehr als einmal mitregiert hat, ohne daß die Zustände in Österreich sich von denen in Deutschland, wo dies für keine rechte Partei der Fall war, nennenswert positiv unterscheiden würden, läßt die ganze Option (die Lieblingsoption der Konservativen) mehr als fragwürdig erscheinen.

Die Querfront wiederum wird es nicht geben, weil die oppositionelle Linke (ebenso wie das libertäre Spektrum) zwar existent, aber ein reines Intellektuellenphänomen ohne politische Kraft ist. Das Gros der Linken ist vom Kartell gekauft und fühlt sich in der Rolle als dessen Hätschelkind offenbar wohl. Für alle, die auf eine Selbstreinigung und Erneuerung der Demokratie hoffen, ist dies ein ernüchternder Befund: Es bedeutet nämlich zum einen, daß gerade *diejenige* politische Richtung, die aufgrund ihres herrschaftskritischen Grundansatzes zur Opposition gegen ein übergriffiges Regime prädestiniert wäre, in dieser Funktion auch weiterhin ausfallen wird. Die ganze Last der

Opposition und der Ablösung der bisherigen politischen Klasse wird also weiterhin praktisch allein von der Rechten zu tragen sein.

Diese Rechte aber besteht zu einem erheblichen Teil aus Charakterkonservativen, deren Machtperspektive von ihrem eigenen »staatstragenden« Selbstverständnis her die *Eingliederung* ins herrschende Kartell ist, nicht dessen Entmachtung. Ich möchte niemanden beleidigen, aber ich fürchte, das Kartell bräuchte nicht einmal einen besonders hohen Preis zu bezahlen, um diesen Teil der Opposition so zu kooptieren, wie es das mit der Linken bereits getan hat.[72]

Zum anderen müßte eine Erneuerung der Demokratie mindestens die Ablösung der gesamten etablierten politischen Klasse und ihre Ersetzung durch eine alternative Elite bedeuten. Für eine *in sich pluralistische* Opposition wäre dies gewiß ein machtpolitischer Kraftakt, aber kein prinzipielles Problem, weil sie die nötige Breite hätte, um *allein* die politische Klasse einer künftigen erneuerten Demokratie zu stellen. Einer Opposition dagegen, die ausschließlich aus Rechten besteht, fehlt diese Breite.

Damit krankt Option Nummer drei, also die absolute Mehrheit der Rechten, von vornherein daran, daß sie an den Gebrechen der real existierenden BRD-Demokratie nichts ändern kann: Der Spielraum einer solchen Regierung wäre angesichts der verbleibenden Machtpositionen des Kartells in allen gesellschaftlichen Teilsystemen außer der Politik (Medien, Justiz, Wissenschaft, Kirchen etc.) und der ständigen Gefährdung einer solchen hypothetischen rechten Regierung denkbar gering; *wie* gering, mußte gerade erst Donald Trump erfahren.

Als hypothetisch ist das Zustandekommen einer solchen Regierung freilich auch deshalb anzusehen, weil die rechte Wählerbasis einfach zu klein ist: Weder demoskopische Untersuchungen noch die Erfahrungen europäischer Nachbarländer lassen – und sei es nur im Sinne einer Spekulation – die Hoffnung zu, die Rechte werde *ceteris paribus* (also unter sonst gleichbleibenden Bedingungen) bei Wahlen je über dreißig Prozent hinauskommen.

Die Betonung liegt allerdings auf *ceteris paribus*: Eine erdrutschartige Wählerverschiebung nach rechts *ist* denkbar, aber nur als Ergebnis einer *so* tiefgreifenden, schockartig eintretenden und katastrophalen Krise, daß etwas anderes als ein Rechtsruck für die Wähler nicht mehr in Betracht käme. Das bedeutet nicht, daß dieser in einem solchen Falle tatsächlich eintreten *muß*, sondern nur, daß er sonst *nicht* eintreten *kann*. Es handelt sich also um eine notwendige, aber nicht unbedingt hinreichende Voraussetzung – im Übrigen aber um eine Voraussetzung mit überwältigender Eintrittswahrscheinlichkeit.

X. Der absehbare Zusammenbruch

Das Kartell hat unentbehrliche Säulen des Gesamtsystems so weit destabilisiert, daß der Zusammenbruch jeder einzelnen von ihnen als wahrscheinlich zu gelten hat, während umgekehrt die Wahrscheinlichkeit, daß *keine* von ihnen zusammenbricht, nach menschlichem Ermessen außerordentlich gering ist.

Betroffen von der Destabilisierungspolitik sind mindestens die Bereiche Währung, Innere Sicherheit und Energieversorgung. Dabei ist zu beachten, daß der Kollaps einer Säule die der anderen wahrscheinlicher macht. Kettenreaktionsszenarien sind also durchaus denkbar. So könnte am Beginn einer dramatisch krisenhaften Entwicklung, um nur ein denkbares Beispiel zu nennen, ein wochenlanger Ausfall der Stromversorgung stehen, in dessen Gefolge es zu Plünderungen, Aufständen und massenhafter Gewaltkriminalität kommt. Die Kumulation beider Krisen wiederum könnte den Zusammenbruch der Aktienmärkte nach sich ziehen, das dort geparkte Geld in eine fast stillstehende Realwirtschaft zurückschwappen und die schon lange vorhergesagte Hyperinflation auslösen.

Dabei sind die drei genannten Säulen diejenigen, bei denen die Einsturzgefahr bereits jetzt am größten und offensichtlichsten ist, was aber nicht ausschließt, daß etwa die Industrie oder die Volksgesundheit – als Nachwirkungen der Klima- beziehungsweise Corona-Politik – zu ähnlichen Krisenherden heranwachsen. Im Übrigen ist es gut möglich, daß schwer kalkulierbare Faktoren (etwa weitere Migrationsströme oder eine »normale« Wirtschaftskrise) die Lage noch weiter verschärfen werden.

Gewiß wird das Kartell versuchen, einer solchen Katastrophenlage mit seiner üblichen Dreifachstrategie zu begegnen: Es wird die Krise also erstens dazu benutzen, die verängstigten Bürger hinter sich zu scharen. Es wird zweitens versuchen, die rechte Opposition zum Sündenbock für die Krise zu stempeln. Drittens wird es auf Repressionsmaßnahmen aller Art setzen. Diese Repressionsmaßnahmen können je nach Szenario und Krisenherd unterschiedlich ausfallen, aber Zahlungsverkehrskontrollen, Ausgangssperren, Zwangsinternierungen, Strom-, Wasser- und Lebensmittelrationierungen können durchaus dazugehören, Zensur sowieso.

Möglicherweise hat die politisch gewollte unverhält-
nismäßige Brutalität der Einsätze gegen Corona-
Demonstranten den Sinn, die Polizei an die ihr zu-
gedachte Rolle als Bürgerkriegstruppe zu gewöhnen.
Zugleich dürfte sie ein Probelauf gewesen sein, bei
dem getestet werden sollte, wie weit die Beamten bei
der Befolgung einschlägiger Anweisungen der Regierung gehen würden. Leider kann man nicht behaupten,
sie hätten deren Hoffnungen zunichte gemacht.

Ob in einer solchen extremen Krisensituation Wahlen noch stattfinden (und dann nicht durch Wahl-
fälschungen manipuliert) werden, dürfte davon abhängen, ob das Kartell sogar in dieser Lage noch auf
eine quasi plebiszitäre Legitimierung seines Kurses
hoffen kann oder nicht. Bisher hatten Erfolge der Opposition Repressionsmaßnahmen zur Folge, die diese
Erfolge in Sackgassen verwandelten. Wenn man dies
bedenkt, wäre es ein durchaus logischer letzter Schritt
des Kartells, einem drohenden Wahlsieg der Opposition durch Suspendierung oder Fälschung von Wahlen zuvorzukommen.

Daß dies nicht etwa eine bloß theoretische Möglichkeit ist, haben die jüngsten Präsidentschaftswah-
len in den USA gezeigt, die mit an Sicherheit grenzen-
der Wahrscheinlichkeit zugunsten des »Wahlsiegers«
Biden manipuliert wurden,[73] auch wenn die Kartell-
medien das überwältigende Indizienmaterial zugunsten dieser These unter den Teppich zu kehren versuchen und wahrheitswidrig im Chor behaupten, für
eine Wahlfälschung seien »keine Beweise« vorgelegt
worden. Nichts spricht dafür, daß dieselben Medien
sich im Falle entsprechender Vorgänge im eigenen
Land anders verhalten würden.

Ich möchte nicht geradezu jeden zum Traumtänzer
stempeln, der nach wie vor darauf setzt, das Kartell

durch Wahlen zu entmachten. Ich weise nur darauf hin, wie gering die Erfolgsaussichten einer solchen Strategie unter der Herrschaft einer politischen Klasse sind, die das Grundgesetz lediglich als unverbindliche Empfehlung auffaßt.

XI. Risiken der Kartellstrategie

Ob das Kartell mit seiner Strategie der Spannung Erfolg hat, hängt davon ab, ob das Volk mehrheitlich ihm und seinen Medien auch dann noch vertraut, wenn die Warnungen der Opposition nicht nur bestätigt, sondern übertroffen werden, und ob die bewaffneten Kräfte, also Polizei und Bundeswehr, ihm weiterhin als Bürgerkriegstruppen zur Verfügung stehen, also weder selbst zum letzten Mittel des Staatsstreiches greifen, um ein verfassungsfeindliches Regime zu entmachten, noch einen darauf gerichteten Aufstand dulden und zumindest passiv unterstützen.

Unter diesem Gesichtspunkt ist nachvollziehbar, warum seit Jahren immer wieder Warnungen vor »rechten Seilschaften« in Polizei und Streitkräften gestreut und ideologische Abweichungen von Beamten und Soldaten immer kleinlicher verfolgt werden. Was das Kartell nämlich wirklich fürchtet, sind nicht etwa Rechtsextremisten in Polizei oder Armee (wenn es die in nennenswerter Anzahl gäbe, wäre es vermutlich längst gestürzt worden), sondern *verfassungsloyale* Beamte, die die putschistische Politik des Kartells irgendwann nicht mehr mittragen könnten.

Der abgesetzte Verfassungsschutzchef Hans-Georg Maaßen ist genau wegen seiner Verfassungsloyalität seines Postens enthoben worden und dürfte repräsentativ für einen erheblichen Teil der Beamtenschaft sein. Ich weise nur darauf hin, daß es sich um das gleiche Milieu handelt, aus dem sich bereits im Dritten Reich der konservative Widerstand rekrutierte. Solche Menschen – ich spreche nicht unbedingt von Maaßen persönlich, aber von dem Milieu, das er repräsentiert – brauchen lange, um sich zu Widerstandshandlungen durchzuringen, aber zuzutrauen sind sie ihnen durchaus, wie der 20. Juli 1944 gezeigt hat.

Gefahr von dieser Seite droht einer Regierung dann, wenn sie es darauf anlegt, diese Stützen des Staates zu einer Entscheidung zu zwingen: zwischen ihrer Loyalität gegenüber der staatlichen Ordnung einerseits, dem Gehorsam gegenüber einer diese Ordnung zerstörenden Regierung andererseits. Dies ist unter der Herrschaft des Kartells der Fall.

Unter den Maßgaben des Grundgesetzes sind Soldaten und Polizisten dabei nicht nur *berechtigt*, einem verfassungsfeindlichen Regime Widerstand zu leisten (dieses Recht steht gemäß Artikel 20 Absatz 4 Grundgesetz *jedem* Bürger zu), sie sind durch ihren Dienstbeziehungsweise Fahneneid dazu *verpflichtet*.

Das Kartell hat durch seine Katastrophenpolitik auf der Basis des Merkel-Syndroms ohne Not eine hochgradig volatile und unkalkulierbare Lage geschaffen, die durchaus seinen Sturz zur Folge haben kann. Es überschätzt allem Anschein nach seine Fähigkeit, die Entwicklung zu kontrollieren, und zwar in einer Weise, wie sie auch für Psychopathen typisch wäre.

Dies besagt nicht, daß die Strategie des Kartells zwangsläufig scheitern *müsse*, sondern lediglich, daß es zur Erreichung seiner illegitimen und usurpatorischen Ziele erhebliche und unnötige Risiken in Kauf genommen hat, an denen es scheitern *kann*.

XII. Kann die Opposition handeln?

Es dürfte deutlich geworden sein, daß das Kartell die verfassungsmäßige Rechtsordnung der Bundesrepublik aus den Angeln gehoben hat. Tragende Säulen des Grundgesetzes, insbesondere der Parlamentarismus, der Medienpluralismus und die Rechtsstaatlichkeit sind mittlerweile derart ausgehöhlt, daß man sie als institutionelle Fassaden bezeichnen muß und in mancher Hinsicht sogar der Ausdruck »Attrappen« vertretbar wäre.

Aus denselben Gründen, aus denen diese Lage entstanden ist, können wir nicht damit rechnen, daß die verfassungsmäßige Ordnung mithilfe der in ihr selbst vorgesehenen Mittel wiederhergestellt werden kann. Die Voraussetzungen für die Ausübung des Widerstandsrechts sind also erfüllt. Dies ist nicht erst seit Corona der Fall,[74] aber durch Corona und die damit verbundene Repression für jedermann unübersehbar geworden.

Daß das Kartell den von ihm regierten Staat nach dem Maßstab von dessen eigener Verfassung in die Illegalität geführt hat, Widerstandshandlungen daher die Vermutung der Legalität auf ihrer Seite haben, heißt nicht, daß jeder beliebige Widerstandakt verfassungsrechtlich legal oder politisch sinnvoll wäre. Insbesondere terroristische Methoden sind weder moralisch legitim noch politisch zielführend, und ihre Legalität steht selbst im Rahmen des Widerstandsrechts nach Art. 20 Abs. 4 GG auf bestenfalls wackeligen Füßen. Ich betone das deshalb, weil spätestens der Anschlag auf den Kasseler Regierungspräsidenten Walter Lübcke 2019 gezeigt hat, daß wir dieses Thema nicht mehr einfach ignorieren können. Daher nur so viel: Terrorismus steht nach aller historischen Erfahrung zu einem erfolgreichen politischen Umsturz ungefähr in demselben Verhältnis wie ein Wetterleuchten zu dem darauf folgenden Gewitter: Das eine kündigt das andere an, löst es aber nicht aus. Es hat keinen Sinn, einer politischen Klasse, die nach Rechtfertigungen für verschärfte Repression nur so lechzt, diese Rechtfertigungen frei Haus zu liefern. Daß ein Regime, das sich durch Worte nicht kritisieren lassen will, über kurz oder lang durch Attentate kritisiert wird, ist als objektiver Zusammenhang unbestreitbar, rechtfertigt aber in der heutigen Lage nicht das Handeln etwaiger Attentäter, auch nicht im machiavellistischen Sinne politischer Zweckrationalität.

Die erste Einsicht, der die Opposition sich stellen muß, lautet, daß sie nicht die Macht hat, aus eigener Kraft das Kartell zu stürzen. Nach Lage der Dinge ist sie auf das Handeln anderer Akteure angewiesen, auf die sie höchstens indirekten Einfluß hat. Einen Plan oder gar ein Patentrezept kann es mithin für diese Opposition nicht geben, dazu fehlt es ihr an Macht. Sie kann nicht mehr (sollte aber auch nicht weniger) tun, als diejenigen Elemente zu identifizieren, auf die es bei den kommenden krisenhaften Zuspitzungen ankommen wird, um gegebenenfalls flexibel und pragmatisch auf schnell wechselnde Situationen zu reagieren.

1. Voraussetzungen eines Machtwechsels

Entscheidend für den Machterhalt oder den Sturz des Kartells sind zum einen die Haltung des Volkes, zum anderen die der verfassungstreuen Teile des Staatsapparats. Was das Volk angeht, so dürfte das Zahlenverhältnis zwischen den regimetreuen und den oppositionellen Bevölkerungsteilen ungefähr 70 zu 30 zugunsten der Ersteren betragen – bei allerdings sehr verschiedener Qualität: Oppositionell ist man aus Überzeugung, regimetreu *kann* man zwar aus Überzeugung sein, faktisch aber ist man es oft genug aus Bequemlichkeit. Der Kern der Kartellanhänger aus Überzeugung dürfte zahlenmäßig kaum stärker sein als die Opposition, wahrscheinlich eher etwas schwächer. Anhänger aus Bequemlichkeit und Gewohnheit werden – soweit die Erfahrungen mit den bisherigen Regimewechseln in Deutschland etwas aussagen – die Seiten wechseln, sobald die Regierung wechselt. Unter diesen Umständen kommt es auf die zu irgendeinem gegebenen Zeitpunkt aktuellen Mehrheitsverhältnisse nicht an. Das Kartell hat durch seine mutwillige Sabotage der demokratischen Mechanismen eine Lage herbeigeführt, in der gilt: Wer die Macht hat, hat die Mehrheit – nicht umgekehrt!

Gehen wir nun davon aus, daß unsere bisherige Krisendiagnose sowohl von dem oppositionellen Teil des Volkes als auch von einem erheblichen Teil des verfassungsloyalen Offizierskorps der Exekutivorgane geteilt, zumindest aber nicht rundweg abgelehnt wird. (Sollten diese Prämissen unrichtig sein, so erübrigten sich selbstverständlich alle Schlußfolgerungen aus ihnen.)

Unter welchen Voraussetzungen würde es wahrscheinlich zu einem Umsturz kommen?

ERSTENS: die Erwartung, daß das Kartell die Macht verliert

Der individuelle und subjektive Wunsch, eine schlechte und rechtswidrig handelnde Regierung entmachtet zu sehen, übersetzt sich nicht zwangsläufig in individuelles Handeln: insbesondere dann nicht, wenn die Kosten und Risiken individuell zu tragen sind, der Nutzen aber ungewiß ist und davon abhängt, daß andere ebenfalls im gleichen Sinne aktiv werden. Zu kollektivem Handeln kommt es mit um so größerer Wahrscheinlichkeit, je größer die allgemeine *Erwartung* ist, daß es dazu kommt: Es handelt sich mithin um eine gegebenenfalls zirkulär sich bestätigende Erwartung.

Ein ähnliches Phänomen kennen wir von den Börsen: Wenn der einzelne Anleger Grund zu der Erwartung hat, daß alle anderen verkaufen, wird er selbst es wahrscheinlich auch tun, und je gewichtiger die Gründe für diese Erwartung sind (zum Beispiel, weil sich eine Blase aufgebaut hat), desto größer ist die Wahrscheinlichkeit, daß ein kleiner Auslöser eine lawinenartige Kettenreaktion nach sich zieht, die zum Zusammenbruch der Kurse führt.

Die Erwartung, daß die gegenwärtige Machtkonstellation sich in ihrer Endphase befindet, dürfte in einem abstrakten Sinne wesentlich weiter verbreitet sein als nur in den eigentlich oppositionellen Kreisen, denn die ständigen, vom Kartell mutwillig herbeigeführten Krisen haben das früher selbstverständliche Vertrauen in dessen Zukunft viel nachhaltiger erschüttert, als an der Oberfläche erkennbar ist. Freilich ist dies nur eine allgemeine und notwendige, keine hinreichende Voraussetzung für die Entmachtung des Kartells. Erst wenn weitere Faktoren hinzutreten, kann sie sich in die Bereitschaft zu konkreten Handlungen übersetzen.

ZWEITENS: eine unerträgliche Lage
Angesichts der notorischen Inkompetenz und Destruktivität des Kartells können wir fest davon ausgehen, daß es sein Möglichstes tun wird, die gegebene

Lage vollends unerträglich zu machen. Dies gilt jedenfalls, sofern nicht bereits die Konsequenzen seiner eigenen früheren Fehlentscheidungen (also die oben beschriebenen Zusammenbrüche) weiteren desaströsen Entscheidungen zuvorkommen und ohne weiteres Zutun der Machthaber eine solche Lage herbeiführen.

In einer Situation zunehmender innerer Spannungen aufgrund des Zusammenbruchs wichtiger Systeme wird praktisch jede größere Demonstration das Potential haben, in einen Aufstand zu münden und dann die Kommandeure von Polizei- und gegebenenfalls auch Militärverbänden zu einer Entscheidung nötigen, ob sie allen Ernstes auf das eigene Volk schießen würden, um eine Regierung zu verteidigen, an deren Kompetenz und Legitimität, ja sogar Legalität sie selbst schwerste Zweifel hegen. Daß das Kartell bereits 2020 damit begann, Corona-Demonstrationen nach Kräften zu unterbinden und potentielle Demonstranten durch ostentativen Polizeiterror abzuschrekken, deutet darauf hin, daß es sich durchaus darüber im Klaren ist, wie brüchig die Fundamente seiner Macht geworden sind.

DRITTENS: die Existenz einer zentralen Integrationsfigur

Die Vierte Französische Republik befand sich 1958 in einer Staatskrise, die der heutigen Krise der BRD in mancher Hinsicht ähnelt. Beendet wurde sie damals durch General de Gaulle, der sich den Auftrag erteilen ließ, eine neue Verfassung auszuarbeiten. Er war der Mann, an dem niemand vorbeikam, weil nur er das Renommee hatte, bei jedem einzelnen relevanten Akteur die Erwartung zu wecken, er werde auch bei allen anderen Gehorsam finden.

Eine ähnliche Rolle hatte der deutsche militärische Widerstand 1944 Feldmarschall Rommel zugedacht, der nach dem Tod Hitlers an die Spitze des neuen Staates treten sollte. Das Scheitern des Attentats auf Hitler machte diese Pläne zwar gegenstandslos, aber es spricht viel dafür, daß er tatsächlich der Mann gewesen wäre, dessen Autorität das Volk zur Unterstützung der neuen Regierung veranlaßt und die Nationalsozialisten mattgesetzt hätte.

Ob die Unzufriedenheit mit dem heutigen Kartell zu dessen Entmachtung führt, könnte mithin von der Existenz einer solchen Person abhängen, die nicht unbedingt rechts sein muß, ja, sie braucht bisher nicht einmal politisch hervorgetreten zu sein. Worauf es ankommt, ist lediglich, daß diese Person die nötige Autorität haben muß, um bei jedermann die Erwartung zu wecken, alle *anderen* würden ihr folgen.

Wer das sein könnte, darüber möchte ich nicht spekulieren. Im Rahmen dieses Buches begnüge ich mich damit, die Frage zu formulieren: Wer ist der deutsche de Gaulle?

VIERTENS: die Legalität

In Deutschland kann sich auf die Dauer niemand an der Macht halten, der das Recht mit Füßen treten zu dürfen glaubt. Wer immer an die Macht kommen oder sie behalten will, ist darauf angewiesen, als legaler Machthaber wahrgenommen zu werden – in unserem Land mehr als in jedem anderen.

Dies gilt für das Kartell selbst, das sich viel weniger Sorgen zu machen bräuchte, wenn es sich nicht unablässig über das Recht des von ihm regierten Staates hinwegsetzen würde. Es gilt aber ebenso für jeden, der das Kartell aus diesem Grund absetzen will.

In der Tat gibt es für die Absetzung der politischen Klasse eine Rechtsgrundlage in Gestalt von Artikel 20 Absatz 4 des Grundgesetzes. Daß das Widerstandsrecht erst *nach* dem erfolgten Sturz eines verfassungsfeindlichen Regimes Anerkennung von staatlicher Seite finden kann (man es also genau dann nicht vor Gerichten durchsetzen kann, wenn man es am dringendsten bräuchte, und in einem Staat, in dem man es durchsetzen könnte, gerade *nicht* bräuchte) ist die altbekannte Paradoxie des Widerstandsrechts. Diese Paradoxie ändert aber nichts daran, daß die Voraussetzungen für die Ausübung dieses Rechts objektiv und ohne jede Rechtsbeugung oder Tatsachenverdrehung gegeben sind. Alle Hütchenspielereien des Kartells, das nach Belieben und Bedarf willkürlich mal den (angeblichen) Geist des Grundgesetzes gegen dessen Wortlaut, mal den Wortlaut gegen den Geist ausspielt, haben nicht verhindert, daß der verfassungsfeindliche Charakter dieses Kartells und seiner Politik mittlerweile offenkundig ist. Er ist so evident, daß man sich eher fragen muß, wie irgendein vernünftiger Mensch annehmen kann, es stehe noch auf dem Boden des Grundgesetzes.

Nicht einmal zu der Minimalhoffnung, es werde irgendwann auf besagten Boden *zurückkehren*, gibt es den geringsten Anlaß – sodaß sich auch die Frage erübrigt, wie viel eine Rechtsordnung, über die die Politik sich nach Belieben hinwegsetzen kann, noch mit der Ordnung des Grundgesetzes zu tun haben soll; fußt das Grundgesetz doch gerade auf der Idee, staatliche Amtsträger effektiv (und nicht nur theoretisch) an die Vorgaben der Verfassung zu binden.

Sicher wäre eine Regierung auf der Basis des Widerstandsrechts naturgemäß eine Notstandsregierung. Da das Kartell aber durch seine unaufhörliche mutwillige

Mißachtung und Übertretung des Grundgesetzes tatsächlich einen Verfassungsnotstand herbeigeführt hat, ist diese Basis rechtlich tragfähig, solange die Notstandsregierung deutlich und plausibel macht, daß sie die vom Kartell zerstörten strukturellen Voraussetzungen für die Rückkehr zum demokratischen Rechtsstaat wiederherstellen will. Dies wird freilich eine Herkulesaufgabe sein.

2. Was tun?

Da die politische und publizistische Opposition über keinerlei Machtmittel verfügt, durch die sie selbst das Kartell stürzen könnte, wird sie von einem Umsturz, wenn es denn dazu kommt, voraussichtlich ebenso überrascht werden wie das Kartell selbst. Das Kartell wiederum setzt allem Anschein nach auf eine Strategie der Spannung, spekuliert also darauf, sich durch eine Zuspitzung der Krise und der politischen Gegensätze beim Bürger Akzeptanz für den Übergang zu einer illiberalen bis totalitären politischen Ordnung zu verschaffen.

Die Opposition darf unter keinen Umständen (auch nicht passiv) terroristischen Verzweiflungshandlungen von Einzelpersonen Vorschub leisten, wie das Kartell sie sich offensichtlich wünscht, weil es mangels eigener Überzeugungskraft die Instrumentalisierung solcher Taten nötig hat. Sie darf aber auch nicht in das andere Extrem verfallen, sich beim Kartell anzubiedern, seine ideologischen Fiktionen nachzubeten, seine Sprache zu sprechen und ganz allgemein die eigene Harmlosigkeit zur Schau zu tragen. Wer solches praktiziert, zeigt im Grunde nur, daß er ins Kartell aufgenommen werden und gerade nicht, daß er es stürzen will.

Solange noch die Hoffnung bestanden hatte, das herrschende Kartell auf die Einhaltung demokratischer Spielregeln oder die Rückkehr zu ihnen festzulegen, war es für die Opposition richtig und zielführend gewesen, im Sinne einer sich selbst erfüllenden Prophezeiung so zu tun, als glaubte sie selbst an dessen Verfassungstreue. Dieses Vorgehen hatte denjenigen Vorteil, den man für jede *Appeasement*-Politik ins Feld führen kann, nämlich, daß sie dem Aggressor jeden Grund und jede Chance gibt, von seiner Aggression abzulassen und ihn jedes Vorwands beraubt, sie fortzusetzen. Etwaige Illusionen über die Absichten des Aggressors werden auf diesem Wege zuverlässig als solche entlarvt. Spätestens dann freilich – wenn also jeder Zweifel hinsichtlich dieser bösartigen Intentionen zerstreut ist – muß eine solche Politik abgebrochen werden, weil sie dann nur noch Nachteile hat.

Es hat für die Opposition keinen Sinn mehr, *mit* dem Kartell und seinen Propagandisten zu reden, sie kann nur noch *über* sie und ihre Machenschaften, ihren Sturz und ihre Nachfolge sprechen. An dem Tag, an dem die Währung, das Stromnetz, die innere Sicherheit, irgendein anderes lebenswichtiges System oder alle auf einmal zusammenbrechen, darf niemand einen Zweifel daran hegen, wer die Verantwortung dafür trägt. Wer nicht mitverantwortlich gemacht werden will, wird den Gegensatz so früh und so deutlich wie nur möglich herausarbeiten müssen.

Es hat für die Opposition auch keinen Sinn mehr, so zu tun, als stünde sie mit dem Kartell noch auf dem Boden derselben Spielregeln. Die Machthaber haben diesen Boden, nämlich den des Grundgesetzes, mutwillig verlassen und werden nicht auf ihn zurückkehren.

Diesen Sachverhalt gilt es beim Namen zu nennen: daß wir unter der Diktatur eines Kartells leben, das sich demokratischer Mechanismen lediglich mißbräuchlich und in zweckentfremdender Weise bedient, um die Fassade einer Legalität aufrechtzuerhalten, die es längst hinter sich gelassen hat, auf die es im Sinne einer substanzlosen Rechtsfiktion jedoch nach wie vor angewiesen ist. Es gilt das Kartell zu konfrontieren. Mehr kann die Opposition nicht tun, ohne dem Gegner die Waffen zu schmieden, aber weniger zu tun hieße, zu kurz zu springen.

Im Übrigen kommt es darauf an, sich auf den Tag nach dem Zusammenbruch vorzubereiten.

Vorbereitung auf den Tag danach

XIII. Die Rechtsgrundlage

Sollte es zu einer Notstandsregierung kommen, die sich auf das im Grundgesetz verankerte Widerstandsrecht stützt – so könnte der aufmerksame Leser fragen –, wäre sie dann nicht verpflichtet und gezwungen, sofort wieder genau *die* Ordnung herzustellen, die gerade erst gescheitert ist und deren Scheitern die Notwendigkeit begründet hat, die Spitzenfunktionsträger der bisherigen Verfassungsorgane abzusetzen? Würde dies nicht bedeuten, auf einem spektakulären und riskanten Umweg wieder genau bei *den* Zuständen anzukommen, gegen die man soeben revoltiert hat? Die Antwort lautet: Nein.

In der Tat legt das Widerstandsrecht jeden, der sich darauf beruft, auf die Errichtung einer Ordnung fest, die auf den im Grundgesetz, insbesondere in Artikel 20, niedergelegten Staatsstrukturprinzipien beruht. Dies sind die Prinzipien Republik, Demokratie, Rechtsstaat, Bundesstaat und Sozialstaat. Außerdem muß die unter Berufung auf das Widerstandsrecht zu errichtende Ordnung der Wahrung der Menschenwürde im Sinne von Artikel 1 verpflichtet sein, um den Anforderungen des Grundgesetzes zu genügen.

Diese Prinzipien bilden den Verfassungskern, den unter allen Umständen zu schützen der Sinn und Zweck des Konzepts der wehrhaften Demokratie ist, zu dem auch das Widerstandsrecht gehört. Dieser Verfassungskern soll *gerade* gegen die Usurpationen von Machthabern verteidigt werden, die ihre Ämter auf eine formal verfassungskonforme, materiell aber verfassungswidrige Weise erlangt haben oder ausüben – insbesondere, wenn sie sie in einer Weise ausüben, die die freiheitlich-demokratische Grundordnung zerstört. Genau *den* Zustand wiederherzustellen, der es Verfassungsfeinden erst erlaubt hat, die Verfassung zu zerstören – dazu ist offenkundig niemand verpflichtet. Es würde dem Charakter des Widerstandsrechts als einer für diesen Fall des *Verfassungsnotstands* konzipierten Norm in keiner Weise gerecht, aus ihm eine solche Verpflichtung abzuleiten, es wäre geradezu absurd.

Allerdings haben wir soeben erlebt, daß eine demokratische Ordnung sich aufgrund ihrer Eigengesetzlichkeit selbst zerstört hat. Ich glaube gezeigt zu haben, daß es – ungeachtet der Verantwortung jedes einzelnen beteiligten Akteurs – kurzsichtig wäre, lediglich diesen Einzelakteuren die Schuld am Scheitern der zweiten deutschen Demokratie zuzuschreiben. Wir haben gesehen, wie unzulänglich die Personalrekrutierung in einer Demokratie, zumindest einer Parteiendemokratie, funktioniert; wie mühelos offiziell miteinander konkurrierende politische Kräfte Kartelle bilden können, um demokratische Mechanismen auszuhebeln; wie die gegenseitigen Abhängigkeiten zwischen der Politik und anderen gesellschaftlichen Teilsystemen zur Suspendierung der wechselseitigen Kontrolle führen; wie wenig Aufwand mächtige und kapitalkräftige private Akteure nötig haben, um unter Ausschluß der Öffentlichkeit massiv Einfluß zu nehmen; wie bereitwillig sie ihrerseits ihre private Macht in den Dienst staatlicher oder staatsnaher Akteure stellen; und wie groß die Versuchung für alle Beteiligten sein muß, zu eben solchen Praktiken zu greifen.

Die Frage lautet, ob diese dialektische Selbstaufhebung ein Spezifikum *demokratischer* Ordnungen ist (was dann bedeuten würde, daß es andere Staatsordnungen geben könnte, die stabiler sind, und dies bei gleicher Managementkompetenz) oder ob schlechthin *jedes* politische System einem Gesetz von Aufstieg und Niedergang unterworfen ist, wie es auch für andere Arten von Systemen (etwa biologische Organismen) gilt, und wir dieses Gesetz in der Politik nur aufgrund eines historischen Zufalls ausgerechnet am Beispiel eines demokratischen Systems erleben mußten.

Die erste These würde implizieren, daß die Demokratie aus Gründen, die in ihrer spezifischen Struktur liegen, über kurz oder lang in Selbstwidersprüche führen muß, an denen sie zugrunde geht. Der denkbare Einwand, es gebe doch Demokratien, die weitaus älter seien als die deutsche und alles in allem gut funktionierten, überzeugt nicht ganz: Frankreich zum Beispiel, eines der klassischen Heimatländer der modernen Demokratie, hat mittlerweile seine Fünfte Republik, weil die ersten vier zugrunde gegangen sind. Des weiteren ist Frankreich ein Beispiel für eine Oberklassenherrschaft, die sich ihre Staatseliten (die sprichwörtliche »Enarchie«[75]) selbst heranzieht. Auch die Politik Großbritanniens und der USA ist in so ausgeprägtem Maße von den jeweiligen Oberklassen beherrscht, daß man die Demokratie dort mit guten Gründen als Fiktion bezeichnen kann. Wo man ein bis zwei Milliarden Dollar in den Wahlkampf investieren muß, um einen Kandidaten ins Weiße Haus zu befördern, kann es naturgemäß nur zwei Sorten von Präsidenten geben:

Milliardäre und solche, die den Milliardären zu Diensten sind. Vielleicht funktioniert die amerikanische Demokratie nur deshalb über einen so langen Zeitraum, weil sie in Wirklichkeit keine ist. *Daß* sie keine ist und man dies jetzt beweisen kann, verdanken wir Donald Trump, dem ersten Milliardär, der es wagte, aus dem Konsens seiner Klasse auszuscheren und deshalb wahrscheinlich durch Wahlfälschung gestürzt wurde.

Die andere These, daß Aufstieg und Niedergang einer Gesetzmäßigkeit folgen, der *alle* politischen Systeme unterliegen, also nicht nur die Demokratie, ist die erkenntnisleitende Vermutung einer ehrwürdigen Geistestradition, aber auch Ergebnis jüngerer Forschungen: Der amerikanische Wirtschaftswissenschaftler Mancur Olson[76] etwa hält die Herausbildung organisierter Interessengruppen für ein wesentliches Kennzeichen aller Systeme, die lange Zeiträume ohne größere Erschütterungen überstehen. Solche Interessengruppen, die Olson von seinem strikt marktwirtschaftlichen Standpunkt als *Kartelle* auffaßt, verstünden es, Wettbewerb zu unterbinden und die daraus resultierenden Gewinne auf Kosten der Gesellschaft in die eigenen Taschen zu lenken. Eine politische Ordnung von Zeit zu Zeit durchzuschütteln, um diesen Kartellen den Boden zu entziehen, trage daher zur Bewahrung beziehungsweise Wiederherstellung ihrer Leistungsfähigkeit bei.

Wohlgemerkt: Ich mache mir weder die eine noch die andere These *in toto* zu eigen. Ich vermute, daß beide Theorien uns wichtige Erkenntnisse erschließen können. In jedem Fall ist die Frage nach den Ursachen des Scheiterns der Zweiten Republik ein Punkt, über den man sich Klarheit wird verschaffen müssen, bevor man zur Errichtung einer neuen konkreten Ordnung schreitet.

Ich benutze bewußt das unbestimmte Wörtchen »man«, weil es nicht darum gehen kann, daß eine neue Regierung in einer Kabinettssitzung einen internen Konsens erzielt, um dann dem Volk ihre Ergebnisse mitzuteilen und ihm eine auf ihnen fußende neue Ordnung zu oktroyieren. Ein tragfähiger neuer Verfassungskonsens entsteht nicht von heute auf morgen und nicht durch Weisung von oben.

XIV. Die Aufgabe: Wiederherstellung der Grundlagen

Für eine Übergangszeit von möglicherweise mehreren Jahren könnte es daher sinnvoll sein, mit neuen politischen Formen und Systemelementen zu experimentieren und die gewonnenen Erfahrungen erst dann in eine neue Verfassungsordnung einzuarbeiten. Möglicherweise wird sich dabei herausstellen, daß etliche klassische Themen, etwa »plebiszitäre versus repräsentative Demokratie«, »parlamentarische oder Präsidialdemokratie«, gar nicht so bedeutsam sind, wie oft angenommen wird. Angesichts der schwindelerregenden Möglichkeiten der technischen Überwachung der Bürger wie auch ihrer massenpsychologischen Manipulation bin ich der Ansicht, daß das Augenmerk eines künftigen Verfassungsgebers viel stärker dem *antitotalitären* als dem im engeren Sinne *demokratischen* Aspekt der neuen Ordnung gelten sollte:

Wir alle haben (wenn wir ehrlich sind) von unseren bisherigen »Mitwirkungsmöglichkeiten« nicht viel bemerkt, außer daß wir alle vier Jahre zur Wahl gehen durften – um hinterher etwas anderes zu bekommen, als man uns vorher versprochen hatte, oft genug sogar das Gegenteil davon. Eingriffe in die *Freiheit* dagegen bekommt jeder einzelne von uns hautnah zu spüren, und zwar so sehr, daß der Staat sich mittlerweile schon die Entscheidung darüber anmaßt, mit welchen Familiengliedern wir Weihnachten feiern dürfen.

Daß es so weit überhaupt kommen konnte, verdanken wir einerseits der Existenz eines teilsystemübergreifenden (Politik, Medien, Justiz, Wissenschaft, Kirchen etc.) Kartells, dessen Mitglieder einander so die Bälle zuspielen, daß demokratische Mitwirkungs- und Einspruchsmöglichkeiten ebenso ausmanövriert werden wie die Grundrechte, auf die der Bürger sich gegen das Kartell berufen mag. Zum anderen aber haben wir gesehen, daß dieses Kartell auf eine seinen Zielen entgegenkommende Mentalität vieler Bürger trifft, deren natürliche, aber gewissermaßen heimatlos gewordene Religiosität auf dem politischen Feld ihre »zivilreligiöse« Spielwiese gefunden hat und nach den sie mißbrauchenden Machthabern geradezu schreit. Da diese beiden Faktoren einander teufelskreisartig verstärken, würde die Eliminierung des einen sich auch günstig auf den anderen auswirken. Die (wie auch immer) gewachsene Mentalität eines Volkes von oben ändern zu wollen, und sei es in bester Absicht, würde denjenigen, der dies unternimmt, zur Anwendung totalitärer Praktiken analog zu denen des Kartells zwingen, und zwar ohne Aussicht auf einen besseren Erfolg.

Wenn die Geschichte der diversen »Umerziehungen« der Deutschen (nach 1918, nach 1933, nach 1949 auf unterschiedliche Weise in West und Ost) nämlich eines gelehrt hat, dann, daß man weder durch Gewalt noch durch Propaganda Mentalitäten ändern kann. Man kann, wie wir gesehen haben, zwar ihre Verdrängung und Verleugnung erzwingen, aber um den Preis, daß sie in neuem Gewande wiederkehren. Ich möchte nicht, daß die mehrfach gewendeten Blockwarts- und IM-Typen Gelegenheit bekommen, erneut ihr Unwesen zu treiben, auch nicht (und schon gar nicht!) als »geläuterte Patrioten«, die ihr Deutschtum dann ebenso penetrant und auf Kosten Dritter zur Schau tragen wie heute ihre Deutschfeindlichkeit.

Was aber durchaus Erfolg haben kann, ist die Ausschaltung von Machtfaktoren, die ein Interesse an der Stabilisierung totalitärer Denkmuster haben und deshalb an ihrer Vertiefung und Verstetigung arbeiten. Sie führt nicht per se zu einem Mentalitätswandel, wohl aber dazu, daß Freiräume für einen solchen Wandel entstehen, weil nicht jede Diskussion und jeder Denkprozess von vornherein von den ideologischen Vuvuzelas des Kartells niedergetrötet wird.

Es geht darum, die *Voraussetzungen* für ein funktionierendes demokratisches Staatswesen wiederherzustellen – nach dem jahrzehntelangen Zerstörungswerk des Kartells zweifellos eine Herkulesaufgabe. Dreh- und Angelpunkt jedes positiven Wandels ist die Auflösung dieses Kartells, das heißt nicht nur die Entmachtung seines politischen Flügels, sondern die Zerstörung des ganzen Beziehungsnetzes.

Die folgenden Vorschläge erheben keinen Anspruch auf Vollständigkeit, schon gar nicht im Sinne eines Regierungsprogramms. Ich will lediglich darstellen, in welche Richtung man denken muß, wenn etwas, was die Bezeichnung »pluralistische Demokratie« verdient, jemals wieder möglich sein soll.

1. Entmachtung der Parteien

Die Beziehungsnetze, die die politische Klasse strukturieren und zusammenhalten, sind die Parteien. Sie sind die Strukturen, in denen Politiker Karriere machen, und die mithin das Personal für staatliche Spitzenämter hervorbringen. Ihre Leistungen in dieser Hinsicht sind, wie wir gesehen haben, von beklagenswerter und im Zeitverlauf zunehmender Dürftigkeit.

Falls Mancur Olson mit seiner oben zitierten Studie *Aufstieg und Niedergang von Nationen* recht hat, ist dies das folgerichtige Ergebnis einer allzu langen ungestörten Entwicklung, durch die sich in den Parteien kartellartige Seilschaften bilden konnten, die eine Tendenz zur Qualitätsverschlechterung zeigen, zugleich aber in der Lage sind, überlegene Konkurrenten innerparteilich (aber auch im Verhältnis der Parteien untereinander) auszubremsen und ihnen die Zugangsmöglichkeiten zu verbauen. Die auf der Hand liegende Methode, Seilschaften zu zerstören, besteht darin, die Seile zu zerschneiden. Übertragen auf unser Problem würde dies bedeuten, *alle* vorhandenen Parteien zu verbieten (und zwar einschließlich der oppositionellen, damit keine Richtung bevorzugt wird). Bis auf weiteres, das heißt bis sich ein Konsens über die zu gestaltende neue Ordnung herausgebildet hat, sollten auch keine neuen gegründet werden dürfen. Insbesondere bei der Besetzung politischer Ämter sollten Parteien und sonstige politische Vereinigungen keine Rolle spielen. Sofern man politische Ämter auch schon in der Übergangszeit durch Wahlen besetzt, sollten dies Personalwahlen, keine Listenwahlen sein.

Im Übrigen sollte man bei neuen Prinzipien der Ämterbesetzung ruhig Mut zur Kreativität haben. Zum Beispiel halte ich es für mit demokratischen

Prinzipen durchaus vereinbar, eine Volksvertretung nicht zu wählen, sondern auszulosen, wie es dies in der klassischen Demokratie Athens schon einmal gab. Eine solche repräsentative Auswahl, wie sie auch bei jeder Meinungsumfrage vorgenommen wird, würde die Meinungsverteilung sogar authentischer wiedergeben als die Wahl zwischen Kandidaten, die von einer kleinen Minderheit (nämlich den Parteiaktivisten und -funktionären) vorgesiebt wird. Ob eine solche Regelung als Dauerzustand taugt, müßte sich herausstellen. Für eine Übergangzeit könnte sie in jedem Fall funktionieren und hätte dann den Vorteil, Seilschaften von Berufspolitikern von vornherein aus dem Spiel zu werfen, ohne daß irgendein Teil der Bevölkerung sich beschweren könnte, er sei nicht mehr hinlänglich repräsentiert.

2. Aufarbeitung der Regierungskriminalität der BRD

Schon vor einigen Jahren forderte ich in einer Kolumne dazu auf, die *juristischen* Vorbereitungen für den Tag nach dem Sturz des Kartells in Angriff zu nehmen. Ich begründete diese Forderung damals wie folgt:

>»Von 1961 bis 1992 existierte im niedersächsischen Salzgitter eine Behörde der besonderen Art, die ›Zentrale Erfassungsstelle der Landesjustizverwaltungen‹. Ihre Zwecke waren die Erfassung von Regierungskriminalität und damit verbundene strafrechtliche Vorermittlungen gegen Funktionsträger der DDR, mithin die juristische Vorbereitung auf den Tag 1 nach dem Sturz des SED-Regimes.
>Theoretisch hätte man selbstverständlich auch Strafanzeigen bei den zuständigen Staatsanwaltschaften der DDR

einreichen können. *Faktisch wäre es – damals wie heute und in der DDR wie in jedem anderen Staat – weltfremd gewesen zu erwarten, daß irgendeine Strafverfolgungsbehörde gegen die politische Klasse ihres Landes ermittelt und die gesamte Staatsführung hinter Gitter bringt. Einzelne Politiker – ja, die können nicht nur de jure, sondern auch de facto belangt werden. Mit der Ahndung organisierter Staatskriminalität dagegen ist jede Justiz überfordert, solange die betreffende politische Klasse an der Macht ist, und sei es nur, weil auch Justizangehörige Karriere machen möchten und man in keinem Land der Welt eine Karriere im Staatsdienst gegen die Machthaber machen kann. Auch nicht in der heutigen Bundesrepublik.*

Trotzdem waren die DDR-Machthaber über die Existenz der Erfassungsstelle beunruhigt und forderten immer wieder ihre Abschaffung. Obwohl sie selbst die Gesetze für ihren Machtbereich schrieben, war ihnen anscheinend klar, daß viele ihrer Maßnahmen sogar nach dem Maßstab dieser ihrer eigenen Gesetze illegal und sie selbst daher nur so lange vor Strafverfolgung sicher waren, wie sie sich an der Macht halten konnten.

Wie berechtigt die Furcht vor der Justiz gewesen war, stellte sich nach ihrem Sturz heraus, als zahlreiche größere und kleinere Funktionsträger der DDR für Akte von Staatskriminalität verurteilt wurden. Es ist durchaus ein Ruhmesblatt in der Geschichte der Bundesrepublik, daß sie sich nicht durch rechtsförmig verbrämte politische Willkür im Stil der Nürnberger Prozesse besudelt, sondern die Beschuldigten auf der Basis des zur Tatzeit am Tatort geltenden Rechts, also der Gesetze der DDR, in fairen Prozessen zur Verantwortung gezogen hat.

Demgemäß wird es auch nur recht und billig sein, ihren eigenen Funktionsträgern, also der derzeitigen politischen Klasse, nach deren Entmachtung – die wohl nicht mehr ewig auf sich warten lassen wird – denselben Schutz rechtstaatlicher

Verfahren zu gewähren, wenn es darum gehen wird, heutige Regierungskriminalität aufzuarbeiten und die Verantwortlichen ihrer gerechten Strafe zuzuführen:

Zu dieser Art von Kriminalität gehören – unter anderem – Akte des Hoch- und Landesverrats, Untreue zu Lasten des Steuerzahlers im großen wie im kleinen Stil, gewaltsame Unterbindung legaler politischer Veranstaltungen (strafbar gemäß § 21 Versammlungsgesetz), organisierte Einschleusung von Ausländern (strafbar gemäß § 96 Aufenthaltsgesetz) und so weiter und so fort – selbstverständlich auch alle damit gegebenenfalls verbundenen Arten von Androhung, Anstiftung, Beihilfe und gemeinschaftlicher Täterschaft. Zu prüfen wären auch die Rechtsfolgen der mittelbaren Konsequenzen dieser Art von Kriminalität, etwa die Frage, inwiefern Schleuser in Staatsfunktionen für Straftaten der von ihnen eingeschleusten Personen straf- und zivilrechtlich belangt werden können. Gewiß ist Schuld im moralischen Sinne nicht dasselbe wie strafrechtliche Schuld, und niemand sollte enttäuscht sein, wenn manch einer, der Strafe moralisch verdient hätte, am Ende straffrei davonkommt. Die Alternative dazu wäre eine totalitäre Sieger- und Rachejustiz und ein Staat, in dem niemand leben möchte, der die gegenwärtigen Machthaber gerade ihrer Neigung zu totalitären Praktiken wegen gestürzt sehen möchte. (...)«[77]

Es versteht sich von selbst und ist auch vom geltenden Recht vorgeschrieben, verurteilten Straftätern ab einer gewissen Schwere des Delikts und der Strafe das passive Wahlrecht (also das Recht, gewählt zu werden) und bei bestimmten politischen Delikten sogar das aktive Wahlrecht zu entziehen. Da – soweit ich es auf der Basis meiner jetzigen Tatsachen- und Rechtskenntnisse beurteilen kann – viele Funktionsträger des Kartells in solche Straftaten verwickelt sein dürften, würde deren strafrechtliche Aufarbeitung gewissermaßen von selbst die am schwersten belasteten Politiker aus dem politischen Verkehr ziehen. Dies würde es einer Übergangsregierung ersparen, zu dem juristisch schwierig zu handhabenden Artikel 18 des Grundgesetzes zu greifen, der die individuelle Verwirkung der Grundrechte von Personen regelt, die diese Rechte zum Kampf gegen die freiheitlich-demokratische Grundordnung mißbrauchen.

3. Entmachtung der Meinungsmacher

ÖFFENTLICH-RECHTLICHER RUNDFUNK

Für die Existenz eines öffentlich-rechtlichen Rundfunksektors wird traditionell ins Feld geführt, daß die Kapazitäten für die massenmediale Verbreitung von Informationen so knapp und die Kosten dafür so hoch seien, daß die Gefahr der Monopolisierung des öffentlichen Diskurses durch kapitalkräftige private Akteure bestehe, gegen die es mithin ein Gegengewicht in Gestalt des öffentlich-rechtlichen Rundfunkwesens entgegenzusetzen gelte.

Die Prämisse dieses Arguments hat sich im Internetzeitalter offensichtlich erledigt. Heute kann praktisch jeder zu minimalen Kosten Informationen veröffentlichen und hat gute Aussichten, für sie ein bedeutendes Publikum zu finden; zumindest stehen dem keine *technischen* Einschränkungen mehr entgegen. Auch die Schlußfolgerung, der öffentlich-rechtliche Rundfunk müsse ein Gegengewicht zu privaten Anbietern zu sein, hat mit der Wirklichkeit der deutschen Massenmedien nichts mehr zu tun, da private und öffentlich-rechtliche Sender sich in der politischen Ausrichtung praktisch nicht unterscheiden. Und was die

von der Rechtsprechung postulierte »Staatsferne« des
öffentlich-rechtlichen Rundfunks angeht, so wird dieses Postulat von der Wirklichkeit offensichtlich Lügen
gestraft. Darüber hinaus ist die schiere Existenz des
öffentlich-rechtlichen Rundfunks eine ständige Versuchung für Politiker, ihn zu mißbrauchen: zu Pro-
pagandazwecken und zur Versorgung mit Posten,
die man an verdiente Parteifreunde von zweifelhaf-
ter Kompetenz sowie an willfährige Journalisten ver-
geben kann.

Die öffentlich-rechtlichen Sender sind ein Kernele-
ment der Kartellstrukturen. Es handelt sich um Pro-
pagandasender, die ihre vom Grundgesetz vorgese-
hene Rolle als Korrektiv und Kontrollorgan nicht erfüllen, sondern als regierungsfromme Staatssender
gegen Oppositionelle hetzen. Der öffentlich-rechtliche Rundfunk ist aus der Sicht des Kartells für dessen kalten Staatsstreich gegen das Grundgesetz unentbehrlich, aus der Sicht des Bürgers gerade deshalb ein
überflüssiger, schädlicher und teurer Anachronismus,
dessen Abschaffung überfällig ist.

PRIVATE MEDIENKONZERNE

Was die privaten Medienkonzerne angeht, so war die
Achtundsechziger-Parole »Enteignet Springer!« noch
nie so aktuell wie heute – vorausgesetzt, man bezieht sie auf *alle* Medienkonzerne von einer gewissen
Größe X aufwärts. Es versteht sich von selbst, daß eine
solche Maßnahme im Einklang mit Artikel 14 Absatz 3
des Grundgesetzes stehen muß, das heißt nur gegen
Entschädigung erfolgen darf. Desgleichen versteht es
sich von selbst, daß das entscheidende Kriterium die
Marktmacht eines Konzerns sein muß, nicht dessen politische Ausrichtung. In der Praxis ist dies freilich von
geringer Bedeutung, da alle großen Medienkonzerne

dieselbe Ausrichtung haben. Wäre es anders, so würde sich ihre Entflechtung erübrigen.

Die enteigneten Konzerne wären also zu entflechten und nach einem transparenten Verfahren in Gestalt ihrer einzelnen Unternehmen an eine Vielzahl von Interessenten zu verkaufen, um den Pluralismus des Gesamtsystems zu gewährleisten einer erneuten Zusammenballung von Meinungsmacht wenigstens vorerst einen Riegel vorzuschieben.

INTERNETMEDIEN

Noch vor wenigen Jahren stellte das Internet die große Verheißung einer dezentral und horizontal kommunizierenden, nicht manipulierten und nicht manipulierbaren Öffentlichkeit dar. Die traditionellen, zentralistisch strukturierten Medien würden zugunsten dieses neuen, anarchischen Mediums an Bedeutung verlieren, so glaubten viele. Die Entmachtung der großen Medienkonglomerate, so schien es, werde sich dadurch gleichsam von selbst einstellen und staatliche Entflechtungsmaßnahmen, wie ich sie in den vorherigen beiden Abschnitten skizziert habe, überflüssig machen.

Leider hat sich herausgestellt, daß dies eine Illusion war. Da ein erheblicher Teil der politisch und gesellschaftlich relevanten Informationsströme im Netz sich auf wenige Plattformen konzentriert, müßten deren Betreiber sich schon als neutrale Dienstleister verstehen, damit das Internet seine Funktion als im wahrsten und besten Sinne des Wortes öffentliches Medium erfüllen könnte. Wenn aber der Google-Mutterkonzern Alphabet, Facebook, Amazon und Paypal, eventuell flankiert von Microsoft, Twitter, Payoneer, und wenige weitere Internetriesen sich einig sind, können sie praktisch jeden beliebigen Anbieter aus der öffentlichen Kommunikation verdrängen.

Sie sind sich einig, und wie wir bei der Beschreibung des NetzDG gesehen haben, werden sie darin durch das Kartell mit mehr oder weniger sanftem Druck bestärkt. Selbst wenn auf Seiten der Internetkonzerne der gute Wille zur Selbstbeschränkung vorhanden wäre – was man bezweifeln darf –, würde die schiere Existenz ihrer monopolartigen Macht eine Versuchung für Politiker darstellen, diese Macht für ihre eigenen Zwecke einzuspannen. Die Internetriesen sind daher, mehr noch als die traditionellen Medien, ein für das Kartell strategisch unentbehrlicher Partner, ihre Entmachtung eine unabweisbare Notwendigkeit!

In einem ersten Schritt könnte man allen in Deutschland tätigen Anbietern (Soziale Medien, Zahlungsdienstleister, Suchmaschinen) ein *Diskriminierungsverbot* auferlegen, also das Gegenteil dessen, was das Kartell praktiziert. An der enormen Machtkonzentration in den Händen dieser wenigen Akteure würde sich damit freilich strukturell nur wenig ändern.

Dabei gibt es in Teilbereichen durchaus dezentrale Lösungen, etwa die Softwares Yacy (Suchmaschine) oder Friendica (soziales Netzwerk), die jeder Nutzer auf seinem Rechner oder Server installieren kann und die dann ohne Vermittlung einer zentralen Instanz horizontal kommunizieren. Das Problem bei diesen Projekten ist, daß hinter ihnen und ihren Entwicklern nicht die geballte Finanzkraft eines Konzerns steht. Sie funktionieren, verlangen aber dem einzelnen Nutzer ein nicht unerhebliches Maß an Engagement und Sachkenntnis ab und sind daher beim heutigen Stand der Dinge eher Nischenlösungen für Nerds als massentaugliche Produkte, die die Internetriesen das Fürchten lehren könnten. Dies könnte sich aber schnell ändern, wenn ein *Staat* die Mittel zur Verfügung stellt, die erforderlich sein werden, um diese

Produkte als Standard durchzusetzen und der Macht der Internetriesen Grenzen zu setzen.

KIRCHEN

Der Staat finanziert die großen Kirchen bekanntlich dadurch, daß er für sie die Kirchensteuer einzieht. Solange die Kirchen den Staat in seiner Ordnungsfunktion entlasteten, indem sie einen Glauben verkündeten, der die Bürger zu einem moralischen Lebenswandel motivierte, war dieses Arrangement nur recht und billig.

Die heutigen Kirchen freilich haben die Botschaft, auf die sie sich offiziell immer noch berufen, bis zur Unappetitlichkeit kompromittiert. Heutigen Kirchenfürsten beider Großkonfessionen steht auf der Stirn geschrieben, daß sie kaum noch an Gott glauben, geschweige denn an die Heilige Dreifaltigkeit oder die Gottessohnschaft Christi – was sie aber nicht hindert, als offiziell bestallte Sachwalter eben dieser Glaubenswahrheiten Milliarden Euro an Kirchensteuern zu kassieren. Es liegt in der Natur der Sache, daß diese glaubenslosen Kirchen zu Claqueuren degenerieren mußten, deren Funktion sich darin erschöpft, die Ideologie des Kartells mit einer dünnen Soße aus pseudotheologischen Phrasen zu parfümieren. Wenn etwa die EKD-Führung dekretiert, AfD-Mitglieder gehörten nicht in die Kirche (der Islam aber gehöre zu Deutschland), dann ergreift sie nicht weniger als die Medien Partei in einem kalten Bürgerkrieg, an dem sie sich als politisch-ideologische Kampforganisation beteiligt. Die Finanzierung solcher Organisationen aber geht einen demokratischen Rechtsstaat, der diese Bezeichnung auch verdient, nichts an. Die Abschaffung der Kirchensteuer und die Aufhebung des öffentlich-rechtlichen Status der Kirchen würde die Kirchen in ihrer Eigenschaft als kartelltreue Ideologiekonzerne sicherlich ruinieren, aber gerade damit zum gesellschaftlichen Pluralismus, eventuell sogar zur Regeneration des Christentums als gelebter Religion beitragen und dazu führen, daß die Menschen, die diesem Glauben anhängen, aufhören, weltliche ideologische Götzen anzubeten.

UNIVERSITÄTEN

Man wird Konsequenzen aus der Tatsache ziehen müssen, daß die deutschen Universitäten, insbesondere deren geistes-, kultur- und sozialwissenschaftliche Fachbereiche sich als Ideologiefabriken und Indoktrinationsanstalten des Kartells erwiesen, ihre Autonomie teilweise auch in Verletzung des Grundgesetzes (Art. 5 Abs. 3 S. 2) zur Bekämpfung der freiheitlich-demokratischen Grundordnung mißbraucht haben.

Das Mindeste, was der Staat als Finanzier dieser Universitäten verlangen kann, ist Rechenschaft über die gesellschaftliche Relevanz der damit unterstützten Forschungen, deren Wissenschaftscharakter, insbesondere hinsichtlich ihrer Falsifizierbarkeit, die Offenheit für alternative Ansätze und die Existenz wissenschaftsinterner, kollusiv und kartellartig agierender Seilschaften.

Eine unabhängige Evaluation der einschlägigen Fachbereiche unter diesen Gesichtspunkten, gegebenenfalls mit der Konsequenz einer Neuzuweisung von Mitteln, in Fällen extremen Mißbrauchs auch die Neubesetzung von Lehrstühlen und die Schließung von Fachbereichen sind Maßnahmen, die ein Übergangsgesetzgeber zumindest in Erwägung ziehen sollte.

Fazit

Ich glaube deutlich gemacht zu haben, daß wir von einem Kartell regiert werden, das über die politische Klasse hinausreicht und insbesondere die Funktionseliten der Ideologieindustrie (Medien einschließlich der Internetriesen, Wissenschaft, Kirchen), gesellschaftlicher Großorganisationen und der Justiz umfaßt.

Als Kartell ist das Zusammenwirken der Parteien innerhalb des politischen Systems sowie das teilsystemübergreifende Zusammenwirken von Funktionseliten deshalb zu bezeichnen, weil es sich um ein *kollusives* Zusammenwirken handelt, durch das die gesellschaftlich erwünschte und vom Grundgesetz vorausgesetzte und teils explizit gebotene Konkurrenz bzw. Kontrolle zwischen ihnen suspendiert wird.

Durch dieses Zusammenwirken hat das Kartell demokratische Korrekturmechanismen sabotiert. Es kann also faktisch weder durch Argumente noch durch Wahlen daran gehindert werden, seine Politik durchsetzen.

Da diese Politik auf falschen Annahmen beruht und das Kartell sich durch seine eigene Repressionspolitik zum Gefangenen dieser Fehlannahmen gemacht hat, müssen Krisen mit desaströsen Auswirkungen mindestens in den Bereichen Innere Sicherheit, Energieversorgung und Währungssicherheit in naher Zukunft als wahrscheinlich gelten. Insbesondere wenn diese Krisen einander durch Kettenreaktionen verstärken, kann es zu Unruhen, möglicherweise auch

Aufständen oder einer bewaffneten Intervention aus dem Staatsapparat heraus gegen die Herrschaft der politischen Klasse kommen.

Möglicherweise haben es die wenigen Köpfe des Kartells darauf angelegt, eine solche Situation herbeizuführen, um die Voraussetzungen für den Übergang zu einer autoritären bis totalitären Staatsform, eventuell auch die Beseitigung traditioneller Staatlichkeit und die Einbindung Deutschlands in ein totalitäres Globalregime zu schaffen. Denkbar ist freilich auch, daß die Entscheidungsträger *wirklich* so verblendet sind, wie sie zu sein vorgeben, und besagte Situation aus Inkompetenz herbeigeführt haben. Am zu erwartenden Ergebnis dürfte sich durch diesen Unterschied allerdings kaum etwas ändern.

Wir können nur hoffen, daß das Kartell sich verspekuliert hat, und daß die von ihm mutwillig oder fahrlässig betriebene Zuspitzung der Lage nicht in neuen uferlosen Ermächtigungen zu seinen Gunsten, sondern in seinem eigenen Sturz mündet.

In einem solchen Fall wird es für eine dann erforderliche Übergangsregierung darauf ankommen, die Kartellstrukturen aufzulösen, die das Grundgesetz mißbraucht, gebeugt, gebrochen und ad absurdum geführt haben, insbesondere in der Ideologiebranche.

Wie auch immer die künftige Verfassung Deutschlands aussehen wird – diese Kartellstrukturen dürfen unter keinen Umständen fortbestehen, weil sie auf die Zerstörung des Landes programmiert sind und unter jeder erdenklichen Verfassung nur einen Niedergang zur Folge haben können, dessen Tiefe den meisten Menschen bis jetzt noch unvorstellbar ist.

Es versteht sich von selbst, daß dieses Buch nicht mehr als ein Diskussionsbeitrag sein kann und nicht den Anspruch erhebt, mehr zu bieten als eine

Orientierungshilfe in einer Lage, die instabil ist und sich fortlaufend in bisher kaum vorstellbarem Tempo verändert. In was für einer Art von Staat wir in zehn Jahren leben werden, ja ob die dann existierenden politischen oder politikähnlichen Gebilde auf deutschem Boden überhaupt noch Ähnlichkeit mit einem Staat haben werden, ist in diesem Frühherbst 2021 eine offene Frage.

Anmerkungen

1 Sebastian Haffner: *Geschichte eines Deutschen. Die Erinnerungen 1914 – 1933*, Stuttgart / München 2000, S. 86 f.
2 Haffner: *Geschichte*, S. 91
3 Twitter: @FrauMuede, Tweet vom 15. Juli 2021, 13.59 Uhr, abgerufen am 16. Juli 2021
4 Haffner: *Geschichte*, S. 108
5 Verteilung der Einzelmerkmale des Merkel-Syndroms auf die verschiedenen Handlungsfelder:

	Euro	Fukushima	Flüchtlinge	Klima	Kritiker	Corona
Selbstgeschaffene Probleme	×	×	×	×	×	×
Unverhältnismäßige Reaktion	×	×	×	×	×	×
Mangelnde Plausibilität	×	×	×	×	×	×
Maximaler Schaden	×	×	×	×	×	×
Demokratieschädliche Problemdefinition	×		×	×	×	×
Verfassungsbruch	×	×	×		×	×
Unlautere Propagandamethoden	×	×	×	×	×	×
Gleichschaltung der Massenmedien		×	×	×	×	×
Vertiefte Spaltung der Gesellschaft			×	×	×	×
Stärkung der Opposition	×		×		×	×

6 Vgl. *Spiegel*-Gespräch mit W. Schäuble, *Spiegel* 26 / 2012: »Wir standen also vor der Frage: Führen wir den Euro ein, ohne daß wir die politische Union haben, und gehen davon aus, daß der Euro dazu führt, daß wir uns einander annähern, oder lassen wir es ganz bleiben. (…) Deshalb wollten wir erst den Euro einführen und dann rasch die notwendigen Entscheidungen zur politischen Union treffen.«

7   Dies forderte unter anderem der ehemalige Bundesbank-
     Präsident Karl-Otto Pöhl in einem Interview, siehe
     spiegel.de, 17. Mai 2010, »Jetzt haben wir den Salat«,
     abgerufen am 7. Juli 2021

8   mit-bund.de, MittelstandsMagazin: »Warum kauft die EZB
     Staatsanleihen?«, Beitrag vom 25. Juni 2020 – abgerufen
     13. Oktober 2021

9   Manfred Kleine-Hartlage: »Das Bundesverfassungsgericht
     interveniert: Ein Akt der Verzweiflung«, unter: korrekt-
     heiten.com, 22. Juni 2012

10   Die Widerlegung findet sich in: Manfred Kleine-Hartlage:
     Die Besichtigung des Schlachtfelds, Schnellroda 2016, S. 37 – 50

11   Vgl. Zeit online: »Japan bestätigt Tod von Fukushima-
     Arbeiter durch Strahlung«, 6. September 2018, abgerufen
     am 10. Juli 2021

12   Als »Rückwirkungsverbot« bezeichnet man das Verbot, an
     bereits abgeschlossene Sachverhalte nachträglich ungüns-
     tigere Rechtsfolgen zu knüpfen, als bei ihrer Vollendung
     absehbar war. Ausdrücklich ist dieses Prinzip in Art. 103
     Abs. 2 GG gemäß dem römischen Prinzip »Nulla poena sine
     lege« nur für das Strafrecht normiert, nach herrschender
     Meinung ist es aber, wenn auch abgestuft und unter Wür-
     digung des jeweiligen Einzelfalls, unerläßlicher Bestandteil
     einer rechtsstaatlichen Ordnung, vgl. Alfred Katz: *Grund-
     kurs im Öffentlichen Recht*, 12. überarb. Aufl., Heidelberg 1994,
     S. 97, Rdnr. 202

13   tagesschau24 vom 12. November 2020, 11.00 Uhr – Video
     unter »Atom-Entschädigung? So nicht«, abgerufen von
     tageschau.de am 12. Juli 2021

14   Vgl. z. B. Margreth Lünenborg, Simon Berghofer: *Politik-
     journalistinnen und -journalisten. Aktuelle Befunde zu Merk-
     malen und Einstellungen vor dem Hintergrund ökonomischer
     und technologischer Wandlungsprozesse im deutschen Journalis-
     mus*, Freie Universität Berlin 2010, S. 13; Nina Schumacher,
     Peter Maurer, Christian Nuernbergk: »Towards New
     Standards? Interaction Patterns of German Political
     Journalists in the Twittersphere«, unter: journals.sagepub.
     com, abgerufen am 5. Oktober 2021; Nina Steindl, Corinna
     Lauerer, Thomas Hanitzsch: »Journalismus in Deutschland.
     Aktuelle Befunde zu Kontinuität und Wandel im deutschen
     Journalismus«, unter: link.springer.com, abgerufen am
     5. Oktober 2021

15   Twitter: @ABaerbock, Tweet vom 11. März 2021, 9.50 Uhr

16 Dieser Schaden besteht bereits in der Zerstörung der Energie-Sicherheit, nicht erst in dem daraus resultierenden, zum Zeitpunkt der Drucklegung dieses Buches noch in der Zukunft liegenden tatsächlichen Zusammenbruch der Versorgung. Hinzu kommen die milliardenschweren Entschädigungszahlungen des Staates an die Kraftwerksbetreiber.

17 Der damalige Bundeskanzler Schröder entsandte zwar keine Truppen und profilierte sich als Gegner des Irakkrieges, unternahm aber nichts dagegen, daß BND-Agenten in Bagdad die Amerikaner mit kriegswichtigen Informationen versorgten und die USA ihr Stützpunkte in Deutschland für ihre Kriegslogistik benutzten. Die damalige Oppositionsführerin Angela Merkel wiederum unterstützte den Krieg uneingeschränkt.

18 *Hamburger Abendblatt* (Netzausgabe): »Syrien-Flüchtlinge sollen nach Deutschland«, 25. August 2012, abgerufen am 12. Juli 2021

19 Manfred Kleine-Hartlage: »Politiker fordern: Holt die Syrer nach Deutschland!«, unter: korrektheiten.com, 26. August 2012

20 Wie wir heute freilich wissen, soll dieser Kapitalismus so ungehemmt gar nicht sein, jedenfalls nicht aus der Sicht von Männern wie Klaus Schwab, Gründer des Weltwirtschaftsforums und eifriger Strippenzieher und Stratege: Politische Eingriffe sind durchaus erwünscht, aber nur, solange die politischen Instanzen, die sie vornehmen, nicht vom Volk kontrolliert sind und dessen Interessen vertreten, sondern unter der Kontrolle global agierender Eliten stehen.

21 Rede von Bundeskanzlerin Merkel auf der Konferenz »Falling Walls«, 9. November 2009, archiv.bundesregierung.de, abgerufen 13. Oktober 2021

22 Manfred Kleine-Hartlage: »Der Offenbarungseid«, in: *Zuerst!* 4 / 2016, Hervorhebung im Text im Original kursiv

23 Vgl. Raymond Unger: *Die Wiedergutmacher: Das Nachkriegstrauma und die Flüchtlingsdebatte*, Europa Verlag, Berlin 2018

24 So der *Spiegel*-Titel 36 / 2015

25 Vgl. Raymond Unger: *Vom Verlust der Freiheit*, Europa Verlag, München 2021, S. 318 – 320

26 Beschluß des Ersten Senats vom 24. März 2021, 1 BvR 2656/18, 1 BvR 78/20, 1 BvR 96/20, 1 BvR 288/20, (Klimaschutz), Leitsatz 2c

27 Vgl. Manfred Kleine-Hartlage: *Die Sprache der BRD*, 3. erw. Aufl., Schnellroda 2019, S. 238 – 241 (Stichwort: Volksverhetzung)

28 Twitter: @korrektheiten, Tweet vom 17. Juli 2021, 13.32 Uhr

29 wochenblick.at: »Problem Massenmigration: Neue Asyl-Welle rollt wieder an«, 17. Juli 2021. Das Twitter-Konto wurde erst nach Androhung rechtlicher Schritte wieder freigeschaltet.

30 Joachim Steinhöfel: »Opening Statement in der Anhörung des Rechtsausschusses des Bundestages zum NetzDG«, steinhoefel.com, 14. Mai 2019, abgerufen 13. Oktober 2021

31 Manfred Kleine-Hartlage: »Lehrstück Corona«, in *Zuerst!*, 5 / 2020

32 Wie absurd diese Statistik ist, kann man sich an folgendem Beispiel vergegenwärtigen: Der Amerikaner George Floyd, dessen gewaltsamer Tod die deutschen Massenmedien veranlaßte, ihn als Opfer von »weißem Rassismus« heiligzusprechen, hätte von denselben Medien aufgrund ihrer eigenen Rechenweise als »Corona-Opfer« gewertet werden müssen, da er bei seinem Tod (unter anderem) das Virus im Blut hatte.

33 Susanne Ausic: »Verfassungsgericht tut nichts in der schlimmsten Krise der Bundesrepublik – Anwälte protestieren«, unter: epochtimes.de, 18. Juni 2021, abgerufen am 5. Oktober 2021

34 Vgl. z.B. Max Otte: *Die Krise hält sich nicht an Regeln*, S. 201

35 Focus online: »Studie entschlüsselt ›Querdenker‹: 21 Prozent wählten die Grünen«, unter: focus.de, ohne Datum, abgerufen am 13. Oktober 2021.

36 Die Darstellung des Psychopathen orientiert sich an Robert D. Hare: *Without Conscience. The Disturbing World of the Psychopaths Among Us*, New York 1999

37 Hare: *Without Conscience*, S. 111 f.

38 Hare: *Without Conscience*, S. 58 f.

39 Die Darstellung folgt C. E. Nyder: *Great Reset*, Kopp Verlag Rottenburg 2012, S. 215 ff. und dem einschlägigen Wikipedia-Artikel »Ausschreitungen in Chemnitz 2018«

40 Zit. n. Nyder: *Great Reset*, S. 217

41 Michael Paulwitz: »Kesseltreiben gegen Kritiker«, in: *Junge Freiheit* 39 / 18

42 Auch wenn dabei bisweilen peinliche Pannen passieren: zum Beispiel, wenn angesichts der Hochwasserkatastrophe in Westdeutschland im Juli 2021 der Bundespräsident seine

Bestürzung und Anteilnahme kundtut, während der nord-
rhein-westfälische Ministerpräsident im Hintergrund Witze
reißt und sich köstlich amüsiert. Vgl. z. B. YouTube-Kanal
Focus online: »Während Steinmeier über die Flut-Opfer
spricht, lacht Laschet im Hintergrund«, 17. Juli 2021,
abgerufen am 13. Oktober 2021

43 Vgl. *Stuttgarter Zeitung* (Netzausgabe): »Ich stehe mit
Entsetzen davor«, unter: stuttgarter-zeitung.de vom
4. November 2012, abgerufen 13. Oktober 2021

44 Bundesrat, 18. April 2021: »Gedenken für die Opfer in der
Corona-Pandemie«, unter: bundesrat.de, abgerufen am
13. Oktober 2021

45 Vgl. Hare: *Without Conscience*, S. 130

46 Wikipedia: Gaslighting, abgerufen am 21. Juli 2021, Unter-
streichung durch den Verfasser; vgl. zum Thema »Gaslighting«
auch Martin Lichtmesz und Caroline Sommerfeld:
Mit Linken leben, Schnellroda 2017, S. 208 ff.

47 Staatsvertrag zur Modernisierung der Medienordnung in
Deutschland, § 26 Abs. 2, hier beispielhaft zitiert. Ent-
sprechende Grundsätze wurden auch schon in vorherigen
Staatsverträgen festgeschrieben.

48 Strenggenommen gehört die in PDS umgetaufte SED,
de facto die Nachfolgeorganisation der KPD, nicht zur
»Neuen«, sondern zur Alten Linken. Da sie aber seit der
Wiedervereinigung größte Mühe darauf verwendete, sich
in die Neue Linke zu integrieren und seit der Vereinigung
mit der westdeutschen WASG zur Linkspartei auch einen
erheblichen Anteil an »echten« Neulinken aufgenommen
hat, erübrigt sich, wie ich finde, diese Differenzierung.

49 Für ausführlichere Analysen linker Ideologie vgl. Manfred
Kleine-Hartlage: *Warum ich kein Linker mehr bin*, Schnellroda 2012; *Ansage*, Schnellroda 2018; *Die liberale Gesellschaft
und ihr Ende*, 3. veränd. Auflage, Schnellroda 2019

50 Robert Michels: *Zur Soziologie des Parteiwesens in der
modernen Demokratie. Untersuchungen über die oligarchischen
Tendenzen des Gruppenlebens*, Leipzig 1911

51 Das gilt zumindest für das Gros der Bevölkerung, das sich
auf die Schichten zwischen der gehobenen Mittelschicht
und der Unterschicht verteilt. Das oberste und das allerun-
terste Einkommenssegment bleiben hierbei außer Betracht.

52 Zur zentralen Bedeutung der Utopie der Volksgemeinschaft
für die Theorie und Praxis des NS-Staates vgl. Franz Janka:
Die braune Gesellschaft. Ein Volk wird formatiert, Stuttgart 1997

53 Zu Begriff und Inhalt der Metaideologie vgl. Manfred
    Kleine-Hartlage: *Die liberale Gesellschaft*, S. 102 – 180
54 Manfred Kleine-Hartlage: *Die liberale Gesellschaft*, S. 109 f.
55 Vgl. zu diesen Vorgängen Wikipedia: »Annette Schavan«,
    zuletzt abgerufen 7. August 2012
56 Zit. n.: Rudolf Augstein: »Weizsäcker und sein ›Traditions-
    bruch‹«, in: *Spiegel* 27 / 1992, zitiert nach spiegel.de, 28. Juni
    1992, abgerufen 11. August 2021
57 Vgl. Konrad Lorenz: *Das sogenannte Böse*, München 1984,
    S. 144
58 Vgl. am Beispiel der Einwanderungspolitik Manfred Kleine-
    Hartlage: *Neue Weltordnung*, Schnellroda 2011, S. 50 – 68
59 Speziell die SPD gerät bei diesem Manöver oft in Pein-
    lichkeiten, wenn sie Kritiker zu Rechtsradikalen, Spinnern,
    Schwätzern oder – wie die neueste Einheitsfloskel lautet –
    »Schwurblern« zu erklären versucht. Zu solchen Kritikern
    gehören nämlich unter anderem und in verschiedenen Zu-
    sammenhängen: der Arzt Dr. Wolfgang Wodarg (langjähri-
    ger SPD-Abgeordneter und Gesundheitspolitiker), Andreas
    von Bülow (ehemaliger SPD-Forschungsminister), Thilo
    Sarrazin (ehemaliger Berliner SPD-Finanzsenator und als
    solcher ziemlich erfolgreich), Albrecht Müller (ehemaliger
    Wahlkampfleiter von Willy Brandt) und Oskar Lafontaine
    (ehemaliger Vorsitzender und Kanzlerkandidat der SPD).
    Den Sozialdemokraten ist diese Peinlichkeit offenbar nicht
    bewußt, oder sie nehmen sie billigend in Kauf.
60 Vgl. Unter den Linden: »Lautes Schweigen – Von der Ge-
    fahr der Sprachlosigkeit in einer Gesellschaft«, Diskussion
    zwischen Harald Welzer und Norbert Bolz auf dem Sender
    Phoenix am 21. Juni 2021, abrufbar unter anderem im
    YouTube-Kanal phoenix, abgerufen am 19. August 2021. Daß
    dieses Streitgespräch überhaupt ausgestrahlt wurde, ist in
    der heutigen Medienlandschaft bereits ein bemerkenswerter
    Vorgang und die Sorte Ausnahme, die die Regel bestätigt.
61 1 BvR 2150 / 08
62 Twitter: @JuliaInNathen, Antwort-Tweet 16. April 2021,
    16.46 Uhr
63 Manfred Kleine-Hartlage: *Das Dschihadsystem*, Gräfelfing
    2010, S. 196 f.
64 Haffner: *Geschichte*, S. 81

65 »Von der Heldin zur Angeklagten«, unter: stern.de, 13. November 2008, abgerufen am 13. August 2021

66 Manfred Kleine-Hartlage: *Neue Weltordnung*, S. 38

67 Sebastian Haffner: *Germany: Jekyll & Hyde*, München 1998, S. 131 f.

68 Haffner: *Germany*, S. 132

69 Eine gewisse Einschränkung gilt allenfalls für die Neuen Bundesländer, in denen 40 Jahre Kommunismus eine gewisse Allergie und Wachsamkeit gegenüber totalitärem Gedankengut hinterlassen haben. Gerechnet auf die Nation insgesamt fällt dies freilich nur geringfügig ins Gewicht.

70 In der Spezialliteratur wird dieses Thema sehr ausführlich und erhellend erörtert. Dem speziell an diesem Aspekt Interessierten Leser empfehle ich insbesondere Unger: *Wiedergutmacher*; Gabriele Baring: *Die Deutschen und ihre verletzte Identität*, Europa Verlag, Berlin / München 2017; Thorsten Hinz: *Die Psychologie der Niederlage*, Junge Freiheit Verlag, Berlin 2010

71 Vgl. Manfred Kleine-Hartlage: *Ansage*, S. 72 – 84

72 Vgl. Manfred Kleine-Hartlage: *Konservativenbeschimpfung*, Schnellroda 2020

73 Vgl. hierzu die statistische Auswertung von Savva Shanaev von der Northumbria University, YouTube-Kanal NEDL, US 2020 ELECTION, PART 1: Applying Benford's law to the US 2020 presidential race (abgerufen am 19. September 2021) und meine Erläuterungen dazu: »Statistische Beweise: US-Wahl wurde manipuliert«, unter: korrektheiten.com, 9. November 2020

74 Vgl. zu diesem Thema die Abteilung »Widerstand« in: Manfred Kleine-Hartlage: *Besichtigung*, S. 63 – 84

75 Die meisten französischen Politiker sind Zöglinge einer der »Grandes Ecoles«, insbesondere der Ecole Nationale d'Administration = ENA, daher Enarchie.

76 Vgl. Mancur Olson: *Aufstieg und Niedergang von Nationen*, Tübingen 1985

77 Manfred Kleine-Hartlage: »Salzgitter 2.0«, in: *Zuerst!* 9 / 2016